书山有路勤为径，优质资源伴你行

注册世纪波学院会员，享精品图书增值服务

奥 兹 法 则

THE OZ PRINCIPLE

Getting Results Through Individual and Organizational Accountability

[美] 罗杰·康纳斯（Roger Connors）
汤姆·史密斯（Tom Smith） 著
克雷格·希克曼（Craig Hickman）

耶比欧公司 译

结果取决于当责实践者的能力

电子工业出版社
Publishing House of Electronics Industry
北京·BEIJING

The Oz Principle: Getting Results Through Individual and Organizational Accountability by Roger Connors, Tom Smith, Craig Hickman

Copyright © Roger Connors, Tom Smith, and Craig Hickman, 1994, 2004

All rights reserved.

This edition published by arrangement with Portfolio, an imprint of Penguin Publishing Group, a division of Penguin Random House LLC

本书中文简体字版经由Portfolio授权电子工业出版社独家出版发行。未经书面许可，不得以任何方式抄袭、复制或节录本书中的任何内容。

版权贸易合同登记号　图字：01-2022-5367

图书在版编目（CIP）数据

奥兹法则：结果取决于当责实践者的能力/（美）罗杰·康纳斯（Roger Connors），（美）汤姆·史密斯（Tom Smith），（美）克雷格·希克曼（Craig Hickman）著；耶比欧公司译. —北京：电子工业出版社，2023.5
书名原文：The Oz Principle: Getting Results Through Individual and Organizational Accountability
ISBN 978-7-121-45199-7

Ⅰ.①奥… Ⅱ.①罗… ②汤… ③克… ④耶… Ⅲ.①企业管理 Ⅳ.①F272

中国国家版本馆CIP数据核字（2023）第078290号

责任编辑：杨洪军
印　　刷：三河市鑫金马印装有限公司
装　　订：三河市鑫金马印装有限公司
出版发行：电子工业出版社
　　　　　北京市海淀区万寿路173信箱　邮编100036
开　　本：720×1000　1/16　印张：18.75　字数：360千字
版　　次：2023年5月第1版
印　　次：2023年5月第1次印刷
定　　价：79.00元

凡所购买电子工业出版社图书有缺损问题，请向购买书店调换。若书店售缺，请与本社发行部联系，联系及邮购电话：（010）88254888，88258888。
质量投诉请发邮件至zlts@phei.com.cn，盗版侵权举报请发邮件至dbqq@phei.com.cn。
本书咨询联系方式：（010）88254199，sjb@phei.com.cn。

《奥兹法则》介绍的观点非常实用，是我们每天都要经历的。书籍的语言轻松活泼，仿佛作者在与你面对面交谈。书中没有抽象的理论，但有许多可供借鉴的例子和方法。我们运用这本书的观念，促使整个部门的员工朝着目标努力。这些观点的确是非常好的激励工具，拉近了管理层与普通员工之间的距离。

——文森特·特瑞里斯
美国艾尔建有限公司外科设备部副总裁

　　《奥兹法则》可以激发你的潜力，让你换一种方式看待个人的生活和工作。它的语言通俗易懂，故事和启示意义也会引起你的共鸣。如果接受了《奥兹法则》并对其中的观点加以运用，你就会改变自己的处事方式，更好地实现你期待的成果。

——凯里·费顿
布林克国际公司人力资源副总裁

　　《奥兹法则》告诉我们如何形成一种紧迫感和当责意识，促使每个级别的员工在完成自己使命的同时，还要抓住机会共同开发新的解决方案。这在公司上下形成了一股巨大的力量。

——金杰·格雷厄姆
艾米林制药有限公司总裁兼首席执行官

　　一年到头，我们总是绞尽脑汁地想提高销售额，却很难成功。但参加了奥兹法则当责培训后，商店销售额马上就得到了提高，而且在11个月内持续上升。我们遇到了不少困难，但整个团队始终保持在当责线上，牢牢盯准了年终预算这个目标。

——肯尼斯·怀特
史密斯食品药品公司总裁

前言

自《奥兹法则》第1版问世以来，企业、团队和个人当责的重要性与日俱增。毋庸置疑，当责已经成为所有企业文化的一项重要内容。当责并达到当责线上的人总是能达到目标。只要人人各负其责，组织就会做出一番非凡业绩。

在过去10年里，我们欣慰地看到了《奥兹法则》给读者带来的影响。无数事实向我们证明，只要建立当责意识，就会带来实实在在的成果，如股东价值上升、利润增加、成本降低、生产力提高等。除了财务上的出色表现，我们还看到了士气的高涨，员工更加热爱自己的工作，能够有效应付日常工作中的困难，并实现他们期望的结果。

看到《奥兹法则》对我们的读者和客户的生活产生了如此大的影响，我们深受感动。他们主动提供的意见表明，《奥兹法则》在我们的生活和工作中都能发挥作用。强烈的当责意识也许不能解决世界上的一切问题，但至少可以提供一个基础，在此之上可以逐步发掘出长期的解决方案。

目前，全球各地的企业纷纷进入一个新的领域——缩小规模、扁平化、赋权、团队合作、解放、以知识为基础、网络化、注重质量、持续提高、过程计划、转型、再设计等。有些企业的确取得了不小的进步。但对其他企业

前言

而言，这种令人眼花缭乱的理论和实战秘诀却让他们有上当受骗之感，因为承诺的成功似乎总离他们有一点距离。我们认为，这些热潮和计划都缺乏一点最本质的东西：人们只有为实现结果当责，才可能实现结果。关键词是当责。没有它，任何计划都不可能成功；有了它，所有计划都能带来意外的收获。

这样的故事我们见得太多了。不论是在全球最成功的大企业，还是在失败边缘苦苦挣扎的小公司，只要员工对实现结果有了更强的当责意识和主人翁意识，组织就会有更好的表现。员工为什么愿意这么做呢？我们相信，大家都是愿意当责的。当责意识让他们感觉更好。当责意识促使他们取得令人惊叹的结果。正因为如此，世界才会有那么多人热情地接受了《奥兹法则》。

只有逃脱了受害者心态的致命陷阱，采取通向个人当责的当责步骤，我们才能将自己的命运和企业的未来掌握在自己手中。

我们创作《奥兹法则》的目的是，帮助读者为自己的思想、感受、行为和结果当责，并使他们的企业达到新的高度。在这段荆棘丛生甚至险象环生的旅途中，我们希望大家能像多萝茜和她的伙伴一样，发现自己其实拥有一种无所不能的力量。

请和我们一起走入这段奥兹国的奇妙旅程吧！

罗杰·康纳斯

汤姆·史密斯

克雷格·希克曼

致谢

《奥兹法则》能有"10年版"首先要感谢成千上万的读者,感谢你们认为这本书对你们个人和企业有所帮助。我们感激所有热心读者的支持,是你们使《奥兹法则》获得了成功。我们也要感谢《绿野仙踪》的作者莱曼·弗兰克·鲍姆,是他用丰富的想象力创造了这一段通往个人当责的旅程。用《绿野仙踪》进行比喻是一种很有效的方式,可以帮助不同国家的读者认识到当责的好处。为此,我们要特别感谢帕特·斯纳尔,是她建议我们用多萝茜和她的伙伴的故事来比喻这段艰苦的旅程的。

在探索这个最有力的成功法则的过程中,我们走进了世界上的许多大公司,听取了许多人的意见。在此,我们一并向他们表示感谢。他们的贡献包括父母的例子、客户提出的问题、同事的经验、向我们学到的法则,以及在公司中建立更强当责意识的实战经验。

通过与客户长达20年的合作,我们也进一步了解了《奥兹法则》如何运用在不同类型、不同规模的公司中。我们要特别感谢迈克·伊格尔、戴维·施洛特贝克、杰伊·格拉夫、迪克·诺德奎斯特、金杰·格雷厄姆和约瑟夫·坎农。他们对当责线上的理解让我们也大受启发。

我们还要对合作伙伴迈克·斯纳尔表示感谢。在本书写作的过程中,他

致谢

一直不遗余力地向我们提供建议和鼓励。他本人就是一个当责线上的最好例子,因为他总是能帮助大家实现更好的结果。

我们也非常感谢对本书初稿和修订提出意见的众多人士:奥布里·平赫罗、布莱德·斯塔尔、约翰·格罗弗、艾德里安娜·斯格曼、特蕾西·斯考森,以及整个领导伙伴顾问公司。我们还要感谢培生集团的克里斯·克罗尔、约翰·芬克、迈克·格特博士、汤姆·卡斯帕、兰恩·琼斯、戴维·普利勒、罗伯特·斯卡格斯和汤姆·鲍尔。我们也要感谢我们的父亲克雷格·康纳斯、弗莱德·史密斯和温斯顿·希克曼详细审读了本书。对上述人士的宝贵意见和真诚鼓励,我们一并表示感谢。

谢谢我们的编辑艾德里安·扎克海姆,他一直不遗余力地投入《奥兹法则》"10年版"的出版工作。

最后,我们要感谢我们的家人对这个项目的建议和鼓励。格温、贝基和帕姆,衷心地谢谢你们。没有你们的支持和参与,我们不可能做到这一切。

目录

上篇
奥兹法则：从当责中获得成果

第一章
出发去找魔法师：
在工作中努力承担更多责任   002

面临危机的企业性格   003

魔法师帮得上忙吗   006

受害者心态的危害   008

当责的变革力量   012

旅程开始了   015

第二章
黄砖路上：
陷入受害者循环   016

受害者心态和当责态度之间的分界线   020

怎样发现自己落到了当责线下   021

受害者循环的共同阶段	022
陷入受害者循环：迈克·伊格尔的困境	031
挣脱受害者循环：迈克·伊格尔的觉醒	033
关键的一课：发现受害者循环的迹象	036
走出受害者循环	038

第三章
回家真好：
关注结果　　　　　　　　　　　　　　039

对当责的错误定义	040
对当责的有力定义	043
共同当责	045
帮助他人"鸣钟"	051
运用奥兹法则实践当责的回报	052
寻找当责事例	054
做好准备，按照当责步骤前进	056
按照当责步骤前进	059

中篇
个人当责的力量：让个人达到当责线上

第四章
狮子：
鼓起勇气，发现它　　　　　　　　　062

迈出当责线上的第一步	063
为什么人们不能发现它	065
不发现它的后果	068

发现它自我评估 072

反馈意见如何提高你发现它的能力 074

发现它的好处 076

为当责线上的下一步做好准备 078

第五章
铁皮人：
下定决心，承担它 079

迈出当责线上的第二步 081

面对变化时要承担它 086

为什么人们不能承担它 088

不承担它的后果 092

承担它自我评估 093

下定决心承担它的好处 096

当责的下一步 099

第六章
稻草人：
开动脑筋，解决它 100

迈出当责线上的第三步 103

为什么人们不能解决它 109

不解决它的后果 112

解决它自我评估 114

解决它的技巧 114

开动脑筋解决它的好处 116

通往当责的最后一步 118

第七章
多萝茜：
实施它，实现目标 119

当责的第四步，也是最后一步 121

为什么人们不能实施它 125

不实施它的后果 127

实施它自我评估 131

实施它，实现目标的好处 132

做好准备，在你的企业内推行当责 139

下篇
集体当责的成果：帮助企业达到当责线上

第八章
好女巫甘林达：
掌握当责线上的领导才能 142

当责线上的领导者 143

找准出手时机 144

不要让当责意识走到极端 145

承认不是所有事都是你能控制的 147

为他人树立榜样 149

指导他人达到当责线上 151

报告进步 154

在当责线上进行领导 156

第九章
翡翠城：
帮助企业达到当责线上 — 158

- 对各级人员进行培训 — 159
- 指导大家培养当责意识 — 164
- 提出当责线上的问题 — 166
- 奖励当责的行为 — 167
- 建立当责文化的六项手段 — 169
- 让人们当责 — 171

第十章
在彩虹上：
将奥兹法则运用于当今最棘手的商业问题 — 176

- 从当责线上获益 — 197
- 没有终点的旅程 — 199

附录A 《绿野仙踪》 — 200

上篇

奥兹法则：
从当责中获得成果

一旦人们挣脱受害者循环的欺骗圈套并采取当责步骤，个人和集体就会获得非常显著的结果。在上篇，我们将描述受害者态度如何扼制了公司的发展，并解释人们为什么必须躲过受害者循环的负面影响。最后，我们将引入当责步骤的概念，它将指引你获得个人、团队和企业所期待的结果。

第一章

出发去找魔法师：
在工作中努力承担更多责任

***

"你是谁？"稻草人伸着懒腰、打着哈欠问，"你要去哪儿？"

"我叫多萝茜，"小女孩回答，"我要去翡翠城，求了不起的奥兹送我回堪萨斯。"

"翡翠城在哪儿？"稻草人问，"奥兹是谁？"

"怎么，你不知道吗？"多萝茜惊讶地反问。

"确实不知道，我什么也不知道。你瞧，我是用稻草填起来的，根本没有大脑。"他沮丧地说。

"噢，"多萝茜说，"我真为你难过。"

"你说，"稻草人问，"如果我和你一同去翡翠城，奥兹会赐给我一些智慧吗？"

"我不知道，"她答道，"不过要是你愿意，我很乐意你和我一起去。就算奥兹不赐给你智慧，你的情形也不会比现在更糟吧。"

"你说得对。"稻草人说。

——《绿野仙踪》

莱曼·弗兰克·鲍姆

第一章　出发去找魔法师：在工作中努力承担更多责任

如同所有伟大的著作一样，《绿野仙踪》多年来一直吸引着读者，因为书中的情节的确引起了读者的共鸣。这本书讲述的是一段通向意识觉醒的旅程；在旅程中，故事的主角一步步意识到，他们自身其实拥有一种伟大的力量，可以实现他们所向往的结果。在旅程结束前，他们一直认为自己是现实的受害者。他们顺着黄砖路向翡翠城进发，希望找到传说中无所不能的魔法师，赐予他们勇气、决心、智慧和成功之法。但事实上，这段旅程已经赋予了他们力量。事实上，多萝茜其实只要敲敲银色的魔鞋就能随时回家，但她直到走完黄砖路后才发现：只有靠自己才能实现愿望。这段从无知到博学、从胆怯到勇敢、从不知所措到无所不能、从怨天尤人到勇敢地当责的旅程一直被读者津津乐道，因为每个人都必须经历同样的旅程。遗憾的是，即使最热心的读者，有时也会忽视故事的真正启示，那就是：别在黄砖路上停滞不前，别因为现实抱怨别人，别等着魔法师来挥动魔法棒，别指望所有问题自动消失。在如今复杂的环境中，人们总是不由自主地想象自己是受害者，也表现得像受害者一样。事实上，这种受害者心态已经造成了不容忽视的危机。

面临危机的企业性格

因为管理失误而一蹶不振的企业实在数不胜数，但许多首席执行官和高管迟迟不愿承认这一现实。如今，许多企业领导者不愿为企业的失误和失败承担责任，而是想方设法寻找各种借口来推卸责任，如资源短缺、员工能力不足、竞争过于激烈等。上至白宫总统，下至车库老板，大家都不愿为自己的错误承担责任。诚然，每天都会发生这样或那样的失误或失败，这本来就是人生的一部分。但如果一味推卸责任，那么只会给我们带来更多的麻烦。如果不能及时纠正错误，我们就难以从失败中吸取教训。只有勇于为各种结果承担责任，才能使个人、团队和企业重新回到通往成功的光明之路上。

遗憾的是，残酷的现实和不幸的消息总是不受欢迎，在华尔街上尤其如此。正因为这样，公众对整个经济状况、股票市场、企业，尤其是首席执行官的信心不断下降。在公司股价蒸发80%多的市值后，朗讯首席执行官里奇·麦金黯然下台，因为此君拒绝听从本公司科研人员和销售人员的忠告，反而被华尔街的意见所左右。朗讯的科研人员曾提醒他，公司在最新的光学技术领域已经失去了优势；销售人员也曾向他反映，公司的销售额完全依靠大幅的折扣来维持。但这些可不是华尔街希望听到的消息，麦金对此也心知肚明。麦金很善于营造公司业绩稳定增长的表面现象，而这正是华尔街的股票分析师所欢迎的。因此，华尔街也大肆吹捧麦金和他的管理团队。麦金和华尔街成了经济天堂中天造地设的一对。遗憾的是，他们只是在昙花一现的天堂中组成的愚蠢的一对。最终的事实证明，朗讯的科研和销售人员的判断是正确的。不久，朗讯的竞争对手北电推出了全新的语音和数据传输技术，给朗讯造成了巨大的压力。朗讯的折扣策略最终突破了底线，麦金本人也被亨利·沙赫特所取代。在上任头几个月，沙赫特一直在提醒朗讯的股东和其他人，公司股价只是成功的结果，而不是成功的动因。如今，整个世界经济体系似乎更相信动听的言论和令人信服的借口，而不重视实际结果和责任。因此，朗讯所面临的问题也在威胁着每一个人。

　　同样的问题也曾威胁过施乐。最后，施乐首席执行官安妮·马尔卡希不得不面对现实，并向华尔街的分析师承认，公司实行了"不可持续的商业模式"。可惜，安妮接受现实太晚了，此时的施乐已经处于破产的边缘。多年来，施乐的高管一直将公司业绩不佳的原因归咎于外部因素，如国际政局不稳、经济波动或市场变化，却从未正视过公司商业模式的严重缺陷。管理学大师、《从优秀到卓越》和《基业长青》的作者吉姆·柯林斯认为，优秀公司与平庸公司之间最显著的区别在于，后者总是设法"为残酷的现实找理由开脱，而不是努力面对眼前的现实"。正因为不愿为坏消息背后的真相承担责任，像朗讯和施乐这样的公司最终归于平庸。但朗讯和施乐并不是唯一的例子，还有许多知名公司在遇到问题后不愿正视现实来寻找解决方案，而是把时间花在为糟糕的表现进行辩解和开脱上。安然、安达信、环球电讯、凯玛特、新光、泰科、世通、美国电话电报、宝利来和奎斯特通讯等公司都一

第一章　出发去找魔法师：在工作中努力承担更多责任

度成为华尔街的奴隶。它们对坏消息充耳不闻，过分吹嘘自己的公司战略，忽视企业文化，吹捧公司领导，还犯了无数破坏公司价值的错误。

尽管华尔街经常发出错误的信息，也确实需要改进，但任何公司都没有理由坐等政府来改革整套体系，或者把糟糕的结局归咎于他人或现实。当噩运突然降临或出现严重判断失误时（这种情况并不少见），当责的公司和公司管理人员总是会采取措施控制损失，并制定新的方案来实现目标。英特尔曾经的辉煌取决于一次勇担重任的关键时刻。当时，日本企业正逐步将英特尔的主打产品——存储芯片——挤向低端市场。在一次至今仍引导着英特尔企业文化的著名谈话中，首席执行官安迪·格鲁夫问首席运营官戈登·摩尔："假设我们俩被解雇，董事会新任命了一位首席执行官，你认为他会怎么做？"两人给出的答案是，他会承认事实的严峻性，面对现实，然后果断采取行动。于是，格鲁夫和摩尔毅然决定放弃存储芯片业务，转向微处理器市场。此后，他们又尽可能地调整了公司的发展方向，从此使公司的面貌大为改观。面对严峻的现实并引导公司转向全新的发展方向，安迪·格鲁夫和戈登·摩尔的决策向公司员工、股东及华尔街上所有愿意面对现实的人表明，只要你有接受现实的勇气、决心和智慧，以及当责的行动，就会有所回报，而且回报不菲。

如今，许多企业员工在表现不佳或成绩平平时，首先想的是如何编造借口、理由和原因来解释为什么他们不必为此当责，或至少不必全部当责。这种不当责或自认为是受害者的企业文化削弱了企业性格，使人们拈轻怕重、自欺欺人、重形式轻实质、重脸面轻问题，生活在一厢情愿的幻想中。如果任由这种心态发展下去，必将进一步弱化企业性格，导致企业领导者重权宜之计、轻长期解决办法，重短期效益、轻持续发展，重过程、轻结果。如果受害者心态在企业中得不到纠正，就会损害企业的整体生产效率、竞争能力、精神面貌和员工之间的信任。一旦这种心态在企业中生了根，企业再想挽救自己就非常困难了。

奥兹法则

魔法师帮得上忙吗

全世界的企业领导者一直在四处寻找管理魔法师，盼望他们能神奇地提高生产效率，降低成本，扩大市场份额，创造世界一流的竞争力，迅速占领市场，实现业绩的持续增长，并带来立竿见影的创新能力。这些魔法师满怀着兴奋，大吹大擂地把全世界的大公司带上了通往奥兹国的奇幻旅程。然而，这个奥兹国只是个虚幻的美景。最终，企业领导者学到的只是如何自欺欺人，而不是如何取得实际成果。最后，你还是会像多萝茜和她的伙伴一样，发现一个无可辩驳的真理：成功并非源自某种新奇的潮流、模式、过程或程序，而是源于企业员工为最终结果全部当责的意愿。

新的管理方案都能让企业获得巨大成功，让竞争对手拜倒在地吗？答案是否定的。过不了一两年，这些新的管理方案就会被更新的管理技术浪潮挤到一边，它们所承诺的一切有关改进、利润和增长的梦想也随之烟消云散。管理人员总是从一个提高组织效率的幻想跳到另一个幻想，却从未花点时间来探究真相。事实上，只要剥去最新管理风潮中的一切陷阱、机关、花招、技巧、手段和理念，就会发现一个极具说服力的浅显道理：要实现你所追求的结果，你必须为这些结果当责。不论企业采取什么形式和框架、企业体系的范围和复杂程度如何，也不论企业的最新策略或文化是否完整深刻，只有让员工为实现最终目标当责，企业才能在长期内获得成功。如果管理人员还继续纠缠于企业隐患的表象，痴迷于层出不穷的种种新鲜理念，而不去努力发掘带来成功的根本要素，那么他们只会一次又一次迷失方向。

在我们看来，许多企业为追求更好结果所付出的努力最终都流于形式，原因就在于它们没有遵循奥兹法则。和多萝茜、稻草人、狮子和铁皮人的经历一样，克服不利条件并实现理想结果的力量其实就在你自己身上。这也许是一段自我发现的漫长跋涉，但最终你会发现自己其实一直拥有这种力量。在本书中，我们不愿耗费笔墨来罗列当今的管理和领导潮流、趋势和理念，更想集中精力探讨企业取得成功的核心。《奥兹法则》10年版凝聚了领导伙伴顾问公司10余年来将本书的理念及思想运用于数百家企业的经验，并借鉴

第一章　出发去找魔法师：在工作中努力承担更多责任

了来自大小公司的数千名个人和数百个团队的经历。希望他们的故事能像《绿野仙踪》那样打动读者。

例如，你会读到一位管理人员的故事。多年来，他和同事一直有意忽视公司产品和市场营销计划的竞争力不断下降的事实，自以为不需要付出什么努力，情况就能自动好转。他亲口讲述了公司最终是如何一步步正视现实、开始为生存而奋斗的。这正是取得成果的第一步，而他们过去对此不以为然。许多管理得当、受人尊敬的公司也常常受困于受害者心态，无法理解和运用取得成果所必需的基本原则和态度。例如，担任通用电气首席执行官长达20年的传奇人物杰克·韦尔奇是许多美国管理人员的智慧源泉。可是，他也有过人们无法想象的失败经历。但最终，和其他真正当责的人一样，韦尔奇为克服困难承担了责任。

你还会听到企业中其他人的声音。他们职位不高，在遇到实际困难时经常放任自己沉沦于受害者的心态，但事实上，只有他们自己才拥有打破固有模式、取得积极效果的力量。例如，一位员工抱怨自己在公司总是得不到提拔，因为上司从不告诉他该怎么做；一位财务分析主管总是担心掉队，因为她是女人，得花更多的时间和孩子在一起；一位糕点师因为老板的一句"打起精神，加快节奏"而感到压力重重，最后，竟将公司告上法庭；一位市场部门经理抱怨研发部门的产品开发落后，导致他的部门损失了市场份额，他本人的工作业绩也因此受到影响；一位首席执行官认为，股东过多的监督妨碍了公司开展一些高风险的业务；还有一位百货公司的收购者成天怒气冲冲，因为整个公司结构复杂，效率低下，什么事都办不成。

此外，你会遇到一些人本着当责的态度，不仅自己努力工作，还促使他人为所期望的结果承担责任。例如，在负责建造和运营废能发电厂的AES公司，首席执行官罗杰·森特开展了一次名为"那帮家伙"的活动。他利用胸章、海报、宣传单等种种手段，鼓励工人不再把责任推卸给想象中的那帮阻碍工作进度的"家伙"。"那帮家伙"实际上就是在公司内部渐渐滋生的指责、抵赖、轻敌、推诿和拖拉等陋习，这些坏习惯使得人们对自己的目标不负责任。这次活动取得了成效，AES的生产效率也开始上升。促使他人当责是一项艰巨的工作。即使在当今这个强调团队表现的时代，像通用电气、乐柏美、微软这样的顶级公司的员工也时常指责"别人"，认为别人浪费了时间，阻碍了自己的提升，使得"最重要的"工作难以完成。

如果忽视了一些指导个人和企业取得意外成果的基本原则，那么，即使最新、最紧跟潮流的管理理念和方法也帮不上忙。本书用诙谐幽默的语言讲述了许多日常生活中的实战故事，探索了每个企业出现问题的症结，透视了发育不良的企业性格，并为从根本上重建企业提供了经过检验的可行方法。除了大量的案例研究，本书还提供了许多有价值的表格（如"20条经过检验的理由"）、自我评估、重要提示和一对一的反馈测评，目的都是为了帮助你从受害者心态中解脱出来，并把你引向完全当责的道路。在此之前，你得首先认识并承认受害者心态与当责态度的根本区别。

受害者心态的危害

如今，全球社会都受到了受害者心态的危害，因为这种心态总是让你以为是环境和别人妨碍你实现自己的目标。这种态度使得个人发展停滞不前。查尔斯·赛克斯在其论述美国社会的《受害者的国度》一书中指出：

> 如果一个社会能够坚持自我表现，而不是自我克制，就能获得它所应得的回报。不满现状的愤怒青年在抱怨"这不公平"时，他所指的并不是伦理学家所认可的公平和公正的标准。实际上，他表达了一种模糊而坚定的信念，即整个世界和他的家庭的唯一用处就是随时随地满足他的需求和欲望，除此之外，别无他用。然而，在一个崇尚自私自利和自我满足的文化中，这种自私的想法会迅速成为一种顽固的社会主题。于是，那些因外部因素而成为受害者的人群范围——多数和少数、男性和女性、"健全的"和"不健全的"——都在失望青年的哀叹中得以体现。当我提到美国的青年文化时，我所指的不仅仅是一个崇尚年轻的文化。我所指的还是一个拒绝长大的文化。

第一章　出发去找魔法师：在工作中努力承担更多责任

成功与失败、优秀公司与平庸公司之间仅是一线之隔。在这条分界线下面，我们看到的是借口、指责、迷茫和无助，而在这条当责线上，我们看到的是现实感、当责意识、承诺、解决办法和果决的行动。当失败者在当责线下一筹莫展，准备编造各种理由来搪塞过去的努力为何付之东流时，胜利者则勇敢地站在当责线上，从承诺和实干中获取了无穷的力量。下面这幅"责任图"可以帮你更好地认识当责线下的受害者心态与当责线上的当责态度之间的区别。

当责线上
当责步骤

- 实施它
- 解决它
- 承担它
- 发现它

当责线

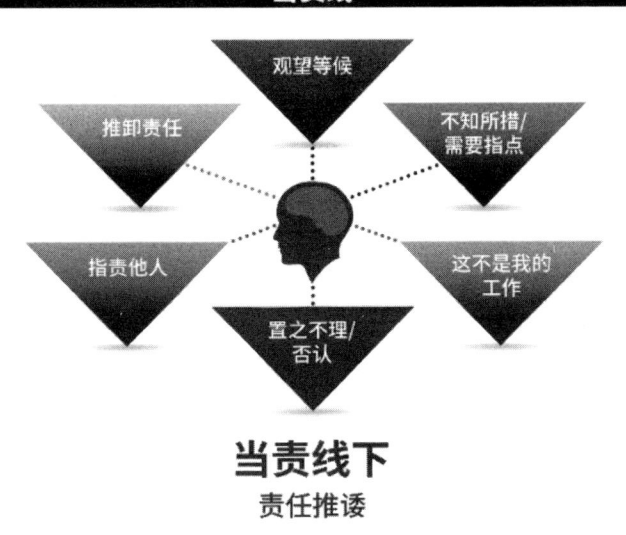

- 观望等候
- 推卸责任
- 不知所措/需要指点
- 指责他人
- 这不是我的工作
- 置之不理/否认

当责线下
责任推诿

当个人和企业有意无意地回避为结果当责时，他们的想法和行动已经落到了当责线下。他们陷入了被我们称为"受害者循环"或"责任推诿"的泥淖，一步步丧失信心和动力，最终觉得自己完全不知所措。在这种情况下，他们只有努力达到当责线上，并完成"当责步骤"，才能重新获得成功的力量。当个人、团队或企业都陷入当责线下且对现实毫无察觉时，情况就会越变越糟，而且没有人知道原因。陷入受害者循环的人通常不会面对现实，而会忽视或假装不知道自己应该承担的责任，推卸责任，怪罪他人使自己陷入窘境，推说自己不知道该如何行动，问别人自己该做什么，声称自己无能为力或坐等事情奇迹般地自行解决。

个人和企业当责这一关键要素应当被纳入企业生活的每一个环节，如企业性格、生产过程和企业文化等。在安然、安达信、世通、无数的网络公司和所有仍存在当责线下行为的地方，你总会发现许多受害者以及受害者的受害者。企业退步到当责线下，首先就是从没人愿意承认现实、没人愿意说真话开始的。在一篇标题为《公司为什么会倒闭》的文章中，拉姆·查兰和杰里·乌斯埃姆这样描述了公司的衰亡：

用一位分析师的话说，公司之所以会走向没落，原因在于"判断能力的不断下降"。"以成功为导向的"企业文化、麻痹大意的思想、复杂的关系和不切实际的经营目标等交织在一起，最终使得"违反标准"成为一种标准。在问题最终爆发之前，一切还看似井井有条。但这些假象终将化为泡影。这段话讲的似乎是安然公司，但实际上说的是美国航空航天局在1986年犯下的错误。那一年，"挑战者"号航天飞船发生了爆炸。在这里，我们并不想把两个事件联系起来，毕竟，美国航空航天局的错误导致了七名宇航员丧生。我们只想找出失败的共同点：即使最突如其来的错误，其实在数年前也已经埋下了隐患。在以前的飞船发射中，美国航空航天局的工程师已经发现O形圈受损的迹象，但他们一直自我安慰，以为这种受损程度还是可以接受的。

查兰和乌斯埃姆继续写道："公司倒闭的方式就像海明威在《太阳依旧

升起》一书中描述破产一样——先渐进式，再爆发式。"

不负责任的行为是个痼疾，一步步腐蚀集体。它到来时悄无声息，最初以借口的面貌出现，随后慢慢演变为更为激烈的相互指责，最终变成大家所接受的行为方式。不负责任、懒散怠惰的代价只有从对比中才能看清：当责的人不断取得成果，不当责的人则一事无成。当然，你也可以从企业利润的增加和市场份额的扩大中计算出当责行为的实际价值。

思科是陷于受害者循环、处于当责线下的另一个例子。当然，思科绝不是一个行将没落的公司。但有一段时期，思科的确损失了将近90%的市场价值。在经历了40个季度的增长后，公司管理人员在思想上开始有些松懈。的确，成功常常让人麻痹大意。客户破产、需求下降、存货增加，这些都不足以提醒思科首席执行官约翰·钱伯斯和他的管理团队改变不切实际的幻想和预测。一旦有关增长的假设落空，公司将出现什么状况，这个问题从来没人想过。当业绩增长放缓的迹象已经出现时，公司管理人员仍停滞在当责线下，忽视甚至否定一切问题。最终，思科不得不面对现实，减计了25亿美元的存货价值，并裁员8500人。一夜之间，思科的股票几乎跌去了90%的市值。经过这次教训，思科现在开始使用模型预测，当有关业绩增长的假设出现放缓迹象时，可能对公司产生什么影响。有时，站在当责线上也意味着要对最坏的情况做好预测和准备。

要想站在当责线上，并摆脱相互指责的怪圈，你需要按照发现它、承担它、解决它、实施它的顺序，完成"当责步骤"。第一步"发现它"，是指认识并承认当前环境的全部现实。正如你很快要看到的，第一步是最大的障碍，因为对很多人来说，实事求是地进行自我评价并承认自己能为最终结果付出更大的努力，仍然是一件非常困难的事。第二步"承担它"，意味着对于你给自己和他人造成的经历和现实，你得承担责任。经过这一步，你就为采取行动做好了准备。第三步"解决它"，要求你着手改变现实，为一些你从未想过的问题寻找解决方案，同时在出现困难时努力避免落到当责线下。第四步"实施它"，要求你运用责任心和勇气，将解决问题的办法付诸实施,即使这些办法可能带来某些风险。这四个步骤并不高深,只要凭常识,大家都能明白。最终,你的常识就能推动你走到当责线上。

当责的变革力量

无论怎么努力去忽视或摆脱现实,最终还是要实现既定的目标。大家都清楚自己的责任,也知道必须按预期的水平履行责任。每个人都有身处逆境、灰心沮丧的时刻,但我们本能地知道,工作是逃不掉的。许多大事其实都是由身处逆境的人完成的。我们知道,在犯错或"失球"时不该去抱怨别人。说到底,人生的发展方向和快乐程度还是由自己决定的。在工作中,我们花了数年时间来学习和交流个人和企业取得成果的方法,并不断努力去改善这些方法。自从《奥兹法则》(第1版)面世以来,我们目睹了无数企业将奥兹法则付诸实践。他们开始承担更大的责任,从当责线下走到了当责线上,并取得了利润率增长200%、客户投诉处理时间缩短一半、股价上涨900%、质量投诉降低80%等一系列辉煌成绩。我们也一直关注管理思想的重大发展,如创新商业模型、团队领导核心等。虽然我们会不断从各种思想潮流中采撷新鲜知识,并加入一些新的元素,但我们最终的结论是,企业的成功仍然归结于一条简单的原则:你要么陷入困境,要么取得成果。就这么简单。

如今,在企业提倡自我改善创新能力、客户满意程度、团队精神、人才开发和公司治理的热潮中,为最终结果当责仍然是各种管理理念的核心。有趣的是,这些方案的实质仍然是让人们摆脱不利环境的困扰,尽其所能(当然是在道德允许的行为范围内)取得他们所期望的成果。如果说在10年前,让个人当责是每个公司的管理层和领导层面临的挑战之一,那么到了今天,这种当责无疑已经成为每个公司所面临的最大挑战。然而,尽管许多个人和公司已经认识到当责态度的必要性,但知道如何培养和保持这种当责意识的人屈指可数。对于这一点,最有力的证明莫过于人们挖空心思编出种种借口,以解释为什么事情会恶化到如此糟糕的地步。遗憾的是,虽然他们能用文笔流畅的法律文件或逻辑上无懈可击的理由为自己开脱,但这些逃避责任

第一章　出发去找魔法师：在工作中努力承担更多责任

的人除在回避问题的道路上越滑越远外，最终仍将一事无成，更谈不上面对问题和解决问题了。

在人生的某个紧急关头，每个人都可能找些理由为自己开脱："我的时间不够。""要是有充足的资源就好了。""时间太紧了。""这不是我的工作。""这是上司的错。""这事我不知道啊。""竞争对手太强了。""经济不景气。""事情到明天也许就好起来了。"不论措辞如何，我们为失败找的理由总是"事情为什么办不成"，而不是"我还能做什么"。当然，真正的受害者每天都有。指手画脚的老板、不择手段的对手、背后使坏的同事、不景气的经济，以及各种各样的谎言、欺骗和阴谋诡计都可以让人理直气壮地声称自己是受害者。有些事情的确是人们无法控制的。有时，人们也不应为发生的事情负责，因为他们既没有犯任何错误，也不必承担任何法律责任。但是，就算在外部环境最为不利的情况下，如果他们只是被动等待，把自己的不幸归咎于他人，他们就永远无法前进。不论环境如何，只有当你为现实和将来的结果当责时，你才能改变现状。你必须努力站在当责线上。

值得欣慰的是，自《奥兹法则》出版10年以来，我们看到许多企业的首席执行官和高级管理人员在当责意识方面取得了巨大进步。美国非营利性商业论坛机构世界大型企业联合会和《商业2.0》杂志曾联合进行了一次有关"企业首席执行官最关注的问题"的调查。调查结果显示，首席执行官现在关注的头号问题是如何吸引和培养人才，因为只有人才才能保证企业业绩的持续发展。在当今的经济竞争中，吸引并留住注重成果的才智之士已成为企业成功不可或缺的重要因素。许多首席执行官把这一点列为其首要任务，原因何在？因为首席执行官所关心的其他问题，如股票市值、市场竞争、产品创新等，都依赖于可以帮助企业取得这些成果的高素质人才。人才是企业的领导，他们可以提升企业的市场价值，达到企业的业绩目标，打败竞争对手，不断开拓创新，坚持带领企业员工为结果当责。这就是我们推出新版《奥兹法则》的原因：现在，世界各地的高级管理人员、经理人员、企业领导和上进的员工比以往任何时候都更需要了解怎样为结果承担更多的责任。

此外，随着国内外企业在规模、复杂程度和适应能力上的不断提升，为结果当责不仅是领导层的首要问题，也成了最紧迫的集体任务。彼得·德鲁克在他40年前出版的经典著作《卓有成效的管理者》一书中提出，应该随时向企业领导和员工提出这样一个问题："我能为我所在的企业做些什么，才能明显改善企业的业绩和成果呢？"他认为，这个问题有助于引导企业员工取得成功。40年后，许多首席执行官和企业领导者再次认识到，他们必须营造一种可以加强员工个人当责意识的企业文化，促使他们随时用德鲁克的问题来提醒和激励自己。

在吉姆·柯林斯的畅销书《从优秀到卓越》中，他这样描述优越的工作环境："当你将一种强调纪律的企业文化与一种企业家精神结合起来时，你就获得了点石成金的魔力。"我们非常赞同吉姆的观点。但我们也认为，强调纪律的企业文化加企业家精神本身只是一种结果，这种结果源于企业员工和团队不断问自己《奥兹法则》提出的当责意识问题："为了站在当责线上，取得令人满意的结果，我还能做些什么？"一旦他们这样问自己，他们就掌握了一种用更短的时间和更小的成本来取得更好结果的秘诀。在当今的经济环境下，这一点比在10年前更加重要。随着人们对业绩的要求和期望值不断上升，我们必须为此付出更大的努力。

有一点值得反复强调：在提高产品质量、满足客户要求、鼓舞员工士气、建立企业团队、开发新产品、提高效益和取得成果的种种努力中，当责的态度是一切的核心。这是不是很简单呢？答案是，既简单，也不简单。道理说起来简单，但要将当责的态度真正融入企业，还需要投入极大的勇气和大量时间。无论是经营自己刚起步的小公司，还是管理《财富》500强的大企业，你只有投入时间并树立信心达到当责线上，才能将美好的未来掌握在自己手中。

第一章　出发去找魔法师：在工作中努力承担更多责任

旅程开始了

本书的上篇探讨了奥兹法则的内容，并告诉读者，如今在世界各地，有许多个人和企业与多萝茜、稻草人、狮子和铁皮人在通往奥兹国的黄砖路上一样，充满着焦虑和无助。在前几章，我们将描述人们如何利用受害者心态来解释碌碌无为、效率低下和止步不前等糟糕表现，以及他们如何不明智地阻碍了自己的进步。在后几章，我们将告诉读者，当责的人如何摆脱受害者心态，克服困难和障碍，并达到新的高度。读完本书后，你不但能学会如何为结果承担更多的责任，还能了解如何营造企业文化，从而在各个工作岗位上通过维持和奖励这种当责的态度来重建企业性格和企业文化。

如果你对当今企业遭遇的重大性格危机有所了解，这将有助于你更好地理解本书的内容，并深刻体会受害者心态与当责态度之间的细微差别。一旦能够区分当责线下和当责线上的态度和行为，你就会发现，你已经拥有了发掘个人、团队和企业当责意识的变革力量。这是中篇和下篇探讨的主要内容。

本书用翔实的事例讲述了个人和企业如何以当责的态度来克服种种阻碍、借口和偏见，最终获得预期的效果。来自不同行业的个人和企业的经历有时让人难以置信，但总是能发人深省。我们希望展现个人和企业如何克服受害者的心态和行为，从而一步步走向当责线上，并最终取得优异的成果。我们的目标已经超越了普通管理学著作关于企业创新、领导、生产、客户服务、产品质量和团队精神的论述，而旨在挖掘出人们在努力取得成果的过程中最核心的东西。这正是今天许多企业所迫切需要的。我们仔细研究了造成领导能力不足、生产水平低下、质量低劣、客户不满、缺乏创新、人才浪费、缺乏团队合作，以及普遍缺乏当责意识的根本原因。我们希望，读者在读完本书后，能够超越总是解释为什么做不好或不能做得更好的层次，从而开始考虑自己能做些什么，让前途更加光明。

第二章

黄砖路上：
陷入受害者循环

***

第二天早上，太阳还躲在云层后头。他们已经出发了，似乎大家很清楚路在哪里。

"只要我们走得够远，"多萝茜说，"总有一天我们会到达某个地方的，我敢肯定。"

可是，一天又一天过去了，除了红色的田野，他们什么也没看到。稻草人开始有点抱怨了。

"我们一定迷路了，"他说，"如果我们不赶快找到去翡翠城的路，我就永远得不到智慧了。"

"我也得不到心了，"铁皮人大声说，"我似乎等不到找到奥兹的那一天了。你们必须承认这是一次长途跋涉。"

"你们看，"胆小的狮子呜咽着说，"我没有勇气再这么漫无目的地走下去了。"

然后，多萝茜也失去了信心。她在草地上坐了下来，看着她的同伴们。他们也坐下来看着她。托托第一次发现，它居然没有力气去追逐飞过头顶的蝴蝶。它伸出舌头喘着气望着多萝茜，好像在问他们下一步该怎么办。

——《绿野仙踪》

莱曼·弗兰克·鲍姆

第二章　黄砖路上：陷入受害者循环

认为自己是受害者的心态已经渗入我们生活的方方面面。从微不足道的小事到生死攸关的大事，它时时刻刻都在影响着每一个人。诚然，每个人都会对别人造成伤害，这是现代人生活的一大难题，但如果一味沉溺于受害者心态，只会让受到伤害的人更加失败。即使最成功的人士和集体，有时也会被受害者心态所传染。

为什么所有人，包括那些品德最高尚的人，也会时常轻易落到当责线下？其实这并不难解释，因为推卸责任毕竟要比承担责任容易得多。仔细回想一下，你一定听过不少别人为解释上班迟到、错过最后期限、没完成任务、忘记约会、丢失文件、错失一个好机会，甚至是完全的失败而挖空心思想出的种种可笑借口。以下是由南加州的一份报纸《新闻事业》（*The Press Enterprise*）收集的迟交纳税申报单的人向国家税务总署做出的解释：

"我不知道今天是最后期限。"

"我不知道是4月交税。"

"我的纳税单找不着了。"

"我讨厌和数字打交道。我连支票都算不清，怎么可能填对纳税申报单呢？"

"手续太复杂了。"

"我太累了。"

"我还没来得及看表格和说明呢。"

"我不喜欢欠债。"

"我不想知道我挣了多少钱，因为我不知道我是怎么把钱花掉的。"

"我觉得去税务局比去看牙医更可怕。"

"我和我丈夫的纳税申报单找不着了，您能再给我寄一份吗？"

"我正要从盒子里拿出纳税申报单，突然被一只蜘蛛咬了一口，简直太恶心了，我再也不想碰那张单子了。我并不是怪你们把蜘蛛和申报单放在一块儿，但事实确实如此，算了吧，反正又不是我放的。能放宽点期限吗？"

"我刚离婚了，我能活下来就不错了，哪里还顾得上交税呢？"

这些千奇百怪的借口一定让你哭笑不得吧，但它们是千真万确的。其实，我们自己一定也找过类似的可笑借口，试图摆脱应当承担的责任。讽刺的是，这些虚假借口的核心往往是真实的，即在本应对失败进行冷静思考并找出真正原因时，却有意减轻事态的严重程度。然而，如果推卸责任躲避在当责线下，实际上就是放弃了超越自我、克服不利环境和限制条件的机会。不论指责谁，结果都是一样的。

通用电气几年前的经验证明，即使最受尊崇的公司，也会被受害者循环拖入困境。在《财富》杂志对北美最受尊重的大公司的排名中，通用电气一直高居前十，许多业界人士也将通用电气视为公司持续变革的成功典范。100多年前，在1900年1月1日，《华尔街日报》曾将通用电气列为全美12家顶级大公司。到了今天，这最初的12家大公司中只有通用电气还继续高居榜上。然而，即使如此成功的公司，也并非完美无缺。

几年前，通用电气感受到了增加家用电器市场份额和利润的压力。针对这一目标，公司聘请了咨询大师艾拉·马加齐纳对公司的冰箱业务进行分析。马加齐纳的建议是，公司要么从国外进口冰箱压缩机，要么设法生产更好的压缩机。通用电气选择了第二种方案，并委任首席设计工程师约翰·特拉斯科特牵头组成一个科研小组，负责开发一种全新的旋转式压缩机。当特拉斯科特与工程师汤姆·布朗特、家用电器事业部负责人罗杰·施普克向公司董事长兼首席执行官杰克·韦尔奇汇报了研发工作的进展后，韦尔奇决定投资1.2亿美元建立一家工厂来生产这种全新的压缩机。董事会也完全赞成这个决定。在短短几个月内，20位高级管理人员对新型压缩机投产前的测试数据进行了审查。他们一致认为这些数据没有任何问题，并同意投入生产。不久后，在田纳西新建的工厂开始大量生产这种压缩机，每六秒钟就有一台新型旋转压缩机下线（要知道，老式生产线要花65分钟才能生产一台压缩机）。

一年后，在费城首先出现了一起压缩机故障，接着又出现了上千起故障。最后，工程师找到了问题的原因：原来在压缩机的生产过程中使用的是金属粉零件，而不是硬化钢和生铁。具有讽刺意味的是，通用电气早在10年前就在空调产品中使用过金属粉零件，并发现这种材料是不符合要求的。在这种情况下，施普克被迫以国外产品取代这种新型压缩机。在整个事件中，通用电气共遭受了4.5亿美元的损失。

只要看看整个事件的细节，我们就能看清通用电气是如何一步步陷入受害者循环的。公司的高管忽视了旋转型压缩机技术以前出现过的问题。尽管有些日本公司曾经在旋转型压缩机的研发上遭受过严重挫折，公司上下却无人提及此事。于是，通用电气便重蹈覆辙，再次发生了使用金属粉零件的问题。

关于这种旋转型压缩机可能无法正常工作的所有迹象都被人们有意忽略了。尽管早期的报告也提到压缩机出现温度过高、轴承表面磨损、密封润滑油无法正常工作等状况，生产部门上下对此却充耳不闻。

当压缩机故障成为残酷的现实后，人们开始相互指责。高管、事业部管理层、设计工程师、公司顾问和生产人员开始轮番指责他人。起初，工程师还担心新型压缩机的现场测试不够，但他们最后还是把这种顾虑放到一边，因为他们只需按要求行事就可以了。也就是说，只要按进度完成工作就行了。当越来越多的人表现出这种忧虑时，大家似乎都在想："我们不能把这个坏消息告诉杰克。""我们不能耽误工程进度。"

最终，家用电器事业部的每位员工都认为，最好的办法就是等待情况自动好起来。许多人甚至存了一丝侥幸心理，以为事情或许不会发展到那么糟糕的地步。毕竟，这里是通用电气，世界上最有效率的集体之一。

然而，即使世界上最有效率的集体，偶尔也会落到当责线下。只要落到当责线下，他们迟早要为这种行为付出代价。以通用电气为例，他们付出的代价就是4.5亿美元的直接损失，以及八年的发展机会。

在这一章中，我们将帮助读者进一步了解各种受害者心态的危害，特别是对公司业务和管理的影响。经验告诉我们，人们只有充分认识到落到当责线下的原因，才能轻松地按照当责步骤前进。

受害者心态和当责态度之间的分界线

想象一下，当责态度和受害者心态之间有一道分界线，一边是克服不利环境并取得成果，另一边则是陷入受害者循环。任何个人和企业都不可能站在两种心态的分界线上，因为客观现实必将无情地将他们推到当责线下。尽管个人和企业有时会表现出当责的态度，有时又表现出受害者的心态，但无论如何，现实或环境最终会让他们的思维和行动要么停留在当责线上，要么落到当责线下。

可是，在受害者心态和当责态度之间画出一道明确的分界线并不是件容易的事。许多人认为，指责麦当劳、汉堡王、肯德基和温迪导致儿童肥胖的言论是毫无道理的，因为每个人都应该为自己或孩子的饮食习惯负责。这种说法有道理吗？让我们看看西泽·巴伯的案例吧。这位来自纽约市布朗克斯区的机修工对美国四家最大的快餐店提出诉讼，指控他们用带有欺骗性的推销策略导致人们肥胖。56岁的巴伯身高5英尺10英寸（约1.5米），体重272磅（约123.5千克），得过两次心脏病，并长期受糖尿病的困扰。巴伯的律师萨缪尔·赫什认为，巴伯和其他数百万名和他一样的消费者都应该得到赔偿，因为他们长期食用含有大量脂肪、盐、糖分和胆固醇的食品，却没有得到足够的提醒。巴伯自己也承认，他不会做饭，所以吃了30年的快餐。他声称，直到得了心脏病、医生告诫他必须戒掉吃快餐的习惯时，他才知道快餐对健康是有害的。在接受新闻网站MSNBC（微软全国广播公司）的访谈时，巴伯说："（这些快餐）全是牛肉，他们却告诉我这对健康是有益的。我根本不知道饱和脂肪、盐分和糖分（对健康有害），根本不知道。"这到底是有意的回避，还是无意的疏忽呢？读者自己可以判断受害者心态和当责态度之间的分界线到底应该划在哪儿。

即使最慎重地当责的人，也难保不会有一两次落到当责线下。金无足赤，人无完人。在这个错综复杂的社会里，每个人都会偶尔陷入受害者循环,即使那些成功人士也不例外。但是,当责的人不会受困太久。

在当责线下挣扎的个人和企业经常有意无意地回避为结果当责。由于长期陷入受害者循环,他们的精神和意志日渐消磨,以为自己毫无办法,就像《绿野仙踪》中的多萝茜和她的伙伴一样。如果这些个人和集体仍继续认为自己是受害者,他们只会一步步走入一个永无止境的循环:忽视或假装不知道自己应当承担的责任,声称这不是自己分内的工作,逃避责任,陷入困境时只知怨天尤人,推说不知道该怎么做,总是指望别人告诉自己该怎么做,成天嚷着自己做不来,编故事为自己开脱,最后坐等想象中的魔法师来创造奇迹。这种恶性循环将极大地损害个人和集体的工作效率。

怎样发现自己落到了当责线下

无论何时,当你陷入受害者循环时,只有首先承认自己处于当责线下并深受其害,才可能设法摆脱这种循环。只有从承认现实开始,才能拥有正视现实的心态,并由此获得回到当责线上的动力。在很多时候,人们自己无法克服受害者循环带来的惰性,因此需要听取他人的意见,如朋友或配偶。在通用电气的例子中,这就好比使用了有问题的冰箱压缩机的费城客户。除此以外,你还可以通过寻找以下的某些线索来提高自己认识困境的能力。

- 你觉得自己被环境所困。
- 你认为现状是自己无法控制的。
- 当他人直接或间接地提醒你用其他方法可以取得更好的成果时,你不愿听取他们的意见。
- 你时常指责他人。
- 在讨论问题时,你总是在讲你不能做什么,而不是你能做什么。
- 你不能面对难题。
- 你发现有人向你倾诉别人对他们干了些什么。
- 你拒绝对自己承担的责任深究下去。
- 你觉得自己受到了不公正的待遇,而且无法改变现状。

- 你发现自己总是处于被动状态。
- 你总是在谈论自己无法改变的事情（如公司老板、股东、经济状况、政府政策等）。
- 你总是把"不知道该怎么做"作为不采取行动的理由。
- 你尽量回避需要你报告责任的人、会议和场合。
- 你经常说：

  "这不是我的工作。"

  "对此我无能为力。"

  "应该有人告诉他该怎么做的嘛。"

  "我们只能静观其变了。"

  "告诉我该怎么办。"

  "如果是我，我就不会这么干。"
- 你总是把时间和精力用于"攻击老板和同事"。
- 你把宝贵的时间花在编造动人的故事来为自己洗脱责任上。
- 你总是反复讲别人怎么占了你的便宜。
- 你总是以悲观的态度看待世界。

如果你发现你自己、你所在的团队或企业出现了任何上述迹象，请立即采取行动帮助自己或别人认识到这些借口的实质：它们是阻碍你采取行动、取得成果的绊脚石。一旦在思想上认识到这一切，你和你的同伴就能像书中的多萝茜和她的伙伴一样，最终理解受害者循环的微妙之处。

受害者循环的共同阶段

受害者循环看似复杂，但我们还是总结出了大多数个人和集体都会经历的六个基本阶段。在阅读下文时，你不妨问问自己，你和你所在的企业是否也有过类似的行为。

1. 置之不理／否认。陷入受害者循环的人都有一个典型的起点，那就是置之不理或否认问题。在这一阶段，人们假装不知道问题的存在，没意识到

第二章 黄砖路上：陷入受害者循环

问题对他们的影响，甚至干脆否认整个问题。

受害者循环的第一阶段有时会持续数十年。例如，许多人都曾目睹否认问题的公司和行业是如何一步步被竞争对手挤垮的。首先是美国的钢铁行业。他们不愿承认变革的必要性，在采取行动、提高竞争力方面也是拖拖拉拉，最终被拥有先进技术的国外竞争对手抢走了一大部分市场份额。随后是美国的汽车制造商。他们对消费者喜欢质量更好、更加省油的汽车的消费需求置之不理，最终为此付出了沉重的代价。美国汽车业一直否认消费者偏好的改变，还坚持"我们造什么，消费者就买什么"的陈旧观点。而这时，站在当责线上的日本汽车制造商已经设计出了更加符合全球消费者需求的新型汽车。

在未来，还会有多少个行业要为否认现实的行为受到惩罚呢？受害者循环第一阶段的代价有时是惊人的。如果个人和企业不愿或无法看清周围的现实，他们必定会自食其果。而他们只有在损失发生后才能认清问题的严重程度。

你可能以为，作为所谓的超级大国和世界领袖，美国应该从过去30年处于当责线下的经验中吸取不少教训吧。然而，美国教育部进行的一项为期四年的有关美国成年人受教育状况的调查让我们看到了新的挑战。调查结果显示，大约有一半的美国成年人缺乏有效应付现代生活所必需的读写能力。《时代周刊》刊载的一篇有关同一主题的文章报道："大约有9000万16岁以上的美国人（几乎占同龄总人口的一半）属于'基本上不适合雇用'。其中包括哪些人呢？有些人可以在信用卡的收据上签字，但发现账单出错时不知道怎么写信；有些人在超市购物时能算对找的零钱，但不会计算正常价格与折扣价格之间的差额；有些人能浏览报纸上的新闻，但不能理解字面下的隐含意义。这些人都属于这一类。"美国企业为这种教育程度不足的状况付出多大的代价？如果无法与其他重视教育的国家在未来展开竞争，美国还要为此付出多大的代价？这篇文章继续写道："……这次调查得到的最糟糕的结果莫过于这些被调查者表现出的盲目自信。当被问及自己是否具备良好或优秀的阅读能力时，最低一级的被调查者中有71%回答'是'。如果这些调查结果是准确的,这就说明,大多数美国人不仅没有为当今及未来的科技进步做好准备,大多数人甚至根本没意识到自己已经落后了。"

在受教育人群的另一端,调查结果显示,有70%到80%的MBA毕业生在毕业后12个月内辞去第一份工作。他们为什么要辞职呢?不是因为他们在工作上缺乏竞争能力,而是因为他们无法在现实的工作环境中有效地发挥作用,无法与工作伙伴和睦相处,无法融入整个公司的企业文化。MBA毕业生和各大商学院一直否认这样一个事实,即商业上的成功并不只取决于你做什么和你知道什么,起决定作用的是你如何去做。面对这一现实,许多商学院、管理学教授和MBA都声称自己已经意识到了这个问题。但他们真的意识到了吗?

有些首席执行官其实也并不如他们自以为的那么精明。当安然首席执行官杰弗里·斯基林最终打破沉默,开口谈论公司倒闭的内幕时,他拒绝承担任何责任或承认做错任何事情。"我们一直在努力找出事情的真相,"他对《纽约时报》的记者说,"这是个悲剧。我一直以为公司的状况很好,除此之外,我一无所知。"悲剧,这的确是个悲剧。从高盛到《财富》杂志,安然一直被华尔街的分析师和财经记者列为世界上最出色、最具超前意识的大公司之一。然而现在,公司已经不复存在,只有前任首席执行官还在喋喋不休地为自己的无辜和无知辩解。显然,斯基林并非无知无识之士,他只是陷入了受害者循环。根据《纽约时报》的一篇报道:"有一项财务安排从根本上削弱了安然:公司规定,如果股价跌落到某一水平之下且公司失去投资级评级,安然将支付39亿美元的债务,而这笔债务将不记入资产负债表。而斯基林声称:'我对此一无所知。'"孰是孰非,读者自己可以判断。

也有些首席执行官精明过头了。《华尔街日报》报道,著名的废品处理公司钱伯斯开发公司在上市后虚报了3.62亿美元的利润,并造成连续数年的账目错误。记者加布里埃尔·斯特恩这样形容公司的创始人兼首席执行官,63岁的老约翰·兰格斯,"一个成天想着把自己的垃圾公司变成明星公司,固执地要求管理者实现其高额利润目标的人",最终导致了一个"可以容忍

第二章　黄砖路上：陷入受害者循环

操纵会计数字的环境"。一位公司高管曾告诉兰格斯，公司无法获得预期的利润，兰格斯却说："去把剩下的利润找出来。"最后，当致同会计师事务所拒绝签署钱伯斯开发公司的会计报表时，公司的光辉业绩顿时暗淡下来。在德勤会计师事务所提交的一份报告中，审计师披露，钱伯斯开发公司"通过大量低估费用来弥补账面损失，并违反了公认会计准则"。针对这一指责，小约翰·兰格斯否认他的家族曾经以任何方式鼓励下属操纵盈利数据或使用不正当的会计手段。显然，钱伯斯开发公司及其老板在试图逃避责任，否认自己与任何不法行径有牵连。

马克·吐温曾说过这样一句话："问题不在于你不知道，而在于你知道的不是你想要的。"这句话精辟地总结了受害者循环置之不理/否认阶段向人们提出的挑战。假装不知道问题所在或对问题置之不理将使你处于当责线下，并削弱你取得成果的能力。

2. 这不是我的工作。我们曾无数次听人说"这不是我的工作"，自己肯定也说过不少次。这个理由早已是陈词滥调了。人们在无数场合引用这句话，目的无非是解释为什么无所作为，把矛头指向他人，或者逃避责任。这一阶段体现了一种想要采取行动、取得成果的意识，同时又伴随着一种不愿惹麻烦的逃避心理。持这种受害者心态的人总是设法逃避他们认为没有足够回报的额外工作，逃避没有好处的个人牺牲。既然没有好处，又何必承担这些额外的责任呢？在过去，每个人的工作范围都有明确的界定，员工只需要做好分内的工作，根本不必操心如何为取得成果做出更多贡献，公司也默许各部门打各自的小算盘，不必管怎样做会对公司最有利。在这种环境下，"这不是我的工作"的说法就变得合情合理了。

无论是在单位还是在家里，每天你都会发现受害者循环第二阶段的许多表现。例如，你还记得别人对你说"这不是我的工作"的情形吗？想象一下，你刚走进一家商店，商店的巨幅海报上写着："我们将不遗余力地使客户满意。"这句口号颇让客户振奋。然而，当你听到"对不起，我无能为力。这不是我的工作"时，你一定会感到非常惊诧。没什么比成为"这不是我的工作"

这个无休止循环的受害者更让人恼火的了。你找了一个又一个人，却没有一个人愿意担起责任。这种当责线下的行为会带来沉重的代价，而你只有在付出代价时才会发现这一点。当人们不断用这句话来推卸责任、躲避取得成果的职责时，总有人要为此付出代价。这个代价可能是间接的，甚至可能很难察觉，但绝对是逃避不了的。这个代价也许关系到别人怎么看待你，也许牵涉公司业绩最终会对你的待遇产生什么影响，也许这个代价会日积月累，最终让你丢掉饭碗，或者让你的公司被淘汰出局。说白了，"这不是我的工作"的意思就是"别怪我，这不是我的错"。

3. 指责他人。受害者循环的这一阶段也是常见的一幕。人们不愿为糟糕的结果承担责任，于是便试图把责任推给他人。"别怪我"成了向他人推卸责任的万能用语。例如，一家著名医疗保健公司的首席运营官曾公开表示，公司的聚氨酯挤压成形工序存在一个"让公司人人发愁"的问题。公司员工听到这番表白后，"挤压成形工序"便成为解释一切残次产品、工期延误和工作低效的借口。成百上千的员工只知道相互推诿，却从来不从自身找原因，公司的生产能力和盈利能力也因此一落千丈。

指责可以有多种形式。即使在最优秀的公司，相互推诿的情况也会时常发生。被广泛誉为全美管理最出色的公司之一的著名家具制造商赫曼米勒公司就曾遇到过这种情况。公司的广告策划人牢记首席执行官马克斯·杜普雷在其畅销书《领导的艺术》中对客户满意度的强调，于是在公司的所有装运箱上都印上了这样一段话：

本件家具在打包装运前已经过仔细检查。家具在由运输公司打包承运给客户时无任何损伤。若开箱后发现家具受损，请妥善保存装运箱并立即通知运输公司，客户可要求运输公司派人提供检查报告。检查报告连同出厂运输单据可作为索赔依据。运输过程中出现的损伤应由运输公司负责。若客户依据上述要求办理，本公司将愿意协助客户办理索赔事宜。赫曼米勒公司

根据这段声明，一旦出现家具受损，赫曼米勒公司可以合情合理地把责任推给运输公司。这实际上是一种当责线下的态度。难能可贵的是，面对客

户的反馈意见，公司负责产品质量的副总裁承认："这段话实际上表达了一种不正确的心态，就是说'我们已经完成了分内的工作，如果还出错，那只能是别人的问题了'。"公司不希望继续这种指责他人的受害者把戏，于是把装运箱上的这段话改为：

本件家具制作工艺精细。我们承诺向客户提供全球品质最佳的产品。若开箱后发现家具受损，请妥善保存装运箱及运输单据，并及时通知当地赫曼米勒经销商。运输公司应派人向客户提供检查报告。检查报告连同出厂运输单据可作为索赔依据。我们承诺让您获得百分百的满意。我们仅希望若家具在运输过程中受损，请您按照上述程序办理。

遗憾的是，仍然有许多公司对相互指责的游戏乐此不疲：市场营销部指责研发部设计的产品不符合客户需求；销售部认为市场营销部制作的宣传册没有创意，广告针对的客户群不合理，给销售工作造成了困难；生产部指责销售部对市场的预测不准确，使得本部门要么不能按时交货，要么积压了大量产品；研发部又将矛头指向生产部，认为生产部没解决好生产上的问题；许多副总裁对董事不屑一顾，认为他们没有承担更多的责任，而董事总是给副总裁找麻烦，有时说他们管得太少，有时又说他们管得太多。照这样发展下去，这种转圈式的相互指责解决不了任何问题。

4. 不知所措／需要指点。在这个阶段，人们总是把不知所措作为减轻责任的理由。如果不理解问题的实质或客观环境，确实也不能指望他们把事情做好。举例来说，某大型化工公司的产品质量监督经理从上司处获知，本部门的业绩令人失望。这位经理主动去调查问题的原因，但他听到了许多相互矛盾的说法，这让他完全理不清头绪。他向老板吐露了自己的困惑："情况这么复杂，您怎么能让我一个人负责呢？"

另一位某大型食品加工公司的经理在一次业绩评估中得到一句措辞含糊的评价："有些事情你处理得很好，有些却欠妥。"上司要求她仔细考虑一下，并在一周内做出回复。对于这句模棱两可的评语，这位经理也摸不着头脑，于是向自己的丈夫、同事和下属大吐苦水，抱怨老板对她的评价没有任何意义："他根本就不了解我。"这位经理一直抱着一种困惑和不满的情绪，却没有试图把问题弄清楚。当她再次与老板见面时，她抱怨老板的评语过于含糊，她不知道该如何改变工作方法。"我认为您的反馈不甚明智，"老板含蓄地说，"那么，我给你提出的负面意见呢？其中的意思你应该清楚吧。"

"可是我并不清楚啊。"她回答说。

"我希望工作评估能带来某些变化，使你和公司都得到更好的发展。"老板说。

"可您根本就不了解我。"这位经理还在辩解。

"你说得对，我的确不了解你。"老板如是说。

几个月后，这位经理离开了这家公司另谋出路。遗憾的是，她还和以前一样，总是放任自己对一切不知所措，以为换个环境就能让一切问题水落石出。可惜，她的愿望并没有实现。这种奇迹是很难发生的。

在经过指责他人和不知所措的阶段后，很自然的反应就是："告诉我你到底要我做什么，我就去做。"遗憾的是，这种恳求看似表达了一种希望改变行动的意愿，但实质上还是把责任推给了上司或他人。许多老板总是明白地告诉手下员工在困境中到底该做什么，但这种做法反而助长了员工的依赖心理。要求别人告诉你该做什么，其实是一种更高形式的借口。它与受害者的心理如出一辙，就是在采取行动之前就为自己找好了脱身的借口。

人际关系专家、《沟通经理》的作者阿贝·瓦格纳的观点是，在成人身上会体现出儿童的三种自我状态：自然型儿童状态、顺从型儿童状态和逆反型儿童状态。自然型儿童状态是指人们性格中某些与生俱来的特质，这种状态决定了个人内在的需求、欲望和感觉。当儿童或成人表现出其自然的一面时，他们会随心所欲地做自己想做的事。这种行为是自然健康的。顺从型和逆反型儿童状态下的行为则反映了与母亲的愿望相关的相互依赖关系。这种相互依赖关系体现了受害者循环中处于当责线下的"需要指点"阶段，因为这样的人总是依赖别人来当责。具有顺从型儿童状态的成人总是按照母亲或上司的要求行事，然后把行动的后果推给母亲或上司。具有逆反型儿童状态的成人总是试图抵制母亲或上司的要求，同时又把不利的结局归咎于母亲或上司。不论这些有依赖心理的人属于顺从型还是逆反型，他们都指望上司告诉他们该如何行事。他们自己从不愿当责。令人遗憾的是，许多企业成员的表现就和顺从型或逆反型儿童一样。

许多人也许发现自己已经陷入了没有终点的"需要指点"的循环。当人们拒绝为未来的行为当责时，这种情况每天都会发生。

过去的企业文化过分依赖于指令和控制型管理模式，这种家长式的员工管理方式助长了受害者循环的第四阶段："只要你按要求行事，把事情做好，那么你的下半生就由我们负责照顾。"有些人至今仍习惯于在每天开始工作时"停止动脑"。如今，越来越多的企业已经开始摆脱这种"需要指点"的管理模式，并努力创造一个能够吸引和留住人才的工作环境。随着企业内部责任意识的增强，员工开始回到当责线上，企业也从"需要指点"转向"我准备这么做，对此你有什么看法"。这才是取得成果的最有效途径。

5. 推卸责任。受害者循环的倒数第二阶段是"推卸责任"。这时，人们继续在当责线下寻求想象中的保护伞。他们编出各种动听的故事来解释他们为什么不必为做错的事情负责，甚至在最终结果公布之前就编好故事，以防出现意外或失败。

"推卸责任"有多种形式，有人把所有事情如实记录下来，有人对电子邮件进行备份，以便日后作为开脱证据。也有很多人被拉去证实一些事件或谈话，作为日后为某人洗清责任的证据。

有时，受害者循环"推卸责任"阶段的表现形式并不明显。我们也见过这样的人，他们总是东躲西藏，不愿与某些麻烦事扯上关系。他们总是尽可能地避开可能给自己惹上麻烦的会议，一些可能带来坏消息的邮件也被扔到一旁。我们曾经听过这样一个故事，某公司正面临一个重大时刻，政府官员准备到该公司视察，视察结果的好坏将直接关系到公司的前途。就在视察前几天，公司总裁突然宣布他要休假，不参加视察过程的任何活动和决策。其他成员立刻感到肩上的担子重了，而总裁自己一身轻松。在一片混乱中，人人都在努力避免出错。其实，许多"推卸责任"的努力无非就是编出各种理由和借口，来申辩为什么自己不必负责，不该受到责备，也不该为错误承担责任。在某些情况下，人们确实有必要保护自己的利益不受损害，例如，有些无耻之徒想利用你，你就应该设法保护自己。但即使如此，"推卸责任"的行为也会浪费双方的时间和资源。

6. 观望等候。从一开始，只要人们选择被动地等待事情朝好的方向发展，就陷入了受害者循环的泥潭。在这种氛围下，问题只会越变越糟。例如，在一家拥有3亿美元资产的个人医疗产品公司，管理层正在为是否引进一条新的生产线进行激烈的争论。由于公司一直发展得很顺利，他们没有任何引进新产品生产线的经验。经过几小时毫无结果的争论，大家的热情都冷却了，公司高层最终决定，等产品管理小组提出恰当的方案后再进行讨论。几个月后，当公司还在犹豫不决时，另一家规模较小的竞争对手已经捷足先登。受害者循环的观望等候阶段通常会变成一个黑洞，让许多可行的解决方案最终被懒惰和懈怠所吞噬。

还有一个有趣的例子可以说明这种现象。《华尔街日报》报道，在马萨诸塞州阿默斯特市政厅的阁楼上已经堆积了几年的鸟粪，对市政厅工作人员的健康产生了很大的危害。阿默斯特行政管理委员会投票决定拨款12.5万美元清除鸟粪。但根据承包商的估算，整个工程总共需要26万美元左右。这时，当地出现了一个英雄式的人物，房地产商大卫·吉南组织了一个名叫"驱鸽人"的志愿者小组，主动提出免费为市政厅清除约55加仑（约104千克）的鸟粪。但是，行政管理委员会的一名委员指出，此举涉及为每位志愿者投保，是一项巨大的开支。在听取多方意见后，吉南失望地表示："每位志愿者其实都愿意放弃保险。这不是谁负责的问题。阿默斯特市政府的问题在于他们根本就不愿意做这件事。"随后，社区领导又聘请律师来调查其中涉及的责任问题，律师的结论是："不论谁来做清除鸟粪的工作，市政府都有可能被告上法庭。"与此同时，鸟粪仍在堆积，到市政厅办公的人只能祈祷上帝不要让自己患上鹦鹉热（一种由鸟类传染给人的病毒性疾病，严重者会引发肺炎）。最终，吉南和他的"驱鸽人"小组只能建议行政管理委员会拨款修补窗框上的破洞，防止鸽子再飞进去。

陷入受害者循环：迈克·伊格尔的困境

有时，人们愿意停滞在受害者循环中，因为在当责线下至少还能得到一些暂时的安慰。他们的想法是："我不必承认我是错的。""我可不能丢面子。""我又不指望将来能出头。""我表现差、发展慢是有原因的。"不论一个人受滞于受害者循环的原因何在，这种暂时的安慰最终都是虚幻的。人们只有学会认清受害者循环的陷阱，才能从中解脱并向最终的目标前进。现在，让我们来看看一位管理人员是如何学会发现陷阱的。

在此，我们非常感谢迈克·伊格尔（我们认为他是具备当责线上领导才能的管理人员的典范）允许我们讲述他的故事。他是当今许多站在当责线上的管理人员努力奋斗的典型代表。

迈克·伊格尔曾在一家公司担任生产部副总裁。他的优异成绩和显著进步给公司高层留下了良好的印象。上司认为他前途无量，将来甚至可能进入公司高层。为了进一步培养他的能力，公司高层决定安排他管理一家下属公司，希望他施展才能，重振这家经营不善的公司。

转眼间，迈克在这家公司干了快一年，但公司的整体业绩没有丝毫起色，这让他非常沮丧。他所尝试的种种努力似乎都付之东流了。在事业道路上，迈克第一次觉得自己没能完成任务。

随着公司的业绩继续困扰着他，迈克决定了解一下公司内部一些重要人物的看法。一天，他邀请一位监事会成员共进午餐，并坦诚地向他询问人们如何看待自己过去一年对公司的贡献。这位监事似乎对迈克的要求感到非常惊讶。由于迈克一再表示自己想知道实情，这位监事最后终于坦率地告诉他，原来许多员工都认为，公司业绩停滞不前完全要归咎于他。他们的评价让迈克难以置信：

"伊格尔有点得意忘形了。"

"他的确对生产懂得不少，但我们需要的是一个熟悉我们工作的人。"

"迈克根本没带来什么变化。"

"他想用自己管理生产的那一套来开发新产品，当然行不通了。"

"迈克也没采取什么措施来提高产品质量。"

"他没把自己的意思表达清楚。"

"他对管理团队成员的性格矛盾视而不见。"

"伊格尔似乎有点优柔寡断。"

员工的这些负面评价让迈克大为震惊。尽管如此，他还是礼貌地对这位监事的坦诚表示了感谢。虽然他很看重这些反馈意见，但内心难免有些愤愤不平。毕竟，在他担任生产部副总裁时，他总是听到员工抱怨："我们希望研发部在解决不合理的产品设计问题以前，最好不要把皮球踢给我们。"有了过去的这段经历，迈克很自然地把这些反馈意见看成"酸葡萄"心理的表现。既然是生产部自己的问题，为什么要怪到别人头上呢？

到了星期六，迈克邀请他以前的同事，也是他信赖的朋友皮特·桑德斯沿着加州海岸骑车漫游。和迈克一样，皮特也刚被调到一个新岗位上。两人骑了一会儿，开始畅谈起共同度过的美好时光。他们无所不谈，气氛轻松。皮特问迈克最近的情况如何。出于对皮特的信任，迈克告诉他，自己的近况非常糟糕。一会儿工夫，迈克就向老朋友倾吐了心中压抑已久的苦闷："皮特，我接手的是一个烂摊子。人人都指望我来解决问题，这太让我为难了。今天的局面又不是我造成的，是他们自己的错啊。一年以前，当我决定接手这个任务时，我根本不知道会遇到什么情况。董事会也没告诉我这家公司到底有多烂。我真是进退两难啊。公司的管理人员都不愿承担责任，管理层也一样。员工个个无精打采。不管我怎么做工作，每周至少有三个员工辞职。我已经尽力了！但公司没人愿意沟通，他们只知道在出现问题时指责别人。前任首席执行官把事情都搞砸了。我们已经开发出的产品产量少得可怜，其他产品的开发工作也做得一团糟。我实在没法一个人解决所有的问题。我觉

第二章 黄砖路上：陷入受害者循环

得自己是在孤军奋战。公司的管理层根本不能提出任何有用的建议。他们全指望我来挑大梁。"

皮特简直不敢相信这是他相交多年的老朋友说出的话。过去，当两人一起共事时，迈克是一个非常自信、敢于负责的小伙子。那时，他总是能自己想办法解决一切问题。但现在，他似乎变得很绝望，面对问题一筹莫展。他指责公司管理团队把自己推向孤立无助的境地，指责高管不承认自身的问题，还认为自己被许多无法控制的客观事实挡住了出路。

皮特很同情迈克的处境，并安慰他说，他之所以会有这种感受，一定是由多方面原因造成的。但皮特清楚地认识到，如果迈克继续认为自己是受害者，这对他的进步和成就毫无帮助。皮特对他说："迈克，你知道吗，几周前我刚参加了一次很有意思的当责培训，学到了不少东西。依我看，你已经陷入了一个被培训老师称为'受害者循环'的状态。这是个坏消息，但好消息是，你还可以想办法摆脱这种状态。"

挣脱受害者循环：迈克·伊格尔的觉醒

迈克和皮特继续沿着海岸前行。皮特接着说："在培训中，我听老师说，每个人都会时常陷入受害者循环，这没什么可惭愧的。事实上，只要学会发现自己陷入了受害者循环，你就能及时摆脱困境。你必须把未来掌握在自己手中，否则作为受害者，你什么事也干不成。关键是要能够当责。你必须先对受害者循环有一个全面的认识，然后才能按照被他们称为当责步骤的程序前进。仔细想想，你有没有说过自己对客观环境一无所知，或者假装不知道正在发生的事情，或者不愿承担自己的责任，或者指责他人，或者试图找别人为你开脱或告诉你该怎么做，或者申辩自己无能为力，或者坐等事情自动变好。这些行为你有过吗？"

见迈克若有所思，皮特知道自己的话起作用了。于是，他继续温和而坚定地帮助这位老朋友认清自己的行为。"说心里话，迈克，我一直很尊敬你。记住，被受害者循环困住并不是件坏事，它只是让人变得没有效率，阻碍你获得既定的成果。我自己就有过上百次陷入受害者循环的经历，但我每次都能及时发现，迈克，这就是件好事。每次越快地认清陷阱，我就能越快地摆脱困境，并朝着目标付出有效的努力。你在公司遇到的这些问题，人人都会遇到。我自己也碰到过类似的情况。但是，在遇到这些问题时，你得先问问自己能做些什么来克服周围的不利环境，取得期待的成果。刚才你在讲述你的情况时，我好像没听到你说你自己对过去一年发生的事情负有什么责任。从你的描述来看，我似乎觉得公司管理人员不是你的管理人员，公司的问题全是前任留下的，你自己别无选择。那么，你自己是不是已经完全脱离了以前的工作，全心投入了这个新职务呢？你和这里发生的问题是不是一点关系都没有呢？"

迈克开始思索皮特的话，但他越想越觉得恼火。"你的意思是，别人的问题都要算到我头上啦？我可不这么想。"皮特一言不发。迈克深深吸了口气，接着为自己的冲动向皮特道歉。"对不起，皮特。说句心里话，我确实得承认我没尽全力来应付眼前的状况。这段时间以来，我唯一的乐趣就是回忆过去在生产部的美好时光。那时，样样事情都进行得那么顺利。我的进步是大家有目共睹的。偶尔我也会翻看以前的项目进展报告，每次都会想起这些往事。我还经常给老朋友打电话，祝贺他们在工作中的进步，有时也会提点建议。"

这时，皮特打断了迈克的话："还记得亚历山大大帝的故事吗？亚历山大的军队在今天的印度海岸登陆后，他下令烧毁所有的船只。随从都很吃惊，亚历山大却说，'我们要么乘敌人的船回家，要么就永远回不了家'。他的意思就是，烧毁船只将坚定战士们征服敌人的决心，因为他们已经没有退路了。唯一的目标就是胜利。"皮特觉察到，迈克似乎已经为自己准备好了撤退的船只，而没有必胜的信念。他问迈克是不是这么想的。迈克透露，他早已准备好几套全身而退的方案。他已经向上司暗示，希望回到以前的工作岗位上，甚至还参加了另一家竞争企业的面试，应聘新的工作。但直到现在，迈克才发现，原来自己已经把一部分注意力放在如何全身而退上，而他的处境要

第二章 黄砖路上：陷入受害者循环

求他集中全部精力干好眼前的工作。他终于意识到，在本该果断采取行动、改善公司状况的时候，他却陷入了一个毫无意义的受害者游戏的循环。现在，他能找到公司的问题到底出在哪儿吗？

迈克开始思考这个问题了。他逐渐认识到，要想带来任何实质性的变化，他必须建立一支有凝聚力的管理团队。让他后悔的是，在过去的一年中，他与管理人员之间并没有建立密切的团队合作关系。相反，他总是绕过管理人员，直接与监事会打交道。他只在每天的早间例会时听听管理人员的汇报，然后下达命令。迈克承认，他实际上把管理人员架空了，剥夺了他们作为管理团队的权力。

说来也怪，当迈克认识到自己应该为公司的不良业绩负一定责任后，他再也没觉得恼火和沮丧了。相反，他变得越来越兴奋。他对皮特说："你看，我过去确实有点固执己见，总是等着别人帮我解决问题。的确，有很多事情根本和我无关，我却被这些事情分了心，没有把精力放在该做的事情上。最糟糕的是，我表现得像个受害者一样，这样别人也可以像我一样找理由为自己开脱。现在想想，公司上下的确有不少员工抱着和我一样的心态，一味忽视问题，否认责任，指责他人。而我觉得自己被这一切束缚住了，总认为即使我改变工作方式，即使我愿意为公司的业绩承担全部责任，我也是会失败。这让我很害怕。"

迈克的觉醒需要时间和努力。但只要他付出努力，他就能像《绿野仙踪》中的多萝茜一样，看到回家的道路。他认识到，人人都会时常陷入受害者循环，人人也都会对可能出现的失败存有畏惧心理。但负责任的人能够克服这种恐惧。他们知道，只有站在当责线上，努力工作，争取更好的成果，才可能获得最后的成功。就拿迈克来说，他的当责态度也影响了其他人，公司管理团队的参与意识大大增强了。依靠果断出色的领导才能，迈克带领整个公司创下了新的销售和盈利纪录。几年后，迈克的成绩得到了母公司总裁的认可和奖励，因为他取得了别人认为不可能的成绩。迈克最终进入了母公司高级管理层。迈克的故事给了我们这样一个启示：在有些情况下，你必须烧毁所有的船只，但一定要牢牢把好你手中的船舵。只有这样，你才能坚定必胜的信念，树立必要的责任意识，开始新的行动。这一切都有助于你克服不利的外部环境。记住，魔鞋就穿在你的脚上，现在你要做的就是敲敲鞋跟。

关键的一课：发现受害者循环的迹象

在过去的几年中，我们帮助了数以百计的管理人员、专业人士、朋友和家人完成像迈克·伊格尔那样的自我反省过程。他们的具体情况各不相同，但每个人都会经历一个关键时刻，那就是认识到自己已经陷入受害者循环。花点时间想想迈克·伊格尔的经历吧。一年来，他一直认为自己不能控制所处的环境。由于总是认为环境不利，他觉得无所适从，以为别人也没指望他在一夜之间解决公司长期以来积压的问题。因此，迈克成天闷闷不乐，工作也没有效率。他一直在指责前任首席执行官和其他管理人员，要求母公司管理层告诉他该怎么做，声称自己已经竭尽全力，坐等事情能够自行好转。幸运的是，当他最终发现自己受困于受害者循环时，他能够尽自己所能帮助公司的其他员工解决问题，取得更好的成果。

和迈克·伊格尔一样，每个人都会偶尔落到当责线下。但不论何时，只要发生了这种情况，你必须先承认你要为当责线下的行为付出高昂的代价，才能重回正轨。正是从这时起，你就开始采取正视现实的态度，这给了你回到当责线上、执行当责步骤所必需的动力。在下一章中，你将读到有关当责步骤的第一步"发现它"的内容。但在此之前，请你先停下来问自己几个问题。下文将帮助你找出自己身上的当责线下的心态。花几分钟看看受害者循环自我评估表中的问题。

如果某个问题曾在你身上出现过，请选择右边空格中的"是"或"否"。当你阅读每个问题时，问问自己："这种情况在我身上出现过吗？"或者"我有过这样的感受吗？"把自己设想成你最好的朋友，尽可能坦诚地回答这些问题。

第二章 黄砖路上：陷入受害者循环

在做完受害者循环自我评估表后，算算总分。答"是"的每题加1分，答"否"的不加分。算完总分后，和后面的得分表对照一下。

受害者循环自我评估表

一	当你认为自己已经尽全力解决问题时，你会对别人的负面评价感到惊讶吗？	是 □ 否 □
二	当事情的进展不如你所愿时，你指责过别人吗？	是 □ 否 □
三	当你怀疑某些事情可能会成为别人或你所在集体的问题时，你会对此无动于衷吗？	是 □ 否 □
四	当出现问题时，你会推卸责任吗？	是 □ 否 □
五	你说过"这不是我的工作"，并指望别人解决问题吗？	是 □ 否 □
六	你曾经觉得自己完全无能为力，无法控制身边的环境或现实吗？	是 □ 否 □
七	你有过坐等事情奇迹般地自己解决的时候吗？	是 □ 否 □
八	你说过"告诉我你希望我做什么，我就去做"这样的话吗？	是 □ 否 □
九	你觉得如果公司是你自己的，你的工作方式会有所不同吗？	是 □ 否 □
十	你编过别人如何利用你的故事（如老板、朋友、承包商、销售员等）吗？	是 □ 否 □

你的实际得分并不重要，重要的是，你能认识到，作为一个普通人，你随时会受到各种因素的诱惑而放弃当责意识，转向受害者循环的虚幻的安全感中。在受害者循环中，你可以挑别人的错，来解释为什么自己没取得成果。认识到你会落到当责线下是一个起点，从这里起步，你就开始体验奥兹法则了：克服周围的不利环境，取得预期的成果。

受害者循环自我评估得分

0分：恐怕你是在自欺欺人，回头再做一遍。找个没人的地方，别人就看不到你的成绩了。

1分：你知道你自己有可能落到当责线下，但这种情况实际发生的次数应该多于你愿意承认的次数。

2～4分：你应该对这个结果感到满意，因为你只是个普通人。

5～7分：你意识到你会轻易落到当责线下。

8～10分：你很诚实，心态正常，这本书后面的内容应该对你很有帮助。

奥兹法则

走出受害者循环

在本章中,你读到了许多当责线下的心理和行为的实例。这些可以帮助你更好地理解受害者心态和当责态度之间的区别。但是,就像多萝茜在通往翡翠城的黄砖路上所发现的一样,你必须付出努力,才能在生活和工作中发现受害者的心态和行为。在下一章中,你将学习如何用一个全新的视角来看待当责。做好准备,我们很快就要朝着当责步骤进发了!

第三章

回家真好：
关注结果

***

"可是，你还没告诉我怎么回堪萨斯呢！"

"你的银鞋会带你越过沙漠，"甘林达说，"如果你早知道它们的魔力的话，在你来到这里的第一天就可以回到你的爱玛婶婶身边了。"

"但是那样的话，我就得不到我奇妙的大脑啦！"稻草人嚷道，"我也许将在农夫的稻田里度过一生。"

"而我也得不到我可爱的心了，"铁皮人说，"我也许会一直站在森林里，身上生满铁锈，直到世界末日。"

"而我也会永远是个胆小鬼，"狮子说，"森林里的百兽一句好话也不会对我说。"

"你们说得很对，"多萝茜说，"我很高兴我能帮上这些好朋友的忙。现在，你们都得到了自己最想要的东西，还可以快乐地领导一个国度。我想，我也该回到堪萨斯去了。"

——《绿野仙踪》

莱曼·弗兰克·鲍姆

世界金融巨头花旗集团在2002年的盈利高达160亿美元。可是，这些钱来得诚实吗？近年来，花旗和下属的所罗门美邦频频爆出负面新闻，如涉嫌帮助安然公司隐瞒资产负债表上的债务，出售世通公司的可疑债务，在Winstar通信公司出现业绩滑坡时继续进行不实宣传，用回报丰厚的IPO股份买通电信公司的高管，提高美国电话电报公司的市场评级以争夺业务等。面对这种尴尬处境，你一定以为集团负责人会迫不及待地逃离是非之地吧？但这可不是花旗集团首席执行官桑迪·韦尔的行事风格。他向媒体表示："我对发生的一切感到非常惭愧。"他承认，在他担任首席执行官期间，花旗犯下了不少错误，并表示愿为此当责。他坦言："这些问题中有我的责任。"他向董事会表示，当务之急是保证花旗集团以更加规范、更加诚实的方式开展业务。大家也许会问，这一切只是为了平息公众不满做出的口头忏悔吗？看来只有时间才能给出答案了。的确，投资银行业有不少公司采用了和花旗、所罗门美邦一样的手段，但以此为自己辩解显然是不能让人接受的。花旗集团的高管私底下在想什么、做什么？相信我们不久后就会知道答案。值得庆幸的是，桑迪·韦尔走出了几步高招，如解雇明星分析师杰克·格鲁曼，开除所罗门美邦的高管层，取消股票期权等。尽管如此，许多观察家仍然认为，花旗集团的不良记录已经成为管理上的一大污点。桑迪·韦尔的坦白与退让会让花旗重新赢得人们的尊重吗？这还得取决于在未来五到十年，桑迪·韦尔和他的管理团队能为实质性结果承担多少责任了。

对当责的错误定义

在过去10年中，我们和数以千计的管理人员、领导者和团队成员打过交道。经验告诉我们，大多数人都把当责看成业绩滑坡、出现问题或没有取得实质成果的后果，认为只有在出了差错或者别人需要找出问题的原因时，才会提起"当责"二字。而提出当责的目的无非是将罪名扣在别人头上。当事业的航船一帆风顺时，谁也不会想到今天的成功由谁负责。只有在航船出现

第三章　回家真好：关注结果

裂缝时，人们才会想起谁是当责的人。

许多字典给"当责"下的定义也无疑加深了这种负面看法。让我们看看《韦氏字典》的定义："有义务进行汇报、解释或说明；承担后果。"注意，这条定义开头的用词"有义务"，这表明你别无选择。这种过分强调坦白招供的定义和我们观察到的现象是一致的——当责被视为业绩不佳的后果，人人对它避之不及，因为它会给你造成伤害。既然大多数人都用这种眼光来看待当责，也难怪他们会花大量的时间来逃避责任和为糟糕的结果进行辩解了。

多年来，我们注意到，只要企业领导一宣布开展活动提高员工当责意识，员工的第一反应就是发出一阵哀叹："怎么又来了！"由于害怕出现最糟的结果，他们总是想方设法找出替罪羊来为失败当责。在这种心理下，也难怪责任推诿的游戏会如此受欢迎，技巧会如此高明了。然而，亲身经历告诉我们，对当责下一个正面有力的定义有助于我们取得优异成绩，并避免滋生各种形式的责任推诿。

就以桑迪·韦尔为例吧。他能够主动站出来接受人们的指责，对此我们非常佩服。但他这样做的原因会不会是因为事情已经闹到了不可开交的地步，他不得不承认错误呢？无论是接受指责还是主动承认错误，我们必须认识到，当责绝不只是坦白招供。一不小心，我们还会把为失败当责与对失败进行补救混为一谈。如果是这样，人们当然会对当责产生畏惧心理。于是，数以千计的公司、成千上万的员工搬出一堆又一堆老生常谈的理由，如"超支、扩张过快、工作负担过重、信息不灵、资金不足、没有充分利用资源"等，把宝贵的时间和精力浪费在对不佳的业绩进行解释上。这样，找理由进行辩解就成了目标，削弱甚至取代了人们本应对取得成果给予的重视。我们见过一位非常注重工作效率的企业领导，他提议在公司内公布一份经过检验的理由清单。以后，员工在解释工作失误时只用说出理由的序号就行了，这就可以节省大量时间和精力。

	20 条经过检验的理由
1	"我们一直是这么干的。"
2	"这不是我分内的工作。"
3	"我不知道您要得这么急。"
4	"没按时完成任务并不是我的错。"
5	"这不是我所属的部门。"
6	"没人告诉我该做什么。"
7	"我等着上面批准呢。"
8	"应该有人提醒我不要那么做的。"
9	"别怪我。这是老板的意思。"
10	"我不知道啊。"
11	"我忘记了。"
12	"如果你早告诉我这件事很重要,我早就去做了。"
13	"我太忙了,没时间做。"
14	"别人让我这么做,所以才把事情搞砸了。"
15	"我以为我已经告诉你了。"
16	"你为什么不问问我?"
17	"没人通知我去开会,我也没拿到会议备忘录。"
18	"我的手下失职了。"
19	"没人给我答复,这件事肯定不重要。"
20	"这件事我交给别人办了。"

这份理由清单看起来很可笑吧。但这些理由确实已经以不同的方式渗入了人们的生活,以至于大家不用思考就可以脱口而出。要想克服这种冲动,我们必须抛弃以前那种以指责为中心、以"推卸责任"为目标的当责定义。只要一出差错,不出意外,大家马上就开始"推卸责任"。这个游戏不过是责任推诿的翻版,因为大家都在找谁是最该对错误负责的人。一旦开始推卸责任,任何试图挽回错误的努力就会被抛到一边。为了避免让失败影响自己的前途,每个人都想用这种办法将注意力转移到别人身上,这样自己就可以在各种借口、理由、解释和托词的庇护下高枕无忧了。

第三章 回家真好：关注结果

一个悲剧性的"推卸责任"事件曾引起了全美的关注。在食用了美国著名快餐连锁店Jack in the Box的汉堡包后，两名儿童死亡，多名客户出现严重不适。经调查，这些汉堡包中含有受污染的肉类。对此，Jack in the Box迅速做出解释，把矛头指向肉类供应商Vons食品店。后者当然也不甘示弱，把责任又推给了负责检查肉类食品安全的美国农业部。农业部则辩解说，由于资金不足，他们无法聘请足够的肉类食品检查人员。那么，这到底是谁的错呢？看来只能怪纳税人了，因为他们不愿多交税来养活更多的检查人员。可纳税人也有自己的说法："如果联邦政府行政机构的工作效率提高一点，向纳税人提供服务的成本根本不会那么高。"游戏就这样继续着，而这些企业机关离取得成果的正轨越行越远，那就是：名副其实的、积极的当责意识。

在这种错误的责任定义的误导下，情况会越变越糟，而越来越多的人成为玩"推卸责任"游戏的好手。每当一项大工程上马，许多人都会对工程的每一点进展进行详细记录，不是为了记录成功的轨迹，而是为了在项目失败时为自己洗清罪责。随着"推卸责任"升级为编故事，人们浪费的时间和精力越来越多。遗憾的是，我们生活在一个告状成风的社会，一个喜欢把指责和罪状强加到别人头上、让别人为错误当责的社会。在这样的环境下，要想在人生的竞争中获胜，似乎意味着你必须学会"藏起尾巴"。

如此定义当责，当然会使人们用一种无助和消极的眼光看待当责。他们的双眼牢牢盯着过去，对未来却漠不关心。现代人满脑子想的是如何编出天衣无缝的理由来为自己开脱责任，却拱手放弃了当责的力量——而奥兹法则认为，这种力量正是成功的关键。

对当责的有力定义

奥兹法则给当责下的定义有助于重建企业性格，巩固企业的全球竞争力，提高创新能力，改进企业产品和服务的质量，以及提高企业对消费者需求的敏感度。

让我们来看看这条对当责的新定义，它体现了奥兹法则的精髓。

当责：主动地、积极地克服不利环境，并表现出取得预期结果所必需的主人翁精神——发现它、承担它、解决它、实施它。

这个定义体现了一种思想或态度，即要不断问这样一个问题："我还能做些什么来克服周围的环境，取得所期望的结果？"这包括一个发现它、承担它、解决它和实施它的过程，还要求具备做出并履行个人承诺的主人翁意识。它鼓励人们在当前和未来付出努力，而不欢迎对过去进行被动的解释。一旦真正接受了对当责的新定义，你就会尽你所能去帮助自己和别人克服困难，取得所期望的结果。

当前，人们对当责的看法多注重过去的行动，而忽视了在当前或未来的努力。几十年来，根据爱德华兹·戴明的建议，商界人士一直坚信"对失败的畏惧能够促使人们成功"，并以此作为管理的前提。我们的观点正好与戴明相反，我们认为，这种假设只会误导人们在事情发生之前就为过去的事情准备好解释。

传统的当责定义总是把大家的目光引向过去，但这种对当责的事后视角无疑阻碍了人们对事情进行及时补救。显然，当责的实际价值和利益在于，个人或企业能否在尘埃落定之前对事情的进展和结果产生影响。但对当责的传统看法没有注意到，主动的态度比被动的态度会带来更大的收获。

以一个我们关注已久的现象为例。地方政府到底是以什么标准决定何时何地设置停车标志和红绿灯的，这一直让我们捉摸不透。某地有一个特别危险的岔路口，视线极差，行车速度却快得惊人。但当地的交管部门迟迟没有在路口安装交通信号灯。他们根本不理会人们对路口安全的投诉，只负责记下发生交通事故的次数。他们的标准是，只有当交通事故达到一定数目，才会在此地设置停车标志。只有发生了重大伤亡，才会设置红绿灯。随着路口发生的事故越来越多，也出现了一些人员伤亡，交管部门最后终于把四车道的停车标志改换为交通信号灯。遗憾的是，人们必须在饱尝痛苦、折磨、伤害，甚至付出生命代价后才能换来这小小的变化。正因为如此，我们才一直反对被动地看待当责。如果等到事情发生之后再进行纠正，就为时太晚了。

当今社会的大众心理总是有意无意地鼓励人们把自己的过失和问题归咎于少数几次人生经历。这使得人们不愿为现在或未来的行为、态度和感受当责。现在，许多人总是习惯性地搬出人生早期的某些重大事件或经历，来解释自己为什么会出现噩梦、饮食失调、洁癖、焦虑、压力、疾病、财务和缺乏耐心等问题。"为什么你总是跟着流行的饮食习惯走？""为什么你在孩子面前总是表现得笨手笨脚？""为什么你总是感觉自己孤单无助？"他们的回答是，这一切都要归咎于过去的伤口，仿佛其他成年人都没有这些问题似的。而事实是，无论你是一个真正的受害者，还是一个"伪受害者"，只有当你用面向现在和未来的视角来看待当责时，你才能摆脱过去的阴影，使生活更加美好。为了转变你的视角，我们建议你先仔细体会一下我们给当责下的新定义。

共同当责

奥兹法则对当责的新定义强调，只有当人们共同以主人翁的态度来看待环境和结果时，责任才能最大限度地发挥作用。在过去，对当责的传统定义驱使人们把责任分派给个人，却忽视了企业行为和现代生活中常见的共同责任。根据这种责任分派方式，当责任推诿游戏最终抓到某个人为糟糕的结果背上罪名时，其他人就可以长舒一口气，因为他们已经脱险了。但是，分派个人责任虽然可以让其他人宽心，问题却没有消失。企业的成果来自集体行为，而不是个人的单打独斗。因此，当一家企业业绩不佳时，它代表的还是集体的失败。要全面理解企业当责，共同当责的原则是必不可少的。

例如，在一支棒球队中，每个防守队员负责防守一块区域。队长没有给每个队员的防守区域画出界限。这样，防守区域必然会出现重叠，而最好的结果（把全场都防守到）也成为全队共同努力的目标。在比赛中，队员的防守责任随时会发生改变。教练告诉队员，只要能拿到球，就要尽力去拼抢。例如，你可能见过这样的场面，击球手把球打到中间靠左的区域，这时，游击手、左外野和中外野同时冲过去，没人知道谁会最终拿到球。有时，队员会撞到一起，谁也抢不到球；有时，队员都认为这是别人的球，于是自己站着不动，等着别人去拿球。这时球就会掉到地上。在很多方面，企业活动就是一场团队比赛，每个人都有责任，都要为最后的比分去拼搏。这时，共同当责就成为比赛的主导。

一位公司总裁曾这样描述自己对共同当责的理解："大家一起工作，这样我们就不会拿不到球；一旦球丢了，人人都争先恐后地去抢球。""遗憾的是，"他继续说，"许多员工看到球落在两人之间，他们却冲着对方大喊：'这是你的球。'"这样的问题在许多企业屡见不鲜：有人不能如期完成工作，有人开销过大，有人半途而废，有人对一些关键细节不够重视。这时，没人愿意跳出来捡起地上的球。人人都自以为是地坐在一旁，幸灾乐祸地嚷嚷着："嘿，鲍伯（或苏）这次真的把事情搞砸了。"这位公司总裁还讲到他的员工过去是怎样看待产品质量的："只要我们一问，谁为产品质量负责？"他说："这时就会有一个人举起手。于是，他就成了众矢之的。"然而，当员工理解了共同当责之后："现在，当我们再问由谁为产品质量负责时，所有人都会举手。"

我们的一家客户在运用IT技术对系统内的全部信息进行整合时，曾寻求我们的帮助。这项工作要求对公司内部的各项业务过程进行重大调整。这家公司的高管一直对这项工作很不放心，于是抽调了全公司各领域的专家组成一个专家小组，各主要职能部门在小组中都有自己的代表。把这么多不同背景的人集合到一起工作，本来就是项艰巨的任务，加上要说服大家为服从大局做出让步，工作就更复杂了。以前，公司在运用IT技术时，从来没有按时按预算完成过任务。这更加重了高管的忧虑。过去，最后期限总是一推再推，而且每次都会超支。这一次，项目从9月开始，为期一年。从项目一开始，我们就帮助他们营造一个充满当责意识的工作环境，目标是统一

第三章 回家真好：关注结果

思想和行动，争取在次年的9月5日（整整一年）前完成任务。在我们的帮助下，公司高管营造了一种踏踏实实的"当责文化"，强调"我还能做些什么来取得成果"，而不是像过去那样"我只做我自己的事"。令人惊叹的是，工作小组在最后期限前的星期六晚上一直工作到深夜，提前16小时完成任务，而且一切开支都保持在预算以内。这是公司历史上在运用IT技术时第一次取得这样圆满的结果。这次经验也为公司以后的大型IT项目树立了典范。

在下面的图示中，我们形象地展现了为结果当责是如何影响企业表现的。在看待自己对企业应负的责任时，人们总是用一种个人当责的狭隘观点。他们都界定好自己的职责范围，而超出每个人职责范围的事情多半就无人理睬了，正如图中圆圈之间的空白。而企业对此采取的补救措施往往是重新规定职责，招募更多人手（扩大圆圈的面积来填补空白）。但是，如果人们认识到自己对结果所负的责任不仅限于自己的工作职责，他们就会为许多工作职责以外的事情负责，如利润水平、客户投诉、信息共享、项目期限、有效的沟通、销售额以及整个公司的成功。当大家愿意为工作的方方面面当责时，工作职责的空白和界限便消失了。人们也会看清自己的责任，那就是：不要让球落地。

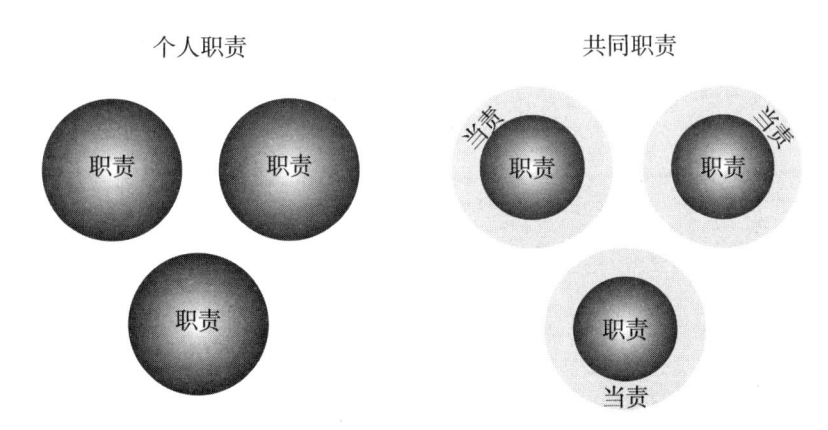

个人职责　　　　　　　　共同职责

通用电气前任首席执行官杰克·韦尔奇一直非常注重追求共同当责和"职责无界限"的境界。正如他所说的："如果公司希望达到目标，就必须追求职责无界限的境界。划清职责界限的做法是愚蠢的。联合是另一种形式的界限。你必须打破这种界限，就像打破与客户、供应商和同事之间的界限一样。"

很多人对于共同当责的理解非常模糊，因为他们总是程式化地用个人当责而非集体当责的观点思考问题。你也许会问，企业中的员工能够真正为相同的事情、相同的结果当责吗？这会不会意味着到头来没人当责？我们的答案是，不会。哈佛商学院院长金·克拉克与史蒂文·惠尔赖特在其合著的《革新产品开发》一书中提出，只要成员理解了共同当责的概念，团队就可以在战略和竞争力上获得明显的优势。两位作者观察到，从公司各部门抽调一批专业人员组成一支负责产品开发的核心小组后：

每位核心小组成员仍然是所在部门的成员。他们必须执行本部门的功能，为整个项目做出别人无法取代的贡献，这使得他们成为众人关注的焦点。

每位核心小组成员同时又是这个小组的成员。除了代表各自的部门，他们还必须对整个小组的成果当责。而这个小组又必须与整个项目的经理共同当责，不仅负责小组自身的产品开发，还要对整个开发过程甚至整个项目的成功负责。如果不能完成任务并实现预定的目标，他们就不能怪罪别人。

核心小组成员所当责的特殊之处并不在于他们本部门的功能，而在于这些任务是如何分配、组合并完成的。

诚然，企业中的每个人都应当当责。但除此之外，他们还要和别人共同当责。

让我们来看看这个故事。某家生产洗碗机的家用电器厂拥有两条平行的生产线，中间由一排存货管理办公室和仓库隔开。在大多数情况下，两条生产线独立运行，并形成了各自的工作文化。在一号生产车间主管的领导下，一号生产线的工人能够熟练快速地从生产线的20个工作站中找出任何一个质量不合格的组件。只要发现次品，车间主管马上找到相关的操作工，在众目睽睽下批评他应当纠正错误，提高操作水平。出于一种自我保护意识，生产线上的其他人也纷纷指责这名出错的操作工耽误了他们的工作。久而久之，为了避免受到指责，工人开始隐瞒自己的错误，即使在主管面前也不愿承认错误。因此，这条生产线的产量不断下降，不合格的组件和废品率却直线上升。

隔壁的二号生产线则采取了另一种做法。工人创造了一种与一号生产线完全不同的工作文化。当工作站的操作工出错时，其他工人会立即跑过去帮忙尽快解决问题，而没有任何不满之词。每个工人都把自己看成团队的一员，愿意为生产出高质量的产品共同当责。工人不会被各种借口和受害者理由所制造的安全假象所迷惑，他们彼此尊重，共同努力找出错误，从不指责任何个人破坏了集体的努力。因此，二号生产线的产量遥遥领先，不合格的组件和废品率几乎为零。

一号生产线的工人在当责线下浪费了大量时间。他们否认错误，相互指责，言行中总是表现得像受害者一样。相反，二号生产线的工人热爱自己的工作，热爱同事之间的精诚合作，他们觉得很充实，也取得了骄人的成绩。组织行为主义者可以滔滔不绝地说出这两种工作文化之间的差异，找出各种因素来解释为什么最终结果如此不同。但我们认为，两种工作文化之间最根本的差异是：一个实践了共同当责，另一个则没有。

史蒂芬·柯维在其畅销书《高效能人士的七个习惯》中写道：

在所谓的"成熟模式图"中，依赖期围绕着"你"这个观念——你照顾我；你为我的成败得失当责；事情若有差错，我便怪罪于你。

独立期着眼于"我"这个观念——我可以自立；我为自己当责；我可以自由选择。

互赖期从"我们"的观念出发——我们可以自主合作、统合综效，用自己的才智和能力共创伟大前程。

奥兹法则

我们认为，处于依赖期的人需要别人来满足他们的要求，处于独立期的人试图通过自己的努力来满足个人要求，而处于互赖期的人结合了二者的优点。

采用相互依赖和共同当责原则的工作环境一定是最有动力的。员工不惧怕责任，相互学习，取长补短，目的是在各种竞争中获胜。尽管每个人都要为自己的表现和结果承担责任，但他们也知道，全面实现目标离不开团队合作和共同的当责意识。对于在这种环境中工作的员工来说，当责是推动他们前进的动力。当然，你仍然需要为自己的错误当责，但你也知道，这种当责只会把你引向更加光明的未来。在这种工作环境中，人们不会把时间和资源消耗在推卸责任上，而是集中精力正视现实，承担风险，并采取积极的行动解决问题。在这里，学习取代了惩罚，成功取代了失败，当责态度取代了受害者心态。

在有些企业，共同当责还没有在企业文化中扎根。这时，如果发生产品召回、销售目标没有实现、成本超支等问题，你就得当心了——因为你肯定会面对一大堆冷眼和指责。事不关己的部门自然会袖手旁观，一边窃喜问题不出在他们的职责范围内，一边庆幸自己不是众矢之的。相反，在共同当责环境下工作的人们则会认识到，任何一个问题都不是某一个部门的问题，需要大家集思广益才能解决。

还记得阿波罗13号上的宇航员的一句经典名言吗？"休斯敦，我们出问题了。"听到这句话，你能想象地面指挥中心的人都等着别人采取行动吗？当然不行。一听到这句话，大家马上开始行动。每个人都在出谋划策，预测这次事故还会引起哪些连锁反应。现在，我们只有一个问题，这也是每个人的问题：如何让我们的宇航员安全返回地球？

说到这儿，大家应该已经了解什么是共同当责了。那么，共同当责到底如何发挥作用，你又如何进行管理？当与你共同当责的伙伴陷入受害者循环时，你如何避免被拖到当责线下？你也许很难看到共同当责，因为它的确很难建立。那么，你能营造一种环境，让大家共同努力实现结果，同时又不会

第三章　回家真好：关注结果

牺牲个人利益吗？在什么情况下个人寻求解决问题的努力会阻碍其他人实现同一目标？我自己的当责会模糊别人的当责吗？我们会不会感到困惑，因为每个人似乎都要为每件事当责？这些都是很棘手的问题。答案也没有那么简单。

帮助他人"鸣钟"

上面提出了一连串问题，其实它们的答案都源于企业内部对结果的关注。当每个人都对实现企业的成果当责，而不是只想着做完自己的事情时，事情就在朝好的方向发展。只要人们把个人的工作与企业所期望的成果直接联系起来，他们的生活就有了目标、方向和追求。这一切都取决于让人们沿着正确的轨道前进，并让他们知道为什么要这么做。否则，人们只会在工作过程中迷失方向，不能专注于最终的结果。

我们的一位客户是一家国际销售集团的领导。他目前正面临着这个问题。在这家前景看好的销售集团内部，员工只关心工作的过程和方法，却忽视了结果。销售员四处奔波，常常好几个星期回不了家。久而久之，他们开始把工作当成一种负担。这种心态让他们无法关注于工作结果。这位领导怎样才能改变这种心态呢？他怎样才能让销售部门的员工牢记：完成销售才是最重要的呢？说到底，他怎样才能让员工不会在纷繁复杂的工作过程中迷失方向呢？经过反复思考，他想出了一个简单的办法。一天早上，他在办公室的门外装了一个小钟。每当员工完成一次销售时，他就开始敲钟，声音响得惊人。

正如你猜到的，钟声不仅引起了销售部门员工的注意，也惊动了全公司的人。不久以后，人人都开始谈论哪些事情能让钟声响起。大家都知道，光有工作程序和销售政策，钟声不会响。光有工作过程和工作姿态，钟声也不会响。只有看到实实在在的成果，钟声才会响。

鼓励的钟声可以有很多种形式，如奖金、奖励和口头表扬。你怎样让员工专注于可以让钟声响起的工作呢？也许这才是对领导艺术的最大挑战，这

奥兹法则

也是当今飞速发展的技术推动型的工作环境给领导提出的新难题。清脆的钟声其实很容易被其他噪声所淹没。

在面对千头万绪的工作时，要想让企业专注于最终结果，我们必须时常敲敲钟。当一个新项目上马后，大家应该马上讨论一下，最终到底以什么为标志，可以让大家"敲响胜利的钟声"。领导伙伴顾问公司的员工对此的理解是："我们知道自己需要做很多事情来实现这一目标。我们也知道许多事情非常困难。这对我们的团队是极大的考验。但说到底，在最重要的结果实现之前，我们都是一事无成的。"在此，我们再次强调一遍，当责的起点就是明确指出你所期望完成的结果到底是什么。

在本书的上篇，我们讨论的是各个企业的员工如何受到在当责线下寻求庇护的诱惑。一旦受到这种诱惑，他们就变得很善于编造各种解释和受害者的故事。这虽然会带来短暂的安全感，但这种幻觉很快就会被现实击得粉碎。

运用奥兹法则实践当责的回报

用奥兹法则的观点来看待当责并非是毫无代价的。为此，你必须放弃推卸责任的游戏和在指责他人时产生的虚幻安全感。此外，你还得学会帮助别人，反省自己，始终记住个人当责和共同当责都是必不可少的。

但是，根据我们的经验，这些努力的回报远远大于你所付出的代价。简单地说，你不必再为躲在当责线下而编造无休无止的借口，你不会因为懒怠而与成功失之交臂，你不会留下一堆烂摊子让别人收拾，你也不会浪费时间纠缠于眼前的小事。

为了更好地说明运用奥兹法则实践当责的回报，让我们来看看丹尼斯·安蒂诺里的例子。丹尼斯是大型药品公司IVAC的销售部副总裁。有一次，他正焦急地等待即将召开的全国销售会议。在会上，他的公司将要推出几种新产品。可就在会议召开前两个月，丹尼斯得知，公司的新产品要推迟整整10个月才能推出。这一突如其来的消息让丹尼斯措手不及。面对三项巨大的挑战，他开始进行激烈的思想斗争：（1）如何让自己保持在当责线上，一方面避免指责新产品的开发人员给自己造成了困难，另一方面在新产品尚未推出的情况下努力完成销售目标；（2）如何帮助自己的销售管理团队保持在当责线上；（3）如何协助手下的销售经理，在新产品尚未推出的情况下，督促销售代表完成既定的销售目标。

丹尼斯已经学过要让自己保持在当责线上，用一种全新的观点看待当责。于是，他马上召集手下的18位销售经理，共同重新审视目前的处境。他先让销售经理在当责线下的受害者循环中发泄了一通怨气，听他们抱怨其他部门是如何让他们陷于不利处境的。随后，丹尼斯有意识地将谈话转移到当责线上。从当责线上的角度看，完成销售目标的障碍虽然大，但并非不能克服。丹尼斯问："目前我们面临着许多困难，而且都是很大的困难。我们还能做些什么来摆脱目前的困境，取得我们自己所期盼，也是公司所需要的成果呢？"一开始，这个问题让销售经理犯了难。他们问："现在连新产品都没有，我们怎么解决新产品的问题呢？""这不是我们的真正问题所在，"丹尼斯回答，"真正的问题是关于销售的，而不是关于新产品的。我们必须接受今年不可能推出新产品的现实。但我们仍然有义务完成销售目标。即使我们把责任全部推到新产品开发人员身上，我们完成预定销售额的任务也丝毫不会减轻。"经过长时间讨论，丹尼斯的销售管理团队达到了当责线上。他们提出这样的问题："虽然没有新产品，但我们还能采取什么办法来完成今年的销售目标呢？"

会议召开后一个月，丹尼斯·安蒂诺里和他的销售管理团队创造性地开发了许多新方法，提高了销售额，达到了年初制定的销售目标。到年底，他们交上了一份出色的答卷。这是公司历史上最优异的成绩之一：在这一年，公司的销售额稳步增长了15%。

一年后，又快到召开全国销售会议的时间了，丹尼斯和他的销售管理团队再次聚集到一起。会上，丹尼斯问大家："我们去年获得了成功，你们说，最主要的原因是什么？"正如他事后所说的："大家都觉得我们采取了一种当责线上的方法来应付当时的处境，我们没有浪费时间来指责新产品的开发工作，而是激励自己寻求解决方案，我们的态度是积极的。当困难这头公牛向我们冲过来时，我们抓住它的角，把它摔倒在地。我们牢牢盯准了目标，没有丝毫泄气。虽然困难重重，但我们最终还是成功了。"

寻找当责事例

每天在阅读报刊新闻时，我们总会发现许多奥兹法则被应用或被忽视的事例。为此，我们决定随机抽取某一天的报纸，看看奥兹法则是如何得到应用或被忽视的。我们选择了4月15日的若干份报纸，包括《华盛顿邮报》《洛杉矶时报》《泰晤士报》《波士顿环球报》《华尔街日报》《纽约时报》。

《洛杉矶时报》刊登了一篇关于左旋色氨酸和贝特西·狄洛莎的报道。在阅读以下这段摘录时，读者可以自己想想，这件事到底由谁负责，谁本应承担更大的责任。

"在连续服用非处方类安眠药左旋色氨酸两年后，教师贝特西·狄洛莎开始出现一系列症状，如皮肤疹瘢、关节疼痛、肌肉痉挛、四肢麻木，心肺功能也受到了损害。除了狄洛莎，还有上千名服用左旋色氨酸的人也出现了同样的症状。左旋色氨酸已经从全国各地药店的货架上消失了。据透露，左旋色氨酸有可能引发嗜伊红细胞增多性肌肉痛症候，使人身体衰弱。全国因服用左旋色氨酸引发这种病的患者已经提出了约1500项诉讼。本周，42岁的狄洛莎成为美国第一位在起诉日本药品制造商昭和电工株式会社的诉讼中获胜的原告。但在本周三，狄洛莎和她的律师失望地表示，他们原指望获得更多的赔偿，但陪审团只判决对方赔偿100万美元。"这篇报道继续写道：

"狄洛莎对陪审团的判决感到'不满'。她声称，她曾经看过报道，新墨西哥州有几个人在服用左旋色氨酸后出现了轻微症状，但她并没有停止服药。"对此，狄洛莎的解释是："当时没有任何产品召回的消息，我也没看到其他的相关报道。药店的货架上仍然摆放着左旋色氨酸，没有任何明显警告标识。对于发生在我身上的不幸，我不认为自己要负任何责任。这难道是我的错吗？"狄洛莎曾希望获得1.44亿美元的赔偿金，但根据昭和电工提出的和解方案，她只得到了不足150万美元的赔偿。陪审团认为，狄洛莎负有部分责任，因为她在观看了有关左旋色氨酸有害作用的新闻报道后，仍然继续服用这种药品。在这次诉讼案之后，昭和电工的律师约翰·尼亨宣称："最后的审判结果向所有原告及其律师表明，陪审团不认为公司应当为其行为受到惩罚。"但随后，狄洛莎的律师帕特里克·麦考密克则表示："责任已经明确了。我们已经证明，昭和电工生产的这种药品是有害的，它没有获得美国食品药品监督管理局的批准，而且造成了非常恶劣的后果。"

与多数受害者的故事一样，这个案例的双方都负有一定责任：狄洛莎和昭和电工其实都可以采取某些行动，避免悲剧的发生。昭和电工在推销产品之前，本应对产品进行更多的检测，并取得美国食品药品监督管理局的批准。狄洛莎在得知这种药物可能有害时，本应立即停止服用。陪审团裁定昭和电工生产的药品是有害的，这一判决是正确的。但平心而论，狄洛莎获得的赔偿确实不足以弥补左旋色氨酸给她的生活造成的影响。但是，陪审团的判决是在"狄洛莎本应采取什么行为"的基础上做出的。想想几年前发生的泰诺恐慌事件吧。在得知泰诺胶囊可能有害后，有多少人立即停止购买和服用这种产品？又有多少人等着产品召回后才停止服用？我们看来，负责任的消费者应该立即停止服用泰诺胶囊，并等到强生公司确保收回全部有害产品后再使用安全的产品。狄洛莎的故事说明了奥兹法则的一个重要方面：即使我们和她一样是真正的受害者，我们仍应为自己的遭遇承担部分责任。当然，你也可能是一个百分百的受害者，但这种情况实在太少了。

我们在《波士顿环球报》上看到了另一则发人深省的报道，是关于两个正在上六年级的校园治安管理员的故事："正在上六年级的谢丽尔·毛瑟和卡丽·麦克麦努斯戴上粉红色的棒球帽，开始在贝蒂·吉普森小学的操场上巡逻，看看有没有人捣乱。她们俩是校园治安管理员，这也是布兰登小学培养计划的一部分。学生在课间发生的小纠纷，都由他们的同学来调解。'这种感觉真棒，因为我们可以自己努力把校园变成更加安全的地方。'谢丽尔说。'我们会尽量帮助同学们，让他们不要再打架了。'卡丽也说。从3月8日这一计划开始实施起，小治安管理员开始在校园里值勤。他们不必亲自解决问题，也不用判断是非或者劝架。他们的任务只是询问当事的小学生如何解决问题、如何避免类似的冲突、如何达成谅解等。"这可真是个了不起的当责线上的做法！如果今天在校园里的孩子们都能和同学讲道理，鼓励他们自己找到解决方案，认清同学之间的矛盾其实不是什么深仇大恨，那我们的学校教育能得到多大的提高啊！

　　上面这些例子和其他报道都出现在同一天的报刊中。如果今天要看新闻的话，你也可以试着找找别人从当责中获益或没有从当责中获益的例子。很快，你就会感受到，我们的日常生活中随处都有奥兹法则的影子。

做好准备，按照当责步骤前进

　　在这一章中，我们对当责进行了重新定义，并说明了奥兹法则对当责的定义如何帮助你更好地理解当责线下和当责线上行为的区别。为了表现自觉达到当责线上的重要性，我们和读者再来分享一个故事，作为对本章的总结。

　　在20世纪90年代早期，吉丹公司心律调整部一直坚持不懈地开展新产品的开发工作。当时，心律调整部已经连续数年没有推出主打的新产品。很多人认为吉丹公司已经走入了绝境。总裁杰伊·格拉夫形容吉丹公司是"在冰面上以90英里（约145千米）的时速冲向悬崖。没人愿意为目前的处境当责，更糟糕的是，根本没人认识到情况到底有多糟"。虽然公司竞争力不稳的迹象已经显而易见，许多员工仍然认为"取得业绩增长"才是公司的首要任务，却不承认产品开发带来的挑战已经迫在眉睫。杰伊预感到，不出两年，在这场产品竞争中获胜的公司就会成为无可争议的市场领导。他担心，如果其他公司不断推出高质量的新产品，必然会引发各方竞争，最终使心律调整部陷于守势而盲目推出一堆昙花一现的产品。

随着心律调整部开始"发现它"，管理层注意到，每当技术人员设计出一种新仪器，总会有人要求增加别的功能。于是，技术人员就会增加新的功能。然后马上又会有人增加另一项功能。管理层认识到，如果他们总是想达到所谓的渐进完美（creeping elegance），心律调整部就永远不可能推出新产品。

随着公司上下普遍认识到这一点后，他们开始共同努力来解决问题。他们多次召开项目审核会议，向产品开发小组提供更为及时的帮助和指导。他们采用了一套全新的培养后继人才的继任计划，对为结果当责和不当责的员工进行区别对待。最终，他们推动了整个公司的转型，公司的企业文化也发生了转变，从以前的"指责、茫然、自满"变成现在的"当责意识和主人翁意识"。在随后的几年中，吉丹公司在向市场推出新产品时一直抱着非常当责的态度。公司不再像以前那样片面注重产品开发策略。他们首先找准新产品的概念，然后再付诸实施。几年后，心律调整部在短短14个月内推出了14种新产品，被管理层誉为"新产品开发机器"。

值得一提的是，心律调整部的人力资源副总裁芭布·瑞铎女士认为，尽管"新产品开发已经成为本公司一项稳定的强项，但与20世纪90年代初期相比，今天的情况已经有了很大的变化。光拥有领先的技术是不够的"。

20世纪90年代后期，吉丹公司开始生产世界上体积最小、设计最精密的心脏电击器。为此，许多员工"在一年中不得不加班加点，因为这种仪器会对公司的业绩产生很大的影响。当公司管理层发现他们寄予厚望的新产品没能提高公司的市场份额时，他们大为震惊"。

心脏病产品营销部主管杰·米勒哈根对此的解释是，由于公司只牢牢盯准一个目标，因此每推出一种全新的优秀产品，他们还是会说："这种产品不够好，它还没让我们的市场份额达到第一位呢。"

"这确实是一记警钟，"质量监督部主管戴尔·豪厄姆说，"我们以前的想法是，最好的技术就能让我们取得第一的位置，但这种观念被打破了。我们还需要付出更多努力。"10年间，吉丹公司再一次在现实面前警醒。

公司管理层再一次当责，改变他们对业务的看法。他们开始从病人和客户的角度出发审视自己的业务，不再像以前那样片面注重内部研发。他们学会把病人和客户放在第一位。在公司内部，他们也非常强调团队观念，并动员员工接受这种观念，从而在公司上下形成了强大的号召力。

此外，一次重要调查的结果引起了公司的重视。此后，公司开始出资赞助心脏电击器疗法的临床实验。他们发现，大型临床实验虽然可以确定需要心脏电击器的患者人数，但真正接受了仪器治疗的病人不足20%。

公司质量信息和技术部主管珍妮特·巴布卡认为："一项最新研究结果显示，需要使用仪器治疗的患者是非常多的。如果我们不采取任何行动，获得仪器治疗的高危患者人数将进一步下降。"在承认现实的严峻性后，吉丹公司号召大家采取行动。"过去我们只关注自己的产品与竞争对手的区别，但现在，我们开始把目光投向更重要的问题——许多人因为缺乏治疗而白白送命。我们希望通过自己的工作来改变这一现实，并进而影响这个行业的动态。"

吉丹公司心律调整部开始转向一种"对竞争力的全新理解。这种理解不仅包括优良的产品，还包括出色的销售业绩、服务、技术支持、培训以及业务的方方面面。他们开始注意要把20件事情做好，而非两三件"。

最后，心律调整部还开始注意改善与客户的沟通和配货系统。他们开始为自己在市场上的形象当责。专家一致认为，吉丹公司心律调整部的产品是非常出色的，但他们也认为吉丹公司没能让客户认识到这一点。心律调整部最后承认，优秀的技术是不能进行自我推销的。到了今天，公司每项战略任务的最后一句话都是"并因此受到好评"。

在配货系统方面，心律调整部在美国的销售人员数量增长了五倍：销售代表人数从1997年的215人增加到2003年的1134人。

按照当责步骤前进

要按照当责步骤前进而且永不掉队，我们需要付出时间、努力、承诺，甚至情感上的代价。我们至今还没有发现任何个人或集体在体验了当责线上的感受后，还想回到过去责任推诿的游戏中。在按照当责步骤前进的过程中，你也许会摔倒。事实上，摔倒是不可避免的。然而，你虽然知道自己会摔倒，也希望在自己失足太远前能够把握住自己。

在第二章中，我们列举了一些陷在受害者循环中的表现，帮助你识别当责线下的心态和行为。在本章的结尾，我们再列出一些当责步骤上的表现，希望它们对你保持在当责线上有所帮助。在后面四章中，我们将着重描述当责步骤的每一步。

你可以留心观察以下行为，提高你保持在当责线上的能力：

- 你欢迎别人对你的表现提出中肯的意见。
- 你不希望别人对你隐瞒真相，也不会自欺欺人。
- 你愿意承认一切现实，包括所有的问题和挑战。
- 你不会浪费时间和精力去做自己无法控制或影响的事情。
- 你总是全心投入工作，一旦发现自己的投入有所减少，你就会努力重新振奋起来。
- 你为你的现状和结果当责，即使这些现状和结果令人不快。
- 你能认识到自己何时落到了当责线下，并能迅速采取行动，避免陷入受害者循环的陷阱。

- 你为每天出现的机会而感到喜悦。
- 你不断问自己:"我还能做些什么来克服目前的状况,取得期望的成果?"

当用这样的方式来思考和行动时,你已经站在当责线上了。克服不利现实、取得理想成果是奥兹法则的灵魂,也是莱曼·弗兰克·鲍姆所创造的奥兹童话的最有力的主题。

中篇

个人当责的力量：
让个人达到当责线上

当责步骤（发现它、承担它、解决它、实施它）是一切商业成功故事的共同点。在本书的中篇，我们将帮助读者理解、接受并运用当责步骤的每一步。你将学会如何鼓起勇气，发现它；下定决心，承担它；开动脑筋，解决它；实施它，实现目标。

第四章

狮子：
鼓起勇气，发现它

***

"你们说，奥兹能给我勇气吗？"胆小的狮子问。

"就像他给我智慧一样容易。"稻草人说。

"就像他给我一颗心一样容易。"铁皮人说。

"就像他送我回堪萨斯一样容易。"多萝茜说。

"那么，你们不介意的话，我想和你们一起去，"狮子说，"因为没有勇气的生活实在让我无法容忍。"

——《绿野仙踪》

莱曼·弗兰克·鲍姆

第四章 狮子：鼓起勇气，发现它

承认自己正处于困境总是需要一点勇气的。有时，连那些久负盛名的大人物和大公司也不一定有这样的勇气。先灵葆雅公司曾经从市场上召回了6000万个人工呼吸器，因为他们发现部分呼吸器中缺少一种可以缓解哮喘症状的有效成分。对此，公民健康调查组的主席西德尼·沃尔夫医生表示了严厉批评，称这是该公司在管理和生产上的重大失误。先灵葆雅公司一向以严格规范的生产过程著称。但最近几年，他们频繁爆出召回产品、受到美国食品药物监督管理局罚款和制裁等负面新闻，这让许多分析人士、股东和客户大跌眼镜。究其原因，问题的根源就在于公司管理层将大量资金投入抗过敏药氯雷他定等产品的市场营销，却一再推迟对设备进行升级，一味依赖旧式生产设备。值得庆幸的是，先灵葆雅公司管理层表现出了值得所有公司效仿的可贵勇气。公司首席执行官理查德·科根对股东说："我向你们保证，我将以最快的速度解决这些问题，重新取得美国食品药品监督管理局的信任。"为了实践诺言，他制订了一项生产改进计划，组建了全球质量监察小组专门负责产品的质量问题，着手升级生产技术，增聘几百名质量监控员和科研人员，并成立了一个由美国食品药品监督管理局前任官员组成的审查委员会，专门负责保证产品符合美国食品药品监督管理局的标准。看到这一切，我们要对先灵葆雅公司、理查德·科根和整个管理团队表示祝贺。发现它、承认错误并进行纠正是需要勇气的，而这正是达到当责线上的第一步。

发现它说起来容易，做起来却绝非一日之功。但是，只要坚定地迈出一步，再迈出第二步，目标就不会太遥远。在跨出当责线上的第一步时，请记住通用电气前首席执行官杰克·韦尔奇的名言，管理就是"毫无畏惧地面对现实，然后以最快的速度开始行动"。

迈出当责线上的第一步

即使那些勇于当责的人常常也会陷入受害者循环。有时，勇于当责的人可能在面对某个挑战时踌躇不定。不论总是停留在当责线下，还是在某个具体的棘手问题上遇到麻烦，你都必须勇敢地挣脱受害者循环。第一步就是认识到，你正在否认问题的存在。你要勇敢地承认你所面临的现实，不论这个现实多么不公平、多么令人不快。不承认现实的结果就是永远不能解决问题。英特尔前首席执行官安迪·格鲁夫曾经说过，每个公司都会面临一个关键时机，只要抓住机会，勇于改变，公司就会更上一层楼。如果错过了机会，公司就会走下坡路。而把握前途的关键，就在于勇气。

安然、世通、安达信，这么多曾经叱咤一时的大公司顷刻间崩溃，真让人难以置信。转眼间，成千上万的人成为少数人行为的牺牲品。但是，即使在这样的艰难环境下，还是有很多勇者站了出来，面对现实并采取行动，以免造成更大的伤害。在此，我们可以以《财富》杂志对德勤会计师事务所首席执行官吉姆·科普兰的一次采访为例。在这次坦诚公开的访谈中，《财富》杂志记者抓住了这位首席执行官选择发现它这条关键线索。"1月初的某个下午，科普兰从电视新闻中得知，安达信驻休斯敦分公司的雇员销毁了数千份与安然公司有关的审计文件，他马上意识到，公众的愤怒、政府的调查和无孔不入的媒体很快就会把注意力转移到安达信和整个审计行业了。"审查和指责是不可避免的，于是科普兰选择鼓起勇气正面迎接现实。一个很难接受的现实就是，他必须将利润丰厚的咨询业务从公司的会计审计业务中分拆出去。出于合并增效和方便客户的考虑，德勤会计师事务所一直将咨询和会计业务捆绑在一起，在此之前也从没想过要改变这项战略。直到一天早上，国内咨询业务主管成文诺闯入科普兰的办公室。这关键的一幕被《财富》杂志记录下来："成文诺刚刚得知，一个审计大客户将收回德勤咨询公司一个几百万美元的重组和降低成本研究合同。这个客户不希望出现冲突。科普兰忧伤地点点头，拿起电话拨通德勤咨询公司的主管道格拉斯·麦克拉肯和德勤美国地区会计、税务和相关业务的执行合伙人威廉·帕瑞特。当天下午，科普兰、麦克拉肯、成文诺和帕瑞特四个人在一间会议室里密谈了5小时。科普兰回忆说，他们四人都是含着泪水走出会议室的。他们开始狂打电话，与世界各地的合伙人举行马拉松式的电话会议。他们的决定很简单：合体公司的模式已经不可能继续存在了。虽然极不情愿，德勤会计师事务所不得不和德勤咨询公司分道扬镳。"从这个决定开始，整个公司已经坚定地迈出了当责线上的第一步。

为什么人们不能发现它

很多人之所以不能认清现实，原因是他们主观上一厢情愿地忽略外部环境的变化。例如，《华尔街日报》曾经有这样一篇报道："……康妮·普洛德和美国电话电报公司驻加利福尼亚州萨克拉门托多市的其他销售代表一样，失去了自己的办公桌。公司给他们配备了手提电脑、手机和便携式打印机，让他们在自己家里或者客户的办公室里建立'虚拟办公室'。对于这位在公司干了19年、喜欢和同事们一起热闹的老员工来说，这种改变实在难以接受。'直到办公室的东西都要搬空了，我们还是习惯性地来这里上班，'康妮回忆说，'我想我们都把办公室当成了避风港。'"对这种变化置若罔闻或者拒绝接受，只会让你马上落到当责线下。迈克·贝尔是邓百氏咨询公司的房产经理，是新一代房产经理的代表。他对美国电话电报公司的远程办公计划所遭遇的顽固阻力感到非常惊讶。为什么大家不能理解"办公室并不是一个让大家来了、坐下、成天盯着电脑或打电话的地方？如果这就是你的工作，你在家里也可以完成，并不需要来办公室"。可是，对于贝尔先生所设想的"无房产公司"，就连公司的最高决策者也觉得难以接受，因为办公地点的规模和位置也一度是他们升职的业绩衡量指标之一。但是，如果一味抵制这种趋势，最终将可能削弱公司在激烈的市场竞争中的竞争力。安永公司的房地产总监拉里·艾伯特也认为，办公场所的改变将遭遇很强的文化阻力。如果这种改变是不可避免的，那么抵制这种改变的人也将不可避免地遭到淘汰。

还有另一种人不正视现实，也不接受他们在这个现实中要承担的责任。让我们来看看当前盛行的畸形家庭游戏吧。家庭环境会影响人的行为，相信大家都同意这个观点。但现在，成年人把自己的不幸统统归咎于童年时的畸形家庭，这已经和传染病一样流行了。强迫购物欲、性欲过盛、饮食习惯不好、酗酒、虐待妻子和孩子、工作习惯、病态人格、无法抑制的取悦他人的欲望，这些毛病要怪谁呢？照现在的情形来看，所有人都有责任，除了你自己。"这不是我的错，谁叫我有那样一个家庭呢？"从奥普拉·温弗瑞到杰瑞·斯普林格的脱口秀主持人每天都在助长美国人拿畸形家庭说事儿的偏好，名人也好，普通老百姓也罢，都被请上电视大吐苦水，用意无非就是告诉大家：咱们谁也不用对自己的问题负责。这种节目的火爆程度也恰好说明了美国电视观众是多么喜欢听这种受害者的诉说。反过来，电视观众也可以用这些受害者的故事为自己当责线下的行为进行辩解，于是，这种埋怨别人的游戏便成了一项新的全国性娱乐活动。这也难怪，根据流行作家兼演说家约翰·布莱德肖的说法，96%的美国人可都是在畸形家庭中长大的啊。

的确，家庭问题对一个人的影响远远不只在童年，这一点我们也很同意。但我们并不赞同布莱德肖的看法，不仅是因为我们怀疑96%这个数据的准确性，还因为一旦接受这个数据，我们就让96%的人轻易逃脱了对自己的行为所应负的责任。如果你也认为96%的美国人可以把自己的问题归咎于家庭，那么你可能已经陷入受害者循环了。是的，你可能只是认为人生早期的经历对这些问题会有些影响。可是，一旦把所有问题都归咎于这些经历，你就根本没法控制自己的生活并解决这些问题。从这个角度来讲，目前的畸形家庭热潮再次证明了这一点：很多人不能也不愿意承认自己所担负的责任。

的确，如果这种畸形家庭运动没有严重威胁到国家前途的话，我们会觉得整个事件很可笑。现在，请看1992年《华尔街日报》的一篇报道，主题是美国众议院的议院银行（现在已经不存在）为什么会透支，原因如下：

1. 俄亥俄州民主党众议员玛丽·罗丝·奥卡是负责管理议院银行的议院管理委员会成员，她的透支款项高达217笔，解释是"我进入国会时，没人告诉我还可以用别的办法拿到支票"。

2. 纽约州民主党众议员罗伯特·莫拉泽克有972笔透支款，他说："我的支票从没被银行退回来过。"

3. 明尼苏达州民主党众议员蒂姆·彭尼把透支归咎于他的办公室经理。

第四章　狮子：鼓起勇气，发现它

4．纽约州的另一名民主党众议员伊多弗斯·唐斯声称，他的403笔透支款中的大部分被前雇员贪污了。

5．佐治亚州共和党前众议员兼众议院共和党组织秘书纽特·金里奇说，他的透支款不过是"小事一桩，不值得大惊小怪"。

可是，我们倒认为这件事情很值得我们大惊小怪一下，因为民众选举出的官员有责任树立当责的良好榜样，人前人后都要如此。不对自己的行为负责，在一定程度上就意味着缺乏勇气。对于那些正在受害者循环中挣扎、没法抓住现实的人来说，他们需要极大的勇气：

1．承认他们在当责线下；

2．意识到如果他们继续停滞在当责线下，不仅问题得不到解决，还会导致更糟的结果；

3．承认并接受现实，这是当责的第一步。

承认自己的行为在当责线下并面对现实，这的确需要很大的勇气。如果缺乏这样的勇气，直接导致的后果就是不愿为自己的责任和后果付出代价。在处于困境时，很多人都隐约意识到，发现它就意味着要改变一些东西，而这种改变往往是我们畏惧甚至抵触的。改变的起点就是转换看待现实的方式。而这种转换又往往意味着必须承认你犯了某种错误，或者应该做什么而没有做。如果不采取任何补救措施，你的生活当然也能继续。既然可以逃避问题，干吗要费力气解决问题呢？对于那些真正的受害者（如受罪犯所害）来说，这也许就意味着要忘掉过去，不要让不愉快的阴影笼罩未来的生活。毕竟，对于真正的受害者来说，最好的报复莫过于忘掉过去，重新开始。

转换看待现实的方式，有时也意味着不得不做一些自己不喜欢的事情。例如，承担一些你一直想躲避的风险，或者面对一些你想逃避的人或事。在位于芝加哥的著名男士时装公司Hartmarx，董事会没有正视公司首席执行官哈维·温伯格的无能，导致公司持续亏损。直到公司损失高达3.2亿美元，董事会才迫使温伯格辞职。根据《华尔街日报》的报道，董事会之所以迟迟没有采取行动，是因为他们不想"过早地让人觉得他们在幕后操纵"。遗憾的是，这种走着瞧的态度的代价实在太高了，造成公司的股票市值从6亿美元狂跌到2亿美元。

这些残酷的现实的确很难接受，因为这意味着要脱离作为受害者的保护层。在这种情况下，待在当责线下似乎要安全得多。但实际上，这个保护层只能带来一种安全的幻觉。最终，你还是要为自己的犹豫怠慢付出代价。如果你放任自己对现状安之若素，不采取行动，不学习，不承认自己的责任，不承认自己犯了错误，不面对事实，不放弃在受害者的保护层下自怨自艾，不想办法达到目的或改变生活，结果只有一个：你将走入死胡同，最后一事无成。要改变困境，解决问题，你必须舍弃当责线下的安全幻觉，勇敢地承担当责线上的风险。

当遇到困难时，冷静地问问自己：是想陷于困境而不自救，还是想尝试某种突破来脱离困境？我们相信，即使那些最喜欢把自己想象成受害者的人，其实也渴望美好的生活。但突破往往意味着要摆脱以前的行为和态度。也就是说，觉得自己是受害者的人都要把这种想法抛到脑后，转而用一种积极的态度来正确认识现实，而不是隔着当责线下的保护层来窥视现实的幻象。

不发现它的后果

克里斯托夫·斯蒂芬在担任伊斯曼柯达公司的首席财务官后不到三个月就提出辞职。他的退出暴露出公司董事会日益明显的缺陷，提醒董事们必须尽快了解公司的需求。根据《华尔街日报》的报道："管理专家认为，各大公司的董事会现在都面临着迅速填补高层人事空缺的巨大压力。董事有时不能准确判断一名新的管理人员，特别是首席执行官以下的人员，是否能融入现有的高层管理团队。"这篇文章分析，在这次风波中，斯蒂芬的辞职"使公司的股票市值暴跌17亿美元"。如果不认清现实，董事会的失误有时的确会带来灾难性的后果。

最近，我们正与一位客户进行合作。由于事件比较敏感，我们必须对这位

第四章 狮子：鼓起勇气，发现它

客户的身份进行保密。但这绝对是个真实的故事，可以向读者充分展现不发现它的危险后果。蒂姆·朗利是一家拥有4亿美元资产的保险公司的总裁兼首席执行官。不久前，朗利聘请杰德·西蒙担任公司副总裁，短期目标是解决公司销售额下滑的问题，长期目标是将公司打造成一个世界级的大型保险企业。当时，朗利认为他的选择是完美的。一年后，朗利对西蒙的工作给予了极高的评价，还暗示西蒙有可能接替他成为公司的首席执行官。

上任后不久，西蒙引入了一套组织效率方案，目的是提高公司开展保险业务的透明度和效率，尽快扭转保险销售额下滑的局面。除此之外，西蒙还起草了新的保险产品说明，聘请了新员工，并充实了公司的资源以应对未来的需求。这些举措使公司超额完成了当年的业绩目标，朗利对此非常满意，并时常夸奖西蒙是"保险业内最出色的副总裁"。

然而好景不长，一年后，朗利决定把管理重点从提高销售额转移到改善客户服务上。此后，西蒙的声誉一落千丈。与去年的工作评价截然相反，今年的工作评价简直让西蒙无地自容。在朗利看来，销售人员曾经向西蒙反映过客户服务质量差的问题，而西蒙对此置若罔闻。根据销售人员的反馈，如果服务质量跟不上，要保持甚至提高销售额是根本不可能的。

当向西蒙了解事情的原委时，我们发现，西蒙对销售人员的意见也是采取了受害者的思维。他说，他当时是这么想的："我怎么会得到这么烂的工作评价？我可从来没碰上过这么糟糕的工作评价。不过这些搞销售的懂什么呢？他们连一个季度的准确销售预测都做不出来，只知道在背后捣鬼！他们巴不得销售指标永远不提高才好呢。他们也不看看每月的图表，上面写得清清楚楚，客户投诉少了，销售额也上去了。还有，公司推出了那么多不成熟的保险产品，我们除了自己分内的工作，还得搞产品开发。你知道吗，我觉得朗利那个人有点自高自大，他觉得我是个威胁。去年他还当着好多人的面夸我是什么'保险业内最出色的副总裁'，还说我能接他的班。可现在，他居然说我的工作一塌糊涂。我觉得，他根本就没有计划，没有目标。我转个身他的计划就变了。依我看，有问题的是他，不是我。"

奥兹法则

西蒙的看法也许有一部分是对的，但关键问题是，他根本不承认他所在的现实，显然还在当责线下挣扎。通过一个又一个看似合理的辩解，他说服自己所谓的服务质量问题根本不是他的责任。最糟糕的是，他还坚持认为他现在的工作是合理而有成效的，并且会产生更好的效果。但事实上，这不过是他自己一厢情愿的想法。

西蒙如果想发现它，他首先不仅要承认他的行为在当责线下，也要意识到上司认为他在客户服务方面做得不好是一个无法否认的事实（虽然上司的看法不一定准确），还要意识到如果他继续停滞在当责线下，他的处境将不会改变。不论西蒙没有能力解决问题也好，不愿面对现实也罢，总之他和上司之间已经出现了裂痕。不论他自己觉得多么委屈，一旦摊牌，他肯定会输给朗利。

不发现它，不面对后果，这样的人还远不止西蒙一个。我们再来回顾一下IBM所经历的大幅衰退吧。《时代》杂志曾登过一篇文章："多年来，IBM一直顽固地抵制大型主机越来越落伍的趋势。他们不但没有适应这股潮流，反而一直想保护自己的领地……然而，随着销售量一再暴跌和来自同行的价格竞争，IBM最后意识到，这股潮流是不可抵抗的。（IBM总裁）埃克斯表示，IBM有意从大型计算机业务转向其他业务。当年，IBM的大型计算机业务已经减少了10%。"出现这种情况绝不是一天两天的事，事实上，IBM的很多竞争对手已经为没有勇气面对现实付出了沉重的代价。王安电脑公司已经申请破产。由宝来和史伯利两家公司合并组成的优利公司也损失了25亿美元。数码设备公司的境况也好不到哪儿去，连创始人兼总裁肯尼斯·奥尔森都被炒了鱿鱼。显然，事实清清楚楚地摆在眼前：以大型计算机为主的传统战略已经行不通了。但IBM忽视了这些信号。甚至当刚刚起步的苹果公司以Powerbook笔记本电脑取代IBM成为个人电脑制造商的领头羊时，IBM也没有给予足够的重视。激烈的降价竞争刺激了市场需求，而苹果公司和兼容IBM电脑的康柏公司都要争夺这部分市场。IBM也没有预见到工作站的革新，只能眼睁睁地看着太阳微系统公司和惠普公司大举占领这片市场。

第四章 狮子：鼓起勇气，发现它

这篇文章的结论是："虽然IBM早在多年前就开发出最先进的技术，但它担心削弱作为支柱的大型计算机业务，因此迟迟没有运用这些技术。"IBM不发现它的后果就是：支柱性业务失去了价值，公司也失去了在未来竞争中抢占先机的机会。

IBM的衰落是从什么时候开始的呢？《时代》杂志更早的一篇文章给出了准确的答案："要了解IBM的情形有多么糟糕，公司的管理层对问题的严重性认识得多么不足，我们得追溯到1986年。当时，IBM的繁荣期已经过去一年多了，正在困境中挣扎。收入增长少得可怜，利润增长根本就没有，至于股票，当时的价格是每股125美元，与七个月前的990亿美元相比，市值已经缩水240亿美元。"情形虽然不容乐观，但公司主席约翰·埃克斯在接受《财富》杂志的采访时，仍然表示出坚定的信心。他断言："不出四五年，当人们回顾这段时期时，他们会发现我们的业绩仍是非常出色的。"五年后，事实证明，埃克斯的预测是大错特错了。IBM的股价一跌再跌，市值又损失了180亿美元。公司的收入增长率还不到当时行业平均增长率的一半，在全球的市场份额也从30%下降到21%。可别小瞧这几个百分点，每个百分点都代表30亿美元的庞大销售额。当被问到是什么原因导致"非常出色的表现"的预言没有实现时，埃克斯诚实地回答道："我认为没有什么原因。"对此，《财富》杂志的记者提出了疑问："既然如此，我们有理由问一句，为什么他会在［1991年］5月对管理人员说IBM'正处于危机'？这句话虽然是私底下说的，但很快就被媒体披露出去了。我们还有另一个疑问，既然IBM股票自1986年来已经损失了420亿美元，那么如果真有什么问题，它的股票市值还会损失多少？"后来，埃克斯解释说，他说这句话的目的只是为了强调计算机产业的波动性很大，谁也无法预见未来。不过还好，他勇敢地承认了IBM丧失市场份额的原因在内不在外。

到了1994年，IBM比前两年的情形还要糟，新任命的首席执行官路易斯·郭士纳的感受肯定和《绿野仙踪》里的奥兹魔法师差不多：每个人都指望他创造奇迹，而他心里明白，奇迹是不可能发生的。郭士纳走马上任后的第一把火就是让公司上下正视他们所处的困境。10年过去了，几乎每个人都承认了这个现实。郭士纳在自传《谁说大象不能跳舞》中写到，他在IBM的第一次会议上就说："自怨自艾是于事无补的。我肯定员工也不想听自吹自擂的大话。我们需要的是强有力的领导、明确的方向和昂扬的斗志，而不是丧气话。我希望有才能的人能在这里获得短期的胜利和长期的成功。我还告诉他们，已经没有时间去追究问题到底是由谁造成的。我对此也没有兴趣。我们没时间说清问题到底是什么。我们必须集中精力寻找解决方案并采取行动。"

随后，他马上提出了五项"90天优先性任务"。

1. 暂时冻结流动资金。我们就要面临着流动资金短缺的危险。

2. 确保我们在1994年实现盈利，以便向全世界，以及IBM各分公司发出这样一个信号：公司的形势已经稳定了。

3. 开发和实施1993年和1994年的关键客户战略，这会使客户确信，我们会继续为他们提供优质服务，而不是强迫他们接受我们的"固定产品"（电脑主机）以便减缓我们自己短期的财政压力。

4. 在第三季度开始前完成精简裁员任务。

5. 开发一个中期的商业战略。

IBM实现历史性大翻身的基础，就是在这次短短的45分钟会议上确定的。要看清现实并不那么简单，但如果希望大家都能达到当责线上并对自己的行为负责，你就必须看清并承认现实。

说了这么多，现在我们来看看怎么评估并锻炼发现它的能力。这样就可以避免因为没有发现它而造成不愉快的后果。

发现它自我评估

闭上眼睛，默默想象一个我们经常遇到的场景：在一家中等规模的计算机公司，主管销售的副总裁对主管市场营销的副总裁说，公司的销售情况不太好，因为产品不符合客户的要求。但市场营销副总裁根本没放在心上。在

第四章 狮子：鼓起勇气，发现它

这种情形下，双方都认为对方忽视了自己的意见，认为自己是对方的受害者。可见，他们都在当责线下，不愿承认现实。如果这两位副总裁都不发现它，他们只会把时间和精力浪费在相互埋怨上，还会导致内部矛盾。那么，这两位副总裁应该如何改变他们当责线下的想法和行为呢？

第一步就是客观细致地进行发现它的自我评估。我们特别设计了这张发现它自我评估表，可以帮你大致了解你认识当责线下行为的能力有多强。花几分钟填一下，场景可以是你的单位、家庭、集体、社区、教堂或者协会等，回答一定要诚实。

	发现它自我评估表					
		从不	很少	有时	经常	总是
一	当你陷入受害者循环时，你能很快意识到这一点	7	5	3	1	0
二	当别人指出你的行为是造成困境的原因之一时，你能接受批评	7	5	3	1	0
三	你能心平气和地承认，你自己的错误是导致你不能取得成果的原因之一	7	5	3	1	0
四	当别人与你意见相左时，你能耐心听取他们的意见	7	5	3	1	0
五	你首先考虑自己做了哪些事，或者没做哪些事阻碍了事情的进展，而不是只看别人做了哪些事阻碍了你	7	5	3	1	0
六	你利用各种渠道获取信息，以便对你的处境有更全面的了解	7	5	3	1	0
七	你很容易承认现在的困境，而且很清楚不解决这些困难的后果	7	5	3	1	0
八	在遇到棘手的问题时，你会与他人交换意见，看看你对事实的了解是否准确	7	5	3	1	0
九	你能客观承认现实，并积极地达到当责线上	7	5	3	1	0
十	在解释为什么你的工作进展不快时，你很快意识到你的哪些不足导致了这一点	7	5	3	1	0

做完自我评估后，把10项的总分加起来。对照下面的总分表，看看你认

识自己在当责线下的能力有多强。

发现它自我评估得分	
总分	基本评价
50分以上	你没有能力或非常不愿意发现它。你需要别人的帮助。赶紧让别人帮帮忙吧
30~50分	有时你觉得发现它非常难。要学会听取别人的反馈意见（见下一节）。让身边的人批评你一顿，就现在
10~30分	你发现它的能力比较强。再接再厉！如果你偶尔仍然觉得自己是受害者，把你的想法写在纸上，扔进垃圾堆，然后继续前进
0~9分	你发现它的能力非常强。让你的朋友或同事表扬你一下吧

通过自我评估，如果发现你需要别人的帮助才能发现它，千万别灰心丧气。让几位熟悉情况的朋友对你坦率地提提意见，你一定会受益颇多的。

反馈意见如何提高你发现它的能力

如果经常听取他人的反馈意见，你对问题的看法就会深刻得多。别人的批评有时会让你尴尬，但诚恳的意见可以真实地反映现实，这也是当责的关键。一个人的意见是不可能完全正确的，所以有必要听听多人的看法，以便从不同方面、不同角度了解整个现实。从我们的经验来看，勇于当责的人都会经常听取身边人的意见，包括朋友、家人、生意伙伴、顾问等。记住，不论是否同意他们的看法，至少你会多一些看问题的角度。看问题的角度越多，你就越容易意识到自己在当责线下，然后才会努力达到当责线上，并鼓励其他人也这样做。

为了更好地体会获取反馈信息的重要性，你可以想象一个常见的场景：贝蒂·宾汉姆是某家大公司的人力资源副总裁，现在被派往某部门调整人力资源政策。这个部门的员工都不喜欢她。几个星期后，她也认为自己之所以口碑不佳，全是由这群捣乱的员工造成的。几个月后，当她想回到公司总部时，已经没人欢迎她回去了。更糟的是，她虽然吃了这么多苦，却没有获得加薪。面对这一突如其来的打击，贝蒂觉得又委屈又茫然，因为总部和这个部门的领导没给她提任何意见。还好贝蒂并没有怨天尤人，她开始积极地询

第四章 狮子：鼓起勇气，发现它

问这个部门的员工对她的看法。通过这些意见，她发现自己对人力资源政策的调整引起了很大的不满。例如，一位副总裁很坦率地批评她不尊重别人的意见，不承认整个部门和员工已经做出的成绩，而且总是把别人的成绩算在自己头上。

这些意见虽然尖锐，但至少让贝蒂意识到了别人为什么不喜欢她，为什么她的工作达不到预期的效果。有了这些坦诚的反馈意见，她开始设法改变自己在他人心中的负面印象，重新获得总部和这个部门的信任。贝蒂的努力是卓有成效的。不久后，愿意和她讲真心话的人越来越多，她也为自己赢得了可靠可信的好名声。在获得反馈意见以前，贝蒂总觉得自己是受害者，也认为自己无力改变现状，事实上，她并不了解别人是怎么看待她的。如果她继续怀着一腔怨怼，她在这家公司肯定干不下去。但得到他人的反馈意见后，她能更清楚地正视现实，也能更有效地改变自己的困境。也就是说，她达到当责线上了。

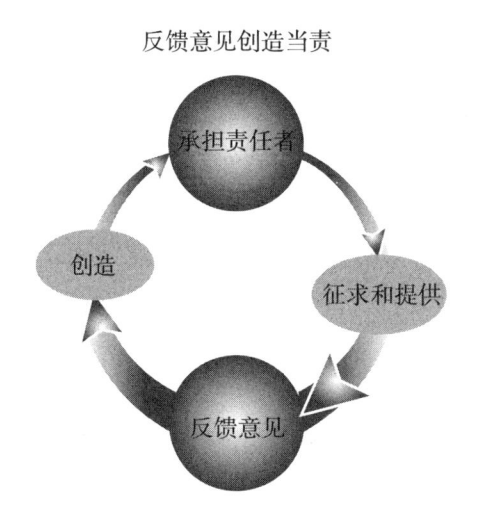

反馈意见创造当责

承担责任者 → 征求和提供 → 反馈意见 → 创造 → 承担责任者

如果你总是想不通别人为什么会这样看待你，我们建议你向贝蒂学习，听取更多的反馈意见，不仅是你的上司，还包括那些你尊敬和信赖的人。向家人抱怨你的上司对你多么不公，这再容易不过了，但让家人帮你找出上司待你不公的原因就困难得多。不过，你必须尝试一下。多年来，我们看到很多人用不同的手段来获取反馈意见，有好有坏。如果你的方法不对，你就听不到你所需要的意见。为了获得最诚实坦率的反馈意见，你不妨试试以下几点：

1. 在适宜的氛围下征求意见（舒适安静，不受干扰）。

2. 告诉对方你需要听到他对某件事的完全诚实的意见。强调你的真诚，并解释你的动机。

3. 记住，你所获得的反馈意见是一种很重要的看法，即使你不同意对方的观点，也不要为自己辩解。

4. 仔细倾听，不清楚的地方请对方解释，千万不要把与你相左的意见抛在一边。

5. 感谢对方抽空为你提出了宝贵的意见。

在全面分析当责线上和当责线下的行为以后，我们现在可以想想发现它有哪些好处。

发现它的好处

在本章开头我们已经说过，即使你自认为是个勇于当责的人，你在面对某个挑战时也可能陷入受害者循环不能自拔。我们下面要讲述一位重要客户的故事。为了保护他的隐私，我们把这个公司称为DALCAP。

领导伙伴顾问公司总是力求为客户提供最优质的咨询服务。但当我们与DALCAP合作六个月后，对方的部分管理人员却认为我们在客户服务方面的表现在当责线下。难道是我们的承诺没有兑现吗？虽然觉得他们的要求有点苛刻，我们还是自认为已经尽力了。我们心里明白，客户不满的是与我们的沟通不便，但我们假装不知道这一点。每次DALCAP的管理人员抱怨和我们的沟通不够时，我们都很惊讶。我们已经提供了这么周到的服务，她怎么还不满意呢？一定是对方的期望值过高了。所以我们想，不论我们怎么努力，这家客户总是不会满意的。这就是我们为自己找的理由。谢天谢地，经过多次讨论，我们终于意识到，为了与DALCAP保持愉快的合作关系，我们必须承认我们没有达到他们的期望。我们知道，我们必须达到当责线上，表现出一种我们非常强调的发现它的态度。作为第一步，我们给DALCAP的管理人员发了一份备忘录：

送交：DALCAP管理人员
来自：领导伙伴顾问公司
主题：面向客户

今天上午，我们与芭芭拉·克沃尔女士一同审查了我们向DALCAP提出的最新建议。很高兴我们能继续合作下去。对于贵公司给予我们的信任，我们表示衷心感谢。

芭芭拉女士友好地传达了贵公司最近一次管理人员会议上提出的对本公司工作的建设性意见。我们得知，贵公司部分管理人员感到与领导伙伴顾问公司的沟通不甚方便。这引起了我们极大的关注，因为这似乎意味着贵公司部分管理人员对于本公司对客户服务的重视程度提出了质疑。

请相信，我们会竭尽所能表示我们对客户服务的重视。贵公司的反馈意见将帮助我们进一步成长，从而为贵公司提供更优质的服务。我们郑重承诺：贵公司与领导伙伴顾问公司的沟通将更加便利。

我们深知，人的看法不会在一夜之间发生改变，但我们已经开始在为改变贵公司的看法而努力，特别是在以下方面：

1. 通过预约，我们每周将与芭芭拉女士进行电话联络，看看我们有没有取得进步，同时确认是否有必要与贵公司的管理人员或协调员面谈。

2. 如果出差或外出，我们可能无法立即回电话。但只要贵公司在电话中留言，我们一定会在当晚之前做出回复。

3. 如果需要我们立即回复，请拨打我们的办公室电话（909）694—5596，说明您有急事，需要马上和我们联系。我们的员工会马上联系到我们，我们将在四小时内与您联系。

如果贵公司对与我们的沟通还存在任何问题，欢迎随时告诉我们。我们需要贵公司不断提出反馈意见，帮助我们更好地对工作结果当责。

我们真诚期待着与贵公司的合作能愉快地开展下去，愿两家公司的事业兴旺发达，蒸蒸日上！

谨启

领导伙伴顾问公司

这种备忘录可能没什么特别之处，但对于客户来说，它传达了一条重要信息：我们听取了他们的意见，意识到他们所担心的问题，并会针对他们的要求做出反应。收到备忘录后不到一个月，DALCAP的总裁与我们签订了一份长期协议，两家公司的合作规模进一步扩大了。

对于DALCAP认为与我们的沟通不便的意见，我们进行否认或者辩解都是很容易的，但这样只会让我们失去这个重要客户。而通过承认现实，我们似乎承担了"犯了错误"的风险，但我们毕竟达到当责线上了，也改变了他们对我们的看法。

为当责线上的下一步做好准备

《绿野仙踪》中胆小的狮子代表当责的第一步：鼓起勇气，发现它。但多萝茜只有学会当责的四个步骤，才能摆脱困境，回到堪萨斯。在沿着黄砖路前进的过程中，多萝茜开始珍视每位伙伴的宝贵品质。旅程结束后，她会把她从四个伙伴那里学到的品质结合在一起，并最终战胜软弱，达到自己的目的。在下一章，你将看到铁皮人如何代表了承担它的决心，也将学到自己该怎么做。记住，为了在旅程结束时获得你想要的结果，你要看看奥兹国的伙伴们都学到了些什么。

第五章

铁皮人：
下定决心，承担它

***

"如果你们不来，我可能会在这儿一直站下去，"铁皮人说，"所以你们都是我的救命恩人。你们怎么会到这里来的呢？"

"我们要去翡翠城，求见了不起的奥兹魔法师，"多萝茜答道，"我们路过你的小屋，在那儿住了一夜。"

"你们为什么想见奥兹？"铁皮人问。

"我想请魔法师送我回堪萨斯，而稻草人想请魔法师赐予他一些智慧。"多萝茜回答说。

铁皮人沉思了片刻，接着他问道：

"你们说，奥兹能给我一颗心吗？"

"嗯，我猜他可以。"多萝茜说。

——《绿野仙踪》

莱曼·弗兰克·鲍姆

戴夫·施洛特贝克是著名的ALARIS医疗器械公司的首席执行官，他最近的心情糟透了。不论他怎么努力，公司的业绩也不见丝毫起色。ALARIS医疗器械公司每年的收入高达5亿美元，在全球有2900多名员工。它是由IVAC和IMED两家医疗器械公司合并组成的。按理说，合并后的公司应该发挥出更大的潜力，可是在巨大的债务压力下，公司的业绩实在无法让人满意。

问题最大的是一次性医疗器械部。他们的产品质量合格率只有88%。也就是说，每做出100件产品，只有88件可以出厂。发货成功率（收到订单后24小时内发完全部货物的比率）只有80%。公司积压了9000套仪器，却还有5000件零配件等着交货。整个公司的业绩已经连续三年没有达到目标。戴夫的所有努力似乎都付之东流了。在接受我们采访时，他这样描述他的挫折感："我个人非常重视这些问题。可以说，它们是我最重视的问题。但是，不论我个人采取什么措施，情况也没有丝毫好转。"于是，我们开始运用奥兹法则来帮助公司员工为自己的工作承担它，每个人都要行动起来，特别是一次性医疗器械部的人。

仅仅过了两年，产品质量合格率奇迹般地跃升到97%，24小时发货成功率更达到了99.8%。每个部门交上来的业绩报告都让人信心大增。自合并以来，公司的各项业绩首次达到甚至超过月度目标。对此，华尔街也给予了丰厚回报，公司股票一举上涨了900%。有了如此引人注目的成绩，难怪2003年的《货币杂志》将ALARIS评为当年表现最突出的股票。

更值得一提的是，在取得如此优异成绩的同时，公司的存货还减少了一半。戴夫·施洛特贝克愉快地评价了全体员工的表现："全体员工都承认公司当时的状态确实不好，他们设定了目标并一步步付出努力。我没有给他们施加任何压力。这一切都是因为他们能够承担它，发挥团队精神，而且能相互提意见。"

ALARIS所取得的突破是公司上下团结一心、精诚合作的结果。员工意识到，要克服困难，每个人都必须付出努力。于是，他们开始各抒己见，积极表达自己的看法和意见，这一切都是因为他们有了明确、统一的当责意识。不论现实如何，一旦能够发现它，下一步就是承担它。只有承认是自己的行为使你陷入了目前的困境，你才有可能摆脱困境。

迈出当责线上的第二步

有一次，我们到夏威夷参加一个客户举办的全国销售会议。那次会议给我们留下了深刻的印象，因为我们目睹了不承担它的后果。在会议间隙，我们在岛上闲逛，忽然看见一群人兴高采烈地开着车出去游玩。岛上遍布火山岩，坑坑洼洼的，可怜那些车一定受了不少罪。"这些人十有八九是来开会的销售代表，"我们开玩笑地说，"这些车肯定不是他们自己的。"在下午的讨论中，我们谈到了承担它的重要性，举的例子就是开着租来的车在夏威夷的火山岩路面上乱开乱撞，因为车子不是自己的，所以不必承担维修的后果。会场上发出了尴尬的笑声，气氛很轻松。我们再次强调了我们的观点："不论在什么情况下，我们都要为现实承担责任。"

如果事情不顺利，很多人都会习惯性地抱怨运气不好；如果事情顺利，他们又吹嘘那是因为他们干得好。但是，为现实承担责任的决心是不应随境遇的好坏而有所改变的。如果你有选择性地为某些事件承担责任，却为了自己的方便把其他事件抛到一边，这根本不符合承担责任的要求。这种投机性的当责意识不仅不能让人意识到自己的责任，反而会让他们更深地陷入受害者循环。下面这个小故事就说明了这一点。

一天早上，布莱恩·波特和安迪·道林结伴开车去上班。收音机里传出这样一条消息：一名25岁的男子遭到抢劫，现在正躺在医院里昏迷不醒。

"你觉得你会碰上这种事儿吗？"安迪问。

布莱恩想了想，然后说："我的确碰上过这种事儿。"

"别开玩笑了。"

"真的，不是你想象的那种抢劫，但我确实被打劫了。"

"快给我讲讲是怎么回事儿。"

布莱恩的故事还得从他在西北大学读MBA那会儿说起。毕业那年，布莱恩参加了不少公司的面试，最后准备到花旗集团国际部工作。那时已经是5月初了，很多同学都找到了工作，布莱恩难免有点着急了。

一天，他意外地接到了加州南部一家年收入1500万美元的泳池设备销售公司的电话。头一年夏天，布莱恩曾在这家公司实习过一段时间。阳光泳池设备公司的两位合伙人，山姆和戴维，是布莱恩哥哥的朋友。在电话中，他们竭力邀请布莱恩到奥兰治县来看看这个"千载难逢的好机会"。布莱恩明确地告诉他们，如果花旗集团要他，他准备接受这份工作。但山姆和戴维还是力劝他来看看，"把你的妻子克莉斯蒂也带上吧，一切费用我们包了，你们来看看就行"。见他们这么有诚意，布莱恩有点飘飘然了，那就去看看吧。

几天后，布莱恩和妻子克莉斯蒂在洛杉矶机场见到了两位合伙人。他们开车来到位于帕洛斯弗迪斯的一幢豪华别墅。如果奔驰500SL还不足以打动布莱恩和克莉斯蒂，这座面临太平洋的西班牙式豪华大别墅就彻底征服了他们。两位合伙人的妻子用丰盛的宴会款待了他们，桌子上摆的都是古董瓷器和锃亮的银餐具。看到这一切，布莱恩和克莉斯蒂信服了。

丰盛的晚餐过后，布莱恩和两位合伙人来到洒满月光的海滩上漫步。山姆和戴维力劝他到阳光泳池设备公司来担任营销副总裁。他们许下了一大堆承诺，高薪、各种福利、股票期权、外加一部任他挑选的车，说得天花乱坠。布莱恩更飘了。更有诱惑力的是，刚刚毕业的布莱恩可以管理30个人。最后，山姆拍拍布莱恩的肩膀，说："布莱恩，我能看到我们美好的未来，我们三个将携手创出一番大事业。我们都会发大财。我们需要你这样的人才。相信我，这是个千载难逢的好机会。"

第二天，布莱恩和克莱斯蒂飞回了芝加哥，这份工作太诱人了，他们怎么拒绝得了呢？同学们听说布莱恩的薪水后，他们满脸的羡慕让布莱恩更得意了。相比之下，花旗集团显得毫无吸引力了。当天，布莱恩就打电话给山姆，接受了这份工作。

7月1日，布莱恩走马上任，成了阳光泳池设备公司的营销副总裁。头三个月，一切进展得非常顺利。由于他在公司实习过一段时间，比较熟悉业

第五章　铁皮人：下定决心，承担它

务，工作很快就上手了。眼看下属完成一个又一个销售目标，他暗自庆幸自己的选择是对的。他和克莉斯蒂还计划着买一幢房子，这样就可以从哥哥家搬出来了。自从来到加利福尼亚，他们俩还一直住在他哥哥家里。

然而，到了10月8日，一切美梦突然全破灭了。那天，布莱恩像往常一样到公司上班，忽然听见有人议论说公司已经转手了。布莱恩大吃一惊，赶紧找到山姆和戴维。他俩只是轻描淡写地说了句："做生意嘛，都是这样的。小伙子，谁也不知道将来会发生些什么。"他们向布莱恩保证他不会失业，还暗示说，他们很快会给他提供另一个"千载难逢的好机会"。

布莱恩觉得自己上当了。不是说好他们三个要携手创出一番大事业吗？怎么出现了这种局面？出于激愤，他当场辞去了副总裁的职务。但他没有马上离开公司，他还想看看以后的情形。

在接下来的几个月，布莱恩绝望地看着销售额一跌再跌。一些业绩最好的销售员莫名其妙地完成不了任务。眼看着订货量越来越少，布莱恩把销售额下跌最大的两位销售员请到了他的办公室。其中一位销售员唐恩开门见山地说："布莱恩，实话对你说了吧，新来的总裁根本不信任你。两个月前，他找过我们，说要是我们把销售额不交给你而直接交给他，他会给我们更高的佣金。你说我们该怎么办吧？"布莱恩真诚地感谢唐恩把事实真相告诉了他，然后马上给新总裁摩根打了个电话，要求见他。"没问题，"摩根说，"那就明天上午10点吧。"

第二天，布莱恩来到了总裁办公室，他顾不上客套，直接切入正题："摩根，你是不是在用更高的佣金吸引我的销售员把销售额交给你？"

摩根不动声色地干笑了两声："是的，没错。听着，布莱恩，我对你印象不错。可惜你太嫩了。老实说，让一个刚毕业、毫无经验的人来管理公司的营销，我觉得不太踏实。公司的大局要由我来掌控。不过，我还是给你安排了个位置。正巧你来了，我正要和你谈谈你的未来发展呢。"

布莱恩毫不领情："谢谢你的好意，我的未来发展我自己会操心的。我要辞职，请将你欠我的8500美元佣金付给我。"

摩根的笑容立刻消失了，眉头也皱了起来："得了，布莱恩。这笔钱的大部分是给销售个人的佣金。而据我所知，这些销售个人用的都是公司的账户。营销副总裁怎么能从这种销售中提取佣金呢？公司只欠你2500美元。"

布莱恩气得一句话也说不出来，转身冲出了办公室。他上了车，飞快地开走了。回家的路程大约有一小时。路上，布莱恩一直在回想这几个月的事情。他觉得自己是最大的受害者，脑中反复萦绕着几个问题：我怎么向克莉斯蒂交代呢？我那些老同学会怎么想呢？最糟的是，我哥哥会怎么想呢？回到家时，布莱恩的情绪跌到了谷底。愤怒、不解和难堪等种种情绪交织在一起，让他越来越觉得自己是被山姆、戴维和摩根给害了。他一拳打在方向盘上，怒吼一声："我以后再也不相信别人了，绝不！"

三年后，想起这一幕，布莱恩仍然气愤不已。"看看，"对安迪·道林讲完这个故事，他叹了口气，"每个人都会被抢劫，我是指被你信任的人欺骗。我不知道躺在医院的那个人现在怎么看待袭击他的歹徒，但我敢肯定，要是那个人是他的朋友，他一定会更伤心。"

最后，安迪说话了。"别误会我的意思，布莱恩。可是我听你的意思，你对出现这样的结果没有任何责任，对吗？"

布莱恩皱起了眉头："我有什么责任？"

"可是，难道你真的没有任何办法，只能眼睁睁地看着这种事发生吗？"

"要说我真有什么办法，我只是后悔当初没去花旗集团。你到底是什么意思啊？我还以为你会站在我这一边呢。"

"我是站在你这一边的。所以我们才要仔细谈谈这件事。"

接着，安迪启发布莱恩设想一下，如果他当时采取了别的做法，结果会如何。整整一个星期，两人在开车上下班途中一直在讨论这个问题。布莱恩起初还有点不自在，但慢慢地，他也觉得这种讨论是很有好处的。现在，他终于可以回头审视一下自己当时的感受，这种感受他只对他妻子说过。

渐渐地，布莱恩意识到，自己当初完全是从一个"受害者"的角度来看待整个事件的，但事实上还有另一种看问题的角度。意识到这一点是摆脱受

第五章 铁皮人：下定决心，承担它

害者循环的关键一步。从受害者的角度看，事情也许是黑白分明的，但从当责的角度出发，是非可能并不那么分明。

例如，从当责的角度看，布莱恩必须承认，他被人家许下的财富和地位蒙住了眼睛，以为自己马上会拥有和两位合伙人一样的高档轿车和豪华别墅。一毕业就能当上副总裁，工资比其他同学都高，这也是诱惑他的原因。从受害者的角度看，布莱恩当然认为自己是上当受骗了。但从当责的角度看，布莱恩自己是不是也有点目光短浅、贪慕虚荣呢？为了让布莱恩培养更负责的态度，布莱恩和安迪一起回顾了几个问题：

1. 有没有一些事情你明明知道，却故意视而不见呢？
2. 如果再次出现这种情况，你将如何应对？
3. 在整个事件中，有没有出现一些本应引起你警惕的迹象？
4. 你以前有过什么类似的经历，本来可以让你避免这种结局？
5. 你的哪些举动使你无法取得预期的结果？

在安迪的帮助下，布莱恩试着一一回答这些问题。有时，这个过程是痛苦的。但他终于发现，有些东西确实是自己故意视而不见的。

布莱恩的确有意忽视或忘记了一件事。当他还在公司实习时，有一次，他与当时的营销副总裁比尔·沃尔德闲聊。布莱恩问比尔为什么会到这家公司工作，还问公司的发展前景如何。比尔神秘地告诉他，他和两位合伙人约定要大干一番。但过了不久，比尔就辞职走人了。一年以后，山姆和戴维也向布莱恩提出了一个类似的约定，布莱恩就有意把与比尔的谈话抛到了脑后。他想，山姆和戴维这次肯定是真诚的，毕竟他，布莱恩·波特，可是西北大学的高才生啊。

布莱恩还忽略了一些细节。在他当上营销副总裁的第二个月，有一次，他驾着公司新配的车出门，因为超速被交警拦下。当他向交警出示车牌号时，他发现这辆车是租来的，而且租期不长。这至少应该引起布莱恩的警惕：他的老板没打算让他长期干下去。

除此之外，布莱恩拿到的第一笔工资比预期的要少。当时，戴维向布莱恩保证，差额部分很快会以个人销售佣金的形式补给他。布莱恩也没把这件事放在心上。不管怎么说，他得为下属做个榜样啊。

布莱恩为什么没让山姆和戴维写一份有关工资和福利的书面证明呢？布莱恩的想法是，朋友嘛，就得相互信任。可是上大学时，布莱恩已经因为盲目相信朋友吃过亏了。当时，他和一位朋友合伙投资，那位朋友信誓旦旦地说："哥们儿嘛，别签什么合同了。"可最后，他拿着3500美元的利润溜了，所谓的友谊也变了味。遗憾的是，布莱恩没有吸取这个教训。

布莱恩还意识到，当他得知山姆和戴维将公司转手时，他应该马上与摩根面谈一次，明确双方的期望和义务。但布莱恩总觉得和摩根还不是很熟，和他面对面谈话有点别扭，因此一拖再拖，总以为事情会自然而然地走上正轨。

由此看来，布莱恩是不是也要为最后的结果承担一部分责任呢？从很多方面讲，是的。虽然别人的确误导了他，欺骗了他，但通过客观的自我反省，布莱恩认识到，自己也要承担一部分责任。通过与安迪的谈话，布莱恩终于接受了两种看问题的角度：一种是从受害者的角度，另一种是从负责任的角度。最后，布莱恩终于想通了：他要承担这一切后果，并创造一个美好的未来。但遗憾的是，根据我们的经验，能跨出这一步的人实在是太少了。

面对变化时要承担它

在当今社会，不愿意为自己的处境承担它的人实在太多了。如果没有这种决心，整个企业的表现和竞争力就会走下坡路。《时代》杂志曾刊登过一篇有关现代人工作情况的文章，其中就描述了这种值得人警觉的现象：

这是一种新的工作哲学。公司是便携式的，员工是一次性的。知识经济的兴起带来了一种新的变化：在不到20年的时间，一个由少数几个行动迟缓的大型经济体组成的庞大系统已经分解成许多个分散的小经济中心。在这种新型的经济体制下，地理概念消失了，高速公路是电子的，就连华尔街也不一定要在华尔街上。公司是概念化的，随着物质形态的消失，公司也似乎有点看

第五章 铁皮人：下定决心，承担它

不见、摸不着了。工作机会和电子一样稍纵即逝。美国经济变成好坏消息参半的困惑，是好是坏完全取决于你的立场。继连续两年盈利创新高后，美国银行突然宣布，几千名员工将成为非全职员工，福利也相应减少到最低标准。在经济复苏的表象下，隐藏的是无数人的压力和痛苦。

无独有偶，另一篇题为《临时工》的文章也谈到了这个问题。这篇文章的观点是，越来越多的美国公司倾向于雇用临时工，这将削弱员工的忠诚度和责任心。文章说："作为美国最大的私人雇主，这家公司没有烟囱，没有传送带，没有大卡车，没有敲打金属的叮叮当当，没有螺丝钉，没有塑料，也没有钢铁。从某种意义上说，它没有制造出任何产品。然而，它又是一家可以制造一切产品的公司。这就是拥有56万名员工的万宝盛华公司（Manpower），世界上最大的临时职业介绍所。每天早上，它的员工会进入遍布全美各地的无数办公大楼和工厂，干一天活拿一天工资。"

随着《财富》世界500强企业纷纷通过裁员来"调整企业规模"，位于威斯康星州密尔沃基的万宝盛华公司开始来填补真空，为这些公司提供他们需要的人手。美国已经进入一个新的时代，一个自由型经济占主导的时代，短期员工、临时工和独立承包人正逐步取代传统的全职员工。根据《时代》杂志的这篇文章："他们（临时工）的发展非常迅速，用不了几年，他们的人数就会超过全职员工。"这种趋势虽然有利于节省人员开支，但从长远考虑，它会导致员工关系冷漠，缺乏荣誉感和责任心等。临时工和全职员工一样会注重工作的长期价值吗？他们除了干完规定的工作，还会费心考虑怎样把工作干得更好吗？要是他们的工作没做好，他们会不会推说这是工作说明不够详细的缘故？如果公司既"租用"他们的服务，又要求他们"承担"工作的后果，他们会不会觉得自己是受害者？为了他们的自身利益着想，但愿他们别这么想。因为不论你一生中要换多少份工作，如果你老是觉得自己是受害者而不愿承担它，你就永远不能成功。

接下来，文章引用了罗伯特·沙恩的一段话。沙恩是美国科技公司（Ameritech）的前任审计官，现在是一位儿童图书出版商。他说："巨型企业的时代已经一去不复返了。人们要用自己的双手来创造生活、事业和成功。有人可能对这种新型社会十分不满，但无论如何，他们得记住，现在你要自己做买卖了。"在自由型经济中，不论你是在一个陌生的公司干一星期，还是要用几年的时间获得提升，抑或是在你自己开的公司干上一辈子，为自己的行为承担它都是最重要的。

在《财富》杂志的一篇有关"最受尊敬的企业"的报道中，员工的参与被列为这些优秀企业的基本条件之一。员工参与包括主人翁意识和当责意识。这篇文章说："最受尊敬的企业给员工的待遇都特别好，这与他们的成功是相辅相成的。"以生产牛仔裤出名的李维斯公司的首席执行官罗伯特·哈斯认为，员工的参与和满意程度是企业成功的基本要素之一。他说："你必须创造一种氛围，让每个员工都觉得自己是公司的代表。只有让员工认识到自己代表的是公司，并且想把每笔生意都做好，整个公司才能站稳脚跟。"《财富》杂志还举了一个例子来说明哈斯对员工主人翁意识的重视。一家工厂的工人发现，工厂每年都要把几百万磅的废棉布条作为垃圾掩埋。他们与当地工厂取得联系，发现这些棉布可以进行废物利用。他们把这一情况报告给公司总部，总部马上通过了这个提议。现在，李维斯公司的办公文具都是蓝色的，因为其中含有回收利用后的废棉布。这样，公司用于购买纸张的费用降低了18%，同时又减轻了掩埋垃圾的压力，可谓一举两得。这就是主人翁意识！

为什么人们不能承担它

许多人之所以不能为现状承担它，主要是因为他们不能接受事情还有要自己负责的一面。俗话说得好："事事都有两面。"受害者只强调了一面，这一面似乎告诉你，你对造成当前这种局面没有任何责任。当身处困境时，能把责任推得一干二净当然最好不过了。可是，如果只看到这一面，你就忽视了事情的另外一面，也就是说，对于当前的这种局面，你或多或少会有点责任吧。从我们的经验看来，如果你认为自己是受害者，只会让你忘记你其

第五章 铁皮人：下定决心，承担它

实还是有责任的。

为了树立承担它的决心，你必须留心关注事物的两面，想想你做过的事或没做的事与当前的局面有什么联系。转换看问题的视角，就意味着你要用当责意识取代受害者的自怨自艾。当然，正视并承担你的责任并不是说你要忽视或忘记作为受害者的一面；我们的意思是，你要全面客观地看待整个事件，包括那些可能伤害你自尊心的事实。

克莱斯勒公司前任董事长李·亚科卡在事业上的成功是有目共睹的。他就是勇于发现它，承担它，摆脱受害者循环并着手解决它的典范。在接受《财富》杂志专访时，亚科卡谈到了自己犯过的一个错误："我犯过的错误太多了。例如，我曾经把欧姆尼（Omni）、地平线（Horizon）等车型从一家厂转到另一家厂，最后却停产了，浪费了1亿多美元。这就是一个大大的错误。何必为自己辩解呢？我们确实犯了个1亿美元的错误。"有了这种勇于承担它的精神，难怪亚科卡能把克莱斯勒带出濒临破产的困境，重振为一个充满生机和活力的汽车公司。

在个人层次上，我们可以以《华尔街日报》的一则消息为例。这是一起有关房屋抵押贷款的诈骗案："你可能会收到这样的信件，信上说你的房屋抵押已经转给了一家新公司。注意，你在寄支票前请务必核实一下，这很可能是个骗局。最近，得克萨斯州的一些居民就收到了这样的信件。一个自称是'美国抵押银行家'的公司声称他们已经'收购了你以前的那家房屋抵押公司'，并让收信人将今后的分期付款和信件都寄到休斯敦的某个信箱。信上还说，美国抵押银行家是全美第五大抵押银行公司。但据官方证实，这家公司根本不存在。"来自明尼苏达州的律师罗伯特·普拉特是抵押贷款方的代表，他认为，这种把戏根本骗不了人。可事实是，每天都有人上当受骗。当责线上的人会花点时间进行调查，而当责线下的人乖乖地上当受骗。因为前者知道后果是要自己承担的，而后者心甘情愿地成为受害者。

理查德·切斯是南加利福尼亚州大学商学院的工商管理学教授。在一门客户服务管理课上，他提出一项退费协议。根据这项协议，如果学生上完课后对课程不满意，他将把250美元学费如数退给他们。在当责还不太盛行的学术界，这项提议承担了极大的风险。切斯教授希望他的学生们在学习联邦快递、达美乐比萨等公司的服务管理时，也能亲身体验到客户付钱后的感受。切斯的同事担心他这么做会给自己和别人带来压力，但我们认为，这是一种向学生灌输当责意识的好方法。虽然风险很大，但切斯教授勇敢地承担了教学的责任。要知道，如果上完课后所有学生都要求退款，他得退还13000美元。不过，为了避免不必要的责任，他事先说明，如果学生在得到期末成绩后才要求退款，退的钱就要打个折扣。

医疗机构也在力求让病人满意。《华尔街日报》曾刊登过一篇题为《取悦病人的好处》的文章。文章指出，有不少医院已经通过实施责任制提高了效益："各家医院和管理服务公司表示，随着医疗行业越来越注重责任和降低成本，将病人的反馈意见与收益挂钩的要求也变得越来越迫切。"以位于新泽西州利文斯通地区的圣巴纳巴斯医院为例，"医院向每位病人发一份调查问卷，请他们给医院的伙食、卫生条件和服务态度打分"。这份调查问卷就是将收益与病人满意度挂钩的新型服务合同的衡量标准。圣巴纳巴斯医院、波士顿的福克纳医院、纽约州罗彻斯特市的帕克里奇医院还带头将某些服务承包出去。在未来，他们这种分担风险的做法可能会成为医院的主要经营模式。采用激励机制的服务合同和病人调查都已经存在好多年了。但这次"合伙"将二者正式结合起来，并提高了经销商的投资金额。这样，经销商就会把最先进的设备投入合作的医院。圣巴纳巴斯医院院长兼首席执行官罗纳德·德尔·莫罗承认，与绩效挂钩的合同是"经销商的一次赌博"。但他接着说："如果我们成功了，他们也会成功。"对于圣巴纳巴斯医院来说，自己承担责任并让供应商都承担责任，不仅能让病人更加满意，也会使医院的效益大大提高。

遗憾的是，仍然有成千上万的人不能全面地看待事情，不能为其行为的后果承担责任，因此只能在成功和快乐的门口徘徊。美联社曾刊发过题为《我们更快乐了吗？》的系列报道，作者莱斯利·德赖弗斯写道："近年

第五章 铁皮人：下定决心，承担它

来，有关快乐的书的数量增长了三倍，制造快乐的产业规模扩大了两倍。折磨人的脱口秀节目占据了每天下午的电视屏幕，书店的书架上也满是启发人思考和获得灵感的图书和音像制品。许多人还要花几百美元，千里迢迢到偏僻的伊萨冷（位于加利福尼亚州大瑟尔，是最早的人类潜力开发中心）去取经。可是，根据美联社的一次民意调查，'婴儿潮'（出生于1946—1964年）这代人对生活表示不满意的比例是他们父母那一辈的四倍。专家估计，如今患抑郁症的人数是第二次世界大战前的10倍。"随着人们的生活节奏步步加快，现实越来越复杂，越来越多的人也觉得快乐是无法把握的。

与《绿野仙踪》中的多萝茜和她的伙伴一样，人们总想求助于翡翠城里的魔法师，盼望万能的奥兹魔法师能解决每一个人的问题。这些人总是把自己的不快乐归咎于外部环境，认为环境不在自己的掌控之中。他们总是认为自己没有能力改变现状，于是心安理得地坐等外部环境来改变他们的生活。但事实上，他们是可以通过自己的行动来掌握外部环境的。

具有讽刺意义的是，在这个信息时代，仍然有成千上万的人觉得无法控制自己的生活。显然，通信革命加剧而非克服了我们与现实、与他人之间的距离和隔阂。因此，我们的社会也似乎成了一个人人是受害者的社会。每个人每天都要看到和学到一些东西，但这些知识似乎并没有增长他的能力，相反却让他感觉更加无助，更加无力改变现实。在这种氛围下，我们就不难理解为什么那么多人不愿意为自己的行为承担责任了。

一个充满旁观者的社会必然不是一个充满参与者的社会。当紧张地坐在场边看着一场关乎你未来的比赛上演时，你实际上拱手放弃了影响最后比分的能力，就像观众在看台上观看比赛一样，只看不做。为了进行补救，你必须放弃看台上的舒适座位，亲自到赛场上投入比赛。通过全面地看待问题并为现实承担责任，你朝着正确的方向迈出了重要一步。迈不出这一步，结局必然是悲剧。

不承担它的后果

哥伦比亚号航天飞船失事后,热心于太空开发的人士纷纷发表言论,严厉抨击美国政府和美国航空航天局过分关注成本、忽视安全性的做法。《华尔街日报》报道说:"九个月前,航空航天局航空安全顾问委员会前任主席曾向国会证实,该机构预算不足的问题最终将影响到航天飞行器的安全。为了驳斥这种意见,或者说立法机构想把矛盾转嫁出去,众议院拨款委员会昨天公布了一份航空航天局预算的历史资料,这份资料显示,航空航天局所获得的拨款和它向国会申请的数额是基本一致的。"果然,对于这起自挑战者号失事20年以来最严重的航天事故,没有一个人愿意站出来说:"责任由我承担。"航空航天局抱怨资金不足,政府说费用已经超支,国会则声称他们的拨款都是按航空航天局的申请给的。恐怕要过好些年,航空航天局才能从哥伦比亚号事故中恢复元气。而要让政府行政官员和立法机构成员意识到安全有效的太空探索成本比他们预期得要高,恐怕还要等更长的时间。事故发生后,三位高层决策者被调到新的岗位上。针对这种情况,克里夫兰的《正直人报》(*The Plain Deal*)发表评论说:"航天计划中的问题绝不只是让工程师拿自己的声誉去冒险……我们不应忽略航空航天局的专家反复提到的'文化问题'。造成哥伦比亚号失事、七名宇航员丧生的根本原因不在于某位决策者,而在于整个行政系统、整套政策和传统做法。"要真正为你的现状承担它,你必须把当前的状况与所有造成这种状况的因素联系起来,不论你是否喜欢这种联系。只有先做到这一步,你才能达到下一步。所谓承担它,就是要将你做过的事与当前的状况、你准备做的事与未来的状况联系起来。如果你不能把它们联系起来,你就永远不能承担它,也永远不能解决问题。大家时常说:"如果不能解决问题,你就是在制造问题。"而承担它意味着,"如果没有制造问题,你就不能解决问题"。如果不能对当前和未来的状况承担它,结局将是悲惨的。承担它要求你在一切还来得及的时候,坦率地承认别人所不愿承认的事实。

与很多人的想法截然相反的是,在加利福尼亚规模最大的补墙板和石膏

第五章 铁皮人：下定决心，承担它

厂Bradco，当一个大型项目最初的实际投入远远高于预期时，Bradco表现出了承担它的决心。如果让成本继续高于预算，那么当项目结束时，公司必然会蒙受巨大损失。看到这种情况，一位项目设计员开始利用业余时间重新检查项目计划和预算，想看看问题到底出在哪里。没有哪位领导交给他这项任务，也没有人把问题归咎于他，但他主动把公司的问题看成自己的问题，并牺牲了大量休息时间来翻阅成堆的文件和设计图。

让他懊恼的是，他不仅找出了问题，而且发现问题就是他自己造成的。在对项目进行成本估算时，他在计算中少算了一面墙。这一疏漏马上引起了一系列连锁反应：整座大楼高18层，每一层都少算了一面墙。当这位设计员把他的错误报告给公司时，他知道他是在拿自己的工作冒险。可是，公司高层并没有解雇他，反而表扬了他，感谢他利用业余时间进行这番调查，并不顾自己的利益把问题公开。

由于这位当责的设计员及时发现了问题，Bradco及时对项目安排进行了调整。最后，项目不仅按时完工，而且没有超支。此后，这位设计员的故事就作为承担它的典范在公司传开了。

如果想建立一个被员工承认、接受并投入的承担它的文化，你首先要学会如何评估和培养承担它的能力。

承担它自我评估

我们已经说过，能否为现实承担它主要取决于你能不能既看到作为受害者的一面，又看到作为责任人的一面。因此，自我评估的第一步就是找出一件你觉得自己是受害者、被人利用或者其他在当责线下的事。如果目前没有这样的事，想想过去发生的事，你在公司、家庭、社区或教堂遇到的事情也可以。选好场景后，现在你可以开始承担它自我评估的第一部分，就是列出你觉得自己被别人利用了，你是受害者的事实。在列举事实时，想象你是在说服别人你是没有任何错误的。

承担它自我评估表
第一部分——当前事件或过去事件的受害事实

1.
2.
3.
4.
5.
6.
7.
8.
9.
10.

我们已经说过，很多人习惯性地只看到让他们觉得自己是受害者的事实，而忽视那些他们要当责的事实。所以，在承担它自我评估过程的第二部分，你必须抛开这种顾虑，想想在整个事件中你要当责的方面，也就是说，你要讲故事的另一个版本，实事求是、毫无隐讳地讲述你做了哪些事或没做哪些事，导致了最后的结果。以下五个问题可以帮助你进行自我评估。

1. 你能想出"对方"在讲述"故事的另一面"时最有说服力的论点是什么吗？

2. 假设你在提醒别人在遇到类似情况时不要犯同样的错误，你会说些什么？

3. 你有意忽略了哪些事实？

4. 你在讲故事时还应加上哪些事实？

5. 如果你再次面对类似的情形，你会怎么做？

在这五个问题的帮助下，请在承担它自我评估表的第二部分至少填四项你要当责的事实。填完表以后，我们将告诉你如何计算得分。

第五章 铁皮人:下定决心,承担它

承担它自我评估表
第二部分——当前事件或过去事件的当责事实

1.	得分:
2.	得分:
3.	得分:
4.	得分:
5.	得分:
6.	得分:
7.	得分:
8.	得分:
9.	得分:
10.	得分:

每列完一项需要你当责的事实,根据你愿意承担它的程度打个分。最低1分,最高10分,1分代表你认为不必为这件事负任何责任,10分代表你认为自己要为这件事负全部责任。算出每项的平均分。

承担它自我评估得分

总　　分	评　　价
8~10分	你能发现它并承担它
5~7分	你只能承担部分责任,而且常常在承担和不承担之间摇摆不定
1~4分	说明你可能已经落到当责线下了,无法或不愿发现它并承担它

如果得分比较低,可能说明你还不能为现状承担它,也可能说明你确实是现实的受害者。即使如此,你也不想陷在受害者循环里一辈子吧。一个决心承担它的人是不会任由外部因素把他们拖到当责线下的。他们会坦然接受自己应承担的责任,并着手开始克服困难。再艰巨的任务也不会吓倒他们。

同时,每天都有人在振振有词地诉说他们是如何受害的,现实又如何不可逆转。不论他们讲的是暴力犯罪、自然灾害,还是造成下岗和长期失业的经济不景气,使他们受害的外部环境通常是我们无法控制的。然而,我们坚信，只要摆脱消极的心态，他们就能生活得更快乐。

我们还听说过一对居住在佛罗里达的夫妻的故事。他们的房子在一场飓风中被吹垮了，所有的财产都没了。于是，他们搬到夏威夷考爱岛上的一处度假别墅暂住，等着佛罗里达的房子修好。谁知，他们在考爱岛没住多久，另一场飓风袭击了夏威夷群岛，度假别墅也被吹垮了。大家能想象他们当时有多么懊恼吧？即使如此，他们仍然下定决心，绝不能让灾难摧毁他们的生活。他们从前两次灾难中吸取教训，意识到不能再把房子建在容易遭受自然灾害的地方。不久，他们就愉快地在另一个地方重建家园。不管如何，他们从前两次灾难中挺过来了，没有受伤，这已经很值得庆幸了。这对不幸而又幸运的夫妻给我们上了多好的一课啊！坦然地承担它，使我们有勇气战胜受害者所无法战胜的现实，让我们继续创造美好的生活。

下定决心承担它的好处

在日本，你可以从公共交通系统中看到这种承担它的态度。《华尔街日报》报道：

在东京，成千上万名乘地铁上下班的人每天都能用相同的时间到达目的地，与其说这反映了日本列车的先进性，不如说这反映了日本人对待工作的态度。"使列车晚点的是人而不是车。"东京营团地铁公司发言人柳川庄司说，"反过来，让列车准点到达的也是人。"东京的地铁系统设计得非常精确，任何可能导致晚点的因素都被排除了。如果列车晚点，最大的可能就是有人卧轨自杀。东京的小学向学生们讲授乘坐地铁的常识。在地铁站，等车的人常常会听到小学老师告诫学生："这是很危险的，上车时千万不要奔跑。"（赶时间的人经常被车门夹住，导致列车不能准点开出。）为了防止乘客拥挤争抢，地铁公司让他们不好意思争抢。"我们安排一些人在站台上，他们的任务就是站在那儿看着乘客，"柳川庄司说，"这样他们就不好意思抢了。"这种做法也许有点不留情面，但在大手町地铁站等车的乘客都非常支持这项举措。

你也许会说,这种做法只在日本行得通。可是,承担它的原则是跨越文化和国界的:当每个人都把问题看成是自己的时,事情就好办了。

再举个例子。乔希·坦纳在以前的公司一直干得春风得意。公司上下都对他的分析能力和政治头脑赞赏不已。短短四年中,他完全掌握了在这个大型机构干好工作的秘诀,工作上如鱼得水。人人都说他前途不可限量。久而久之,乔希不仅在公司内部小有名气,也吸引了专门物色人才的猎头的目光。

不久后,一家猎头公司向乔希提供了一个在一家刚刚起步的小型公司的工作机会,这份工作引起了乔希的兴趣。几周后,乔希辞去了原来那份安稳的工作,来到这家有一定风险的小公司。他相信自己在这里会干得更加出色。他喜欢在一种更专业、节奏更快的环境里工作,同时检验一下自己的分析和处事能力。事实上,他已经在想象着几年后,凭着他的能力,这家刚刚起步的公司肯定会成长为一家大公司。

然而,乔希在加入新公司后没多久,他所受到的批评就让他受不了了。乔希一向很善于处事,也知道要虚心听取别人的意见。可是,他就是不能相信别人竟会给他这样的评价。新公司的人根本不看重乔希的分析能力和政治头脑。起初一两个月,乔希完全拒绝接受这些意见,他想:"我以前干得那么出色,我可是原来那家大公司的'明日之星'。这儿的人根本不懂我的价值。我能来这儿工作,可是做出了好大的牺牲。"最后,乔希得知,他不会被提升为营销副总裁,更糟的是,如果他的表现还不能让人满意,他可能会被解雇。眼见自己的职业生涯发生如此大的逆转,乔希受到了巨大的打击。他实在想不通这种事怎么会发生在自己身上。"这简直比做了噩梦还要糟,"他嘟囔着,"这是我人生最大的噩梦!"他开始哀叹不该放弃在原来公司的光明前途,最后沦落到这种悲惨的地步。

这时,乔希所在公司的管理层请我们帮助乔希改变心态。与他联系后,我们开始引导他达到当责线上。整个过程并不容易,但乔希至少还能接受现实,意识到他已经不再是原来公司的那个"明日之星",而是一个需要提高的普通员工。可是，他仍然觉得自己是被这份新工作、被别人给害了。他肯定地告诉我们，是"他们"让他落到当责线下的。最后，他还表现出一种我们称为"观望等候"的态度：他希望时间会改变新同事对他的看法。

在帮助乔希改变心态的过程中，最困难的一步就是，让他把自己的行为与同事对他的看法联系起来。乔希虽然知道别人对他的评价不高，却不愿承认这些看法是正确的，因而不能承担它。这时，我们请乔希把他到新公司后发生的事情再讲一遍，主要集中于他要当责的事实。虽然有点迟疑，乔希还是承认，他到公司后的某些举动可能引起了同事的误会。但每承认一次，他都要补充一句："可是，他们要真这么想，他们就太傻了。"随着他一步步发现自己的行为的确可能引起了别人的误解，他终于开始承认，他的行为可能是导致现状的原因之一。认识到这一点，他的怒气也慢慢消了。我们告诉乔希，为现状当责并不意味着同事的意见都是正确的，而是意味着要把自己的行为与别人对你的看法联系起来。

最后，我们问了乔希这样一个问题："你本来还可以做哪些事情？"乔希回想起来，在刚进入公司时，他本来应该问问同事对他有哪些期望。认识到新的工作环境与原来的不同，而自己又忽视了新公司不注重分析和官僚过程的特点，乔希最后终于承认，他本该向同事解释一下他工作的原则和动机的。

随着乔希越来越感到自己也有责任，他有了一种如释重负的感觉："我本来应该与新公司的同事更密切地配合，更多地了解他们的企业文化，争取他们的支持。我本来应该更虚心地听取他们的意见，我也应该更多地参与他们的计划和目标。唉，我好像还犯了不接受批评的错误！"直到这一刻，乔希才完全认识到事情的另一面，认识到造成这种局面他也有责任。他并没有说这种局面全是他的错，也没有说新公司的同事给他的评价是百分百公正的。但是，他终于承认，自己的某些举动的确对造成现状有一定影响。在最后一次谈话中，乔希说："天哪，在当责线下的感觉就像陷在一间黑屋子里，没有门，没有窗户，真正走投无路。现在，门打开了，我看到了整个事情的经过，我该行动起来改变这种状况了。事情会好起来的！"

第五章　铁皮人：下定决心，承担它

当把自己的行为与新同事对他的看法联系起来时，他就开始为现状当责了。当发现自己过去的行为对于当前的局面确实有一定影响时，他就意识到，只要注意自己的行为，他仍然可以创造一个完全不同的、更加美好的未来。意识到这一点，他就下定决心改变同事对他的印象，也不再对同事表示不满。在采取当责线上的行为三个月后，乔希完全改变了自己在下属、同事和老板心目中的印象，并被提升为营销副总裁。

相比你所付出的努力，承担它的回报要大得多。当下定决心承担它时，你就会迫切地想要改变现实。

当责的下一步

在这一章我们看到，奥兹国的铁皮人代表的是当责的第二步：下定决心，承担它。这也进一步启发了多萝茜：达到目标需要我们自己付出努力。在下一章，稻草人会告诉你，你需要开动脑筋，解决它。他会教你怎样把发现它、承担它与解决它联系起来，扫清前进道路上的障碍。

第六章

稻草人：
开动脑筋，解决它

***

"你是谁？"稻草人伸着懒腰、打着哈欠问，"你要去哪儿？"

"我叫多萝茜，"小女孩回答，"我要去翡翠城，求了不起的奥兹送我回堪萨斯。"

"翡翠城在哪儿？"稻草人问，"奥兹是谁？"

"怎么，你不知道吗？"多萝茜惊讶地反问。

"确实不知道，我什么也不知道。你瞧，我是用稻草填起来的，根本没有大脑。"他沮丧地说。

"噢，"多萝茜说，"我真为你难过。"

"你说，"稻草人问，"如果我和你一同去翡翠城，奥兹会赐给我一些智慧吗？"

"我不知道，"她答道，"不过要是你愿意，我很乐意你和我一起去。就算奥兹不赐给你智慧，你的情形也不会比现在更糟吧。"

——《绿野仙踪》

莱曼·弗兰克·鲍姆

第六章 稻草人：开动脑筋，解决它

早在数年前，丰田公司就开始集中员工的智慧，着手解决一些竞争对手没有看到或没有重视的问题。在各大汽车制造商纷纷因生产能力过剩、销售不景气而关闭工厂时，作为世界第三大汽车制造商的丰田公司却在扩大生产能力，开办新工厂。当别人都在浑浑噩噩地度日时，这家拥有1000亿美元资产的公司一直在冷静地审时度势。《财富》杂志的一篇文章讲述了丰田的故事："规模庞大的丰田公司保守且成功。很多人可能会想，当一切进展顺利时，干吗还要折腾呢？事实上，这家被麻省理工学院誉为'改变世界的工厂'、世人眼中最有效率的汽车制造商却在对他们的一切进行重新思考。丰田公司在日本经济的持续衰退中寻找机会，调整生产，将最先进的技术加以运用，并改进了著名的'精益生产'系统。即使某些措施不能成功，丰田公司也必将成为一个更有活力的世界级汽车制造商。"虽然次年公司的盈利有所下降，但丰田公司并没有惊惶失措，而是继续探讨未来的解决方案。当欧洲和美国的汽车制造商纷纷关闭工厂时，丰田公司一直在开设新厂，将公司的生产能力提高到每年100万辆，并通过节约成本来提高效率。作为解决问题的好榜样，丰田公司已经成为全球汽车业的改革先锋。对此，《财富》杂志的评价是："当其他公司刚开始了解丰田公司的'精益生产'系统时，丰田公司已经在对这套系统加以改进，以适应新员工和新技术的要求。"丰田公司就像一个孜孜不倦的问题解决专家，总是在寻找提高业绩、适应变化的办法。密歇根大学工程学院制造业专家唐纳德·史密斯一直密切关注着丰田公司的发展。他告诫丰田公司的竞争对手，丰田公司总是在持续不断地改善自己，其他公司如果掉以轻心，一定会遭殃。这一点我们非常同意。有了这种持之以恒的解决问题的精神，相信丰田公司的地位在未来数十年内是不会动摇的。

但我们还是要提醒一句：解决问题是指解决实际存在的问题，并不是杞人忧天，也不是为了改变而改变。这里我们要举出一个反面例子。《财富》杂志的另一篇文章曾经报道过著名服装品牌Ann Taylor的传奇故事："在20世纪80年代，Ann Taylor的定位一直是款式新颖、做工精细、价格较大商场略低

奥兹法则

的职业女装。"这一市场策略一直很有效。但到了90年代,"Lord & Taylor 的前任老板约瑟夫·布鲁克斯和美林公司联合以4.3亿美元的价格收购了公司"。布鲁克斯当上Ann Taylor的首席执行官后,总觉得公司既然换老板了,总得有点改变吧。于是,他决定用合成面料取代丝、亚麻和混纺毛料,并向面料供应商压价。Ann Taylor的面料供应商Cygne Design的总裁欧文·本森向《财富》杂志记者抱怨说:"一分钱一分货嘛。当布鲁克斯告诉我他打算降低衣服的成本时,很明显,他们只能偷工减料。"同时,布鲁克斯又把经销店的数目从139家增加到200家,但这一举措并没有吸引更多的客户。最后,董事会迫使布鲁克斯辞职。他的失误造成的代价是,虽然Ann Taylor的销售额达到4.38亿美元,损失却高达1580万美元。为了解决面临的问题,董事会邀请弗雷姆·卡萨克斯再次出任公司的首席执行官。在80年代,卡萨克斯女士一直是Ann Taylor的主要管理人员。重返公司后,她马上着手进行服装款式更新,加强销售管理,邀请营销专家,并开发了休闲服和度假服的产品线。不到几年,Ann Taylor又恢复了鼎盛时期的兴旺,利润也节节攀升。卡萨克斯解决问题靠的不是天才,而是依靠在当责线上发现问题,并寻找解决方案的实际行动。

每个企业都会不时被一些恼人的问题影响业绩。一家世界最大的银行的信用卡部曾是我们的客户。他们参加了我们的奥兹法则当责培训,目的是提高部门上下特别是一线员工的当责意识和主人翁意识。他们特别重视呼叫中心的情况,因为这里的员工流动特别快,造成呼叫的"处理时间"不够快。呼叫中心每天要接听客户和潜在客户打来的大量电话。在这里,时间的确就是金钱:处理时间每长一秒,年终利润就可能少几百万美元。呼叫中心的管理层牢牢记住这一点,下定决心要使平均处理时间缩短一半。这个任务听起来容易,其实不然。要知道,他们已经努力好几年了,效果却一直不理想。

让他们意外的是,让员工接受这个目标并不像管理层预计得那么困难。但一谈到怎么解决时,每个人都犯了难。但是,一旦每个人都接受了挑战,开始全力以赴寻找解决方案时,曙光就不远了。不久后,他们修改了员工雇用办法，采用了新的软件解决方案，并开始每天对业绩进行评估和报告。此外，他们还实施了平衡计分卡制度，并针对最重要的技术进行重点训练。就这样，解决问题的态度慢慢建立起来。从管理层到一线员工，每个人都积极开动脑筋，想着怎样缩短处理时间。这些努力的结果就是：到年底，公司净盈利增加了1.43亿美元。

遗憾的是，很多人还没能正视或承认现实，就开始忙着解决问题了。如果是这样，你付出的所有努力都将是不理智和缺乏指导的。美国空军试图控制臭氧层损耗的努力就是一个例子。《华尔街日报》上曾刊登一篇讽刺文章，标题是《幸存者额手相庆，世界将更安全》："不用害怕：美国政府在发射原子弹时会采取措施保护臭氧层。为了尽到保护地球的责任，美国空军计划对核导弹进行改进，改进后的核导弹将使用不含含氯氟烃的冷却系统。氯氟烃是导致大气臭氧层损耗的罪魁祸首。臭氧层可以遮挡太阳光中的有害射线，使人们免受皮肤癌、青光眼和其他疾病之害。至于那些可以摧毁整座城市、导致皮肤癌和青光眼的洲际导弹，大家就不要再追究了。"美国空军的做法也许是他们认为的聪明的公关手段，可这种解决问题的办法实在不敢恭维。

如果只是承认现实，承认你要对现状承担一定责任，却不解决问题，排除障碍，你也无法取得任何进展。要想找到解决问题的方法，你必须运用你的头脑。

迈出当责线上的第三步

及早到达解决它这一步，其意义是很重大的。解决它的过程可能在你实际到达这一步之前就已经开始了。来看看这篇《金钱》（*CNN / Money*）对于所谓的"未充分就业"人群的报道："现在，一个被称为'忧郁的城市职业人'的新阶层普遍感觉到世态艰难。"这群人以前多半从事的是高科技行业。现在，他们一下子从高收入人群变成低收入人群，有才能却找不到工作的失业者队伍顿时激增。更让人伤心的是，他们不仅失去了高工资，还失去了对更有挑战性的工作的兴趣。这篇文章说："根据政府提供的数据，未充分就业的人数高达480万,这还不算420万根本没打算再找工作的人。"失业一段时间后,很多人就不会挑三拣四了,什么工作都愿意做,卖汉堡包都行。拿着少得可怜的工资,理想的工作却总是可望而不可即,他们便开始灰心丧气。这种半失业状态一般不会持续太久,但有时也会很久。不论怎样,这群人的生活都会发生巨变。

这种因为行业不景气、经济滑坡、大规模失业而成为受害者的人应该怎样解决它呢?首先,你要未雨绸缪。尤其是当你所在的行业就业不稳定时,你需要培养好"行业敏感性",时刻准备着三年换一份工作。这就意味着你要随时充电,学习最新的技能,与其他行业的人建立联系,还要有一定积蓄来应付过渡时期的开支。解决它的智慧包括预测未来会发生什么,并做好最坏的打算。当最坏的情况发生时,迅速进入解决它的状态会带来很大的不同。51岁的詹妮·克里斯托说,她虽然丢掉了朗讯公司新产品设计师的工作,但她的生活"并没有发生太大变化"。原因有两个,一是她在股票下跌之前已经抛出;二是波士顿地区的人都有过失业的经历,所以都有一定的积蓄。最后,克里斯托女士说,她很早就体会到简单生活的美妙之处,她可以从她的庭院、图书和朋友那里获得无上的乐趣。

解决它的态度和行为取决于你能不能时常问自己:"我还能做些什么?"只要经常问问这个问题,在发生意外事件时,你就不会不知所措地成为受害者。解决它的方案一般不是现成的,所以你还得开动脑筋。不过,千万不要在当责线下浪费太多时间,那样只会让你头脑迟钝,信心全失。记住,达到当责线上是一个过程,不是某个单一的事件。达到目标的过程总是充满艰难险阻,一不留神又会落到当责线下,特别是如果你忘了问自己这个问题:我还能做些什么来摆脱目前这种状况,实现我想达到的目标?

《哈佛商业评论》曾刊载过一篇题为《赋权还是其他》的文章。其中,作者罗伯特·弗雷讲述了他如何让公司员工达到当责线上并解决它。当他与一位合伙人收购了辛辛那提的Cin-Made公司后,他们发现公司的情况非常糟糕。这家小公司成立于1902年,现在已经举步维艰。公司的主要产品是复合罐

第六章　稻草人：开动脑筋，解决它

（带金属底盖的纸罐）和邮递纸筒。弗雷接手后不久，公司的情形每况愈下。由于劳动合同存在疏漏，员工不能领到固定的工资。生产线20年来没有更新过，设备也都是些老古董，原来少得可怜的2%的利润率现在已经降到了零。如果不立即改变现状，这家公司很快就会倒闭。

Cin-Made新任总裁弗雷马上意识到，要走出困境，他必须带领全公司员工摆脱受害者循环，鼓舞大家立即行动起来，共同解决公司面临的问题。一位名叫奥西莉亚·威廉姆斯的工人回忆说："我第一次到Cin-Made上班时，整个工厂就像个马戏团。每小时有10分钟休息，员工随时可以离开生产线去上厕所或吃东西。"这些员工根本没有发现它，当然更谈不上承担它和解决它了。他们根本没意识到自己的行为是造成工厂陷入困境的原因，也从来没打算改变自己的工作方式。

弗雷和他的合伙人立即着手改变这种状况。通过与工会的几轮艰苦谈判及一些让步，员工们终于认识到公司的困境。总裁弗雷还把一些有关公司业绩的保密材料向他们公开，这一点让他们特别欣赏。

虽然弗雷一直在力图使整个公司达到当责线上，但他还是很难让员工发现它并承担它。而员工才是让公司走出困境的唯一力量。弗雷回忆说："我希望每一位员工都能为公司分忧。他们能不能在周末花一点点时间想想公司的情况，问问自己在这一周做的决定是否正确？也许这有点不现实，不过我希望他们有这种参与精神。"他继续说："开始的情况并不好，但后来我发现，员工比我自己和新来的经理更了解公司的情况。他们更有资格安排后一天、下个星期和下个月的工作。他们更了解原料、工作量和生产中的问题。节省成本、减少浪费都要靠他们。关键问题是，我怎么才能发动他们呢？"

随着公司一步步走到当责线上，员工对于自己的角色，特别是对承担它的看法慢慢发生了转变。做到这一点非常不容易，连弗雷自己也不得不承认："每进行一项变革，就意味着要战胜恐惧、不满和不确定性。这是一场与旧习惯、旧观念和既得利益的斗争。不论哪一家公司，都必须先改变员工的思想，然后才能改变其他方面。"为了抓住员工的心，让他们积极参与解决它的过程，弗雷采用了一套全新的分红机制，将员工的付出与所得直接挂钩。

弗雷还发现，管理人员在工作中习惯于发号施令，"告诉他们该怎么做"。而员工似乎也习惯了这种方式。"我手下的管理人员认为，所谓管理人员，就是要管理，员工只要按吩咐做事就行了。糟糕的是，很多员工觉得这样很好。员工们都希望工资奖金多一点，却不愿意承担过多的责任。在他们看来，只要像以前那样做完分内的事，就万事大吉了。"弗雷清楚，这样做的后果就是，员工只知道抱怨公司的境况不好，却不会积极主动地想办法解决。反正公司又不是自己的，谁愿操那份闲心哪？他也清楚，如果这种心态不转变，最终将毁了整个公司。

弗雷继续说："强迫他们使用新设备已经很难了，我还要强迫他们改变工作性质、工作习惯，以及对公司和个人定位的看法。而员工用行动和语言告诉我：'我们不想改变。我们年纪大了，变不了了。反正我们是来干体力活的，不是干脑力活的。'"奥西莉亚·威廉姆斯回忆说，工会主席甚至认为，要员工们承担这么多责任"不属于工会的职责"。"这让我很苦恼，"威廉姆斯说，"我不停地问自己，我这么做符合工会的原则吗？可是我真的无法想象，一旦公司倒闭了，我们怎么可能保住自己的工作，保证自己和家人不挨饿？可是，如果员工不承担自己的一份责任，公司怎么能生存下去呢？很多人认为这些想法很奇怪。"弗雷补充说："是啊，有谁喜欢往自己肩上加责任呢？"回想起员工的反应，他说："他们从来没想过我会让他们承担多少责任，可只要看到那么一点点，他们就不乐意了。"

引导员工进入解决它的状态的确需要很大耐心。弗雷说："我让员工挨个儿找我。我不是告诉他们要做什么，而是问他们该做什么。一开始，他们有点抵触。然后我就会问：'在这道工序上能减少浪费吗？'或者'这里的加班时间怎么安排最好？'很多人说：'这可不是我的工作。'我就会反问：'为什么不是？'他们回答：'不是就不是嘛。''如果你不参与，我们怎么开展参与型管理呢？'他们的回答却是：'这也不关我的事。这是你

第六章 稻草人：开动脑筋，解决它

的工作嘛。'然后，我就失去耐心了。真的，刚开始的时候，只要我一听到'这不关我的事'，我就会暴跳如雷。"

还好，弗雷并没有因此放弃。他一次次告诉无精打采的员工，解决它不是额外的负担，而是每个人工作的一部分。最后，他的努力终于开始见效了。他回忆说："慢慢地，员工开始注意解决问题和控制成本了。我不断敦促他们解决与自己工作有关的问题。有时，当他们用一些很简单的办法解决了困扰我和管理人员许久的问题时，我觉得自己简直是个傻瓜，不过是个很开心的傻瓜。"

当整个团队达到当责线上，并进入解决它这一步后，Cin-Made终于翻身了。用弗雷的话说，公司现在有一条非常细致的生产线，"打开了市场，也开始赚钱了"。及时发货率上升到98%，旷工现象消失了，全职员工主动督促临时工减少浪费，生产效率提高了30%，员工的抱怨少了，"各人自扫门前雪"的心态成了历史，员工的收入也比同行业的其他员工高了。

Cin-Made的故事说明，解决它意味着要一直问这样一个问题："我还能做什么？"要想让处境艰难的企业重现活力，达到当责线上并采取积极解决它的态度比什么都重要。

雀巢普瑞纳宠物食品公司的故事很好地说明了这一点。公司原本计划在2003年4月推出一款爱宝易拉式狗粮。前期的市场调查证明，这种产品非常受欢迎，于是市场部决定让产品提前上市。运用我们的奥兹法则当责培训的理念和原则（例如，时常问自己"为了实现预期的效果，我们还能做些什么？"），爱宝易拉式狗粮工作小组开始行动了。他们对处于西弗吉尼亚州韦尔顿、宾夕法尼亚州阿伦敦、内布拉斯加州克利特的三家工厂的生产进行协调，召集来自不同领域的员工完成了一项看似不可能的任务：让产品提前一年多上市。由于他们的突出贡献，小组的全体成员被公司授予"杰出员工"奖。市场部经理克里斯汀·庞切斯在一封致全体成员的祝贺信中表达了她的心情："我想向爱宝易拉式狗粮工作小组的全体成员表示祝贺。这周二，派特·麦克金斯总裁向本组颁发了雀巢普瑞纳宠物食品公司杰出员奖。获得这个奖是非常不容易的。你们以极高的工作效率和极大的热情投入了工作，让爱宝易拉式狗粮提前一年零一个星期上市。你们不仅达到了目标，而且比预期的时间提前了三周。你们克服了重重困难，包括设计特殊的罐盖，在满足大量市场需求的同时还要保证产品质量，同时还要将整个生产过程与公司的供应系统结合起来。通过一个团队的努力，所有的目标都实现了，所有的困难都被克服了。"位于三家工厂的工作小组用自己的实际行动为公司的其他员工做出了榜样。他们对"我们还能做些什么"的回答就是，我们可以完成一项不可能的任务！

还记得迈克·伊格尔吗？作为一家中型医疗器械公司IVAC的总裁，他帮助公司的高级管理人员和全体员工迈出了解决它这一步，从而保持在当责线上。不久前，公司新开发出一套570型设备，并承诺在圣诞节前向密歇根州兰辛市的斯帕洛医院输送一批这种设备。眼看圣诞节就要到了，迈克却意外地得知产品无法按时发送，因为570型设备需要在印刷电路板上做一点改动。但迈克下定决心，IVAC的承诺一定要兑现。他向IVAC的工作人员征求意见，还有什么办法可以保证按时完成任务。经过一番激烈的讨论，他们终于提出一项可行的解决方案。通过组建一个特别任务组能完成任务吗？有些人的答案是："有可能。"而迈克的答案是斩钉截铁的一句"可以"。事不宜迟，他马上从产品开发、设备操作、工程设计、质量监控、发货等各个部门抽调了一批人员，组成了一个工作组，并敦促他们无论如何要在一周内完成电路板的改动。

一周后，修改完毕的570型设备终于可以装箱发货了。可是，又有一个让人意想不到的困难出现了：由于节假日期间订货量增加，所有的货运船都满了。面对这种状况，迈克又问大家："我们还有什么办法？"回答是："我们只能租一架喷气式飞机把设备送过去了。"迈克毫不迟疑："那就租吧。"

看到迈克这种不达目的誓不罢休的劲头，所有人都行动起来了。货运部以最快的速度租到了一架喷气式飞机，并对飞机内部进行了改装，以容纳体

第六章　稻草人：开动脑筋，解决它

积庞大的设备。真是一波三折，到了最后一秒钟，大家突然发现对设备体积的估计有误。改装后的飞机还是放不下那么多箱子。眼看历经周折的胜利就在眼前了，装货工们把所有的箱子都打开，把设备部件重新组合又装了一遍。最后，在12月17日下午三点，这架飞机终于从圣迭戈机场起飞，前往密歇根州的兰辛市。

为了防止再发生意外，IVAC的一位产品经理也随行送货。几小时后，飞机降落在堪萨斯州的威奇托市加油。再次起飞时，飞行员突然发现一个高度计坏了。这样，飞机虽然还能飞，但飞行高度受到了限制。于是，他们又降落到200英里（约322千米）外的内布拉斯加州林肯市。产品经理马上给公司的交通协调部打电话，看看他们能不能找到这种高度计。这可是项异常艰巨的任务。交通协调部马上与各大航空公司和飞机零部件生产商联系，5小时后终于买到了这种高度计，运到了林肯市机场。12月18日凌晨3点半，飞机再次从林肯市起飞，5点45分到达兰辛市。与此同时，IVAC派往斯帕洛医院的570型设备培训人员也被芝加哥的一场大雪困住了，他们正连夜驱车赶往医院，参加第二天早上的培训。

第二天早上7点半，IVAC的新570型设备终于准时在斯帕洛医院揭开了面纱，安装和培训服务也如期开始。

可是，并不是所有人都能像Cin-Made和雀巢普瑞纳那样。很多人还没有开始问自己："我们还能做些什么来摆脱目前的困境，实现我们的目标？"不问这个问题，其实就是他们不能解决它的最大原因。

为什么人们不能解决它

在着手解决它时，每个人都会遇到这样那样的困难，有些困难是可以预见的，有些则是完全无法预料的。这些困难就是让他们落到当责线下、陷入受害者循环的罪魁祸首。为了避免出现这种状况，大家必须在解决它的过程中随时注意自己的行为是否在当责线上，在遭受意外打击时更要格外小心。

我们的一位客户就表现出了这种能力。同样，为了保护当事人的隐私，我们将隐瞒故事的细节，但这绝对是事实。

乔·麦克加恩是一家中型商业连锁企业的运营副总裁。他刚刚度过了艰难的一年，因为公司零售额出现了大幅下降。由于公司在过去三年内没有举办过任何市场推广活动，乔和他手下的84家连锁店经理都觉得自己是拿着没有子弹的枪上战场的。然而，随着公司内部开始发现它并承担它，公司的情况开始出现转机。一场新的市场推广活动让商店经理又充满了信心。连普通的营业员都开始鼓掌叫好。但是，虽然销售额在上升，公司员工的士气也在高涨，但公司离竞争对手仍有一段距离。的确，所有连锁店的情况都有所好转，力求达到当责线上的员工都抱着一种积极解决它的态度。但赶超竞争对手并不是件容易的事，对于每天都在与销售额做斗争的经理来说更是这样。

一天晚上，在达拉斯—沃思堡国际机场酒店，乔和五位地区经理开了一个简短的会议，每位地区经理手下都管理着15~18家连锁店。他们六人都很忙，只能抽空来开这个不同寻常的会。在他们聚集到一间小型会议室以后，每个人都极力表现出自己是当责的，行为是在当责线上的。可是，对于高管层希望他们的业绩一直保持上升势头的要求，他们显然都很紧张。随着推广活动的效果慢慢减弱，而早已承诺的奖金又迟迟没有兑现，他们就更紧张了。

在会议正式开始前，一位地区经理踌躇半晌，终于忍不住问了一句："在开会之前，我们能不能有几分钟时间在当责线下？我们得坦白地谈谈目前的情况。"大家都笑了。接着，每个人都发了一堆憋在心里好久的牢骚。大约过了15分钟，乔挥了挥手："好了，现在牢骚都发完了，我们得回到当责线上了。看看我们还能做些什么吧。"的确，发泄完心中的不满，地区经理现在终于能心平气和地讨论如何克服他们面临的困难了。他们都知道当责线下的行为是不能解决问题的，但他们有意给自己几分钟时间，发发牢骚，诉说一下工作中的挫折。如果没有认识到当责线下的行为对改变现状没有任何帮助，乔和他的团队就不会有意识地回到当责线上。如果没有认识到这一

第六章 稻草人：开动脑筋，解决它

点，他们就会轻易落到当责线下。他们的诀窍就是，先在当责线下停留一小会儿，然后马上回到当责线上。

当人们不再问自己如何解决它时，就像乔和地区经理想做而没做的那样，他们就陷入了受害者循环，这种当责线下的行为不能帮他们找到任何解决方案。布莱恩·杜梅因曾经在《财富》杂志上发表过一篇文章，标题是《趁早逃离疯狂竞争》。作者引用了民意调查机构罗珀的一项调查，在1296名受访者中，只有18%的人认为他们的工作"从个人角度和收入角度都是令人满意的"。文章指出，越来越多的美国人认为自己的工作量过大，压力过大，对全职工作的不满意程度也在不断上升。文章的观点很值得人深思，但它忽略了更为重要的一点：另外82%的受访者的行为其实是在当责线下的，因为他们觉得自己是现实的受害者。反之，如果他们能对结果承担更多的责任，也许他们的工作从"个人角度和收入角度"都会更令人满意。文章提出的解决办法是让大家提前退休，但它并没有讨论能不能让工作本身变得更令人满意。相反，这篇文章反映出一种现状，那就是公司员工普遍认为自己无力控制现实。作为不起眼的小卒和受害者，他们认为自己只能听天由命。相信我们，不论你职位高低，只要你发现它，承担它，你就能开发出解决它的智慧，克服你面前的阻碍，真正从工作中获得满意和乐趣。

即使我们采取这篇文章推荐的办法，提前退休，也是有很多障碍的。文章说"中途退出，也就是提前退休，要求你有远见和纪律，但不像你想象得那么困难"。也许吧，可是这也并不意味着你走的是一条舒坦的阳关大道。你还是要有解决它的智慧。不论是继续全天工作还是中途退出，你随时可能滑落到当责线下。不过，《财富》杂志的这篇文章也指出了提前退出疯狂竞争所要做的准备工作："这个主意听起来不错。可如果你一没有退休金，二没有社会保障，没了工作还怎么生存下去啊？理财专家建议你从三方面做好准备。第一，准备好过简朴生活。你可能只能在地价不高的地方买一套面积比较小的房子，告诉孩子们你付不起'常青藤大学'的学费，买二手车而不是新车。第二，你可能要每年工作几个月，或者每星期几小时，老板可能是以前的老板，也可能是新老板（包括你自己）。第三，你要有充足的积蓄，以便在收入减少后应对不时之需。"也就是说，即使提前退休，你还是要问自己：为了实现目标，我还要做些什么？选择提前退休改变的只是沿途的风景，而不是旅途本身。在遇到新的挫折时，你还是要有意识地让自己达到当责线上。你是不是觉得达到当责线上的过程好像会带来某些个人风险？没错，正是这样。可是，待在当责线下的风险更大，那就是，你孜孜以求的目标可能永远实现不了。

不论是想保留现在的这份工作，还是换份工作，抑或是提前退休，如果抵制不了当责线下的诱惑，你的所有目标都无法实现。你必须集中精力扫清眼前的障碍。和任何时候一样，如果你不能这么做，后果将是令人遗憾的。

不解决它的后果

《华尔街日报》上的一篇文章说，如果大学教材的出版社再不采取解决它的态度，他们将失去整个市场：

一场技术革命正在席卷整个高等教育领域。进入德鲁大学的每一位新生都可以领到一部手提电脑。教授布置的阅读材料是网站而不是书本。诺曼·洛瑞教授是最早用软件教学生作曲的老师之一，学生可以在电脑上作曲，然后再反复听。康奈尔大学兽医学院的学生可以通过电脑模拟给动物看病。他们可以听到动物的心跳，然后再进行试验性诊断。"如果他们不小心医死了一条小狗，他们会非常伤心，"据学校的管理人员凯西·爱德蒙德森说，"哪怕是在电脑上。"可是大多数教材出版社还没有做好准备迎接这场高科技革命。虽然有CD-ROM、交互式电脑软件和其他所谓的多媒体设备，但出版社可能会在26亿美元的大学教材市场上错失一个新的发财机会。在落后于时代和科技的传统书本教材的出版和销售上，他们已经在赔钱了。

第六章 稻草人：开动脑筋，解决它

虽然大多数出版社已经看到这种新的趋势，有的甚至承担了责任，但很少有出版社真正从困难中发掘机遇。其中一个例外是麦格劳-希尔集团的Primis公司的主管罗伯特·林奇。Primis公司是一个可以让教授定制课本的数据库公司。林奇说："如果我们采取适当的途径，开发出高科技教材出版业的潜力，这个行业就不只是26亿美元，而是500亿美元。"如果有一天，大学生买的电子书比书本多，而教授能从数据库中定制更多教材，有远见的教材出版社就能大笔大笔地赚钱。但前提是，他们必须先发现它，承担它，并解决它。

正如下一个故事说明的，很多人能顺利通过前两步，却在第三步上栽了跟头。例如，我们曾经有一家客户，是一家电脑软件公司。为了保护他们的隐私，我们就称他们为"创件公司"吧。这家公司编程和开发部的四位主管几乎被他们部的副总裁鲍伯逼疯了，因为鲍伯不能承担在短时间内交出高质量产品的责任。他在其他方面很出色，只是这一点很让人恼火。他总是愉快地答应在几乎不可能的时间内交货，最终一次又一次地拿次品交差。

这四位主管对这种情况有清醒的认识，也承担起了责任。但是，他们无法解决它。他们只是不停地抱怨："我们已经尽力了，但我们真的没有办法。"谁也想不出一个解决方案。

随着这四位主管表现出种种陷在受害者循环的迹象，整个部门也在副总裁的错误领导下受尽折磨。每一次他们刚要达到当责线上，马上就被挫折感打消了积极性，又回到了当责线下。他们都认为，要改变副总裁的工作方法是不可能的。由于很久没有推出新产品，创件公司的市场信誉不断下降。经销商都不相信公司能按时交出没有错误的软件产品。没有解决它的代价就是如此严重！

在另一个与此类似的例子中，通用电气和爱默生电气的当责线下的行为给几百户家庭带来了灾难。在ABC的新闻节目《黄金时间实况》中，克里斯·华莱士报道，通用电气生产的咖啡机（保险丝是爱默生电气生产的）在使用过程中着火，给几百户家庭造成了火灾。两家公司都知道咖啡机有问题，但一直没有加以重视。华莱士报道："在过去12年中，有几百名客户在使用通用电气的咖啡机时发生了事故。质量不合格的咖啡机烧毁了房屋，甚至造成了伤亡。但通用电气一直不承担责任，而是动用大公司的财富和名气来反驳这些索赔。"早在10年前，通用电气就有过记录：预计当年的索赔案有168例，而"无伤害"的索赔只有42%。这说明公司很早就意识到这种状况了。一年后，通用电气召回了20万台咖啡机，也说明公司当时已经开始承担责任了。

然而，公司的努力并没有阻止事态的进一步恶化。华莱士报道："通用电气考虑过在咖啡机上装一个备用保险丝，却一直没有付诸实施。"两年后，通用电气将咖啡机生产线卖给了百得公司。这家公司在产品上加了一个备用保险丝，问题就迎刃而解了。同时，通用电气对爱默生电气生产的不合格的保险丝提出起诉，并打赢了官司。通用电气的一位官员说，公司很早就对爱默生电气保险丝的"可靠性失去了信心"。但是，在将生产线转手以前，通用电气从来没想过要解决这个问题。

即使像通用电气这样一家有着雄厚的人力、智力、经验和信誉资源的大公司，也要随时提醒自己，不要因为当责线下的一步而造成全盘皆输。

解决它自我评估

多年以来，我们一直在帮助朋友和客户将他们对问题的理解和承认转化成解决问题的实际行动。这需要一系列解决它的技巧。这些技巧是评估你能否从发现它和承担它到达解决它这一步的基础。

解决它的技巧

1. 保持投入。如果一个棘手问题迟迟得不到解决，人们本能地会想到放弃。等等看，也许事情自然就解决了。在解决它时，你一定要避开这个陷阱，要一直投入时间和精力寻找解决方案。不要过多地想哪些事情是不可能

第六章 稻草人：开动脑筋，解决它

的，别指望有现成的答案，你得自己动脑筋想办法。

2. 坚持不懈。一定要时常问自己："我还能做些什么？"只要经常问这个问题，你就有可能找到新方法，取得或大或小的进展。一位著名人士曾经说过："我们坚持做的事情总是比较简单，并不是事情本身变简单了，而是我们做事的能力提高了。"

3. 换位思考。爱因斯坦说过："要解决我们面对的重大问题，我们不能让自己的思想停留在我们制造问题的层次上。"换言之，把你带进困境的思想肯定不能把你带出困境。记住要随时了解别人看问题的角度。

4. 建立新联系。很多解决方案都要求在思考和行动时有新的切入点。这种新的切入点常常意味着要与以前认为无关紧要的环节建立新的联系。这种联系可能包括你的竞争对手、你的供货商和经销商，或公司其他部门的某个人。注意随时建立新的联系。

5. 采取主动。解决它要求你完全承担寻找解决方案的责任。解决方案是需要你主动开发和寻找的。甚至在你觉得万事大吉时，你仍有必要问一下：这种解决方案是不是可行的和最优的？其他人不一定和你一样迫切地想达到目标，所以你必须采取主动。给你四种选择：一个用自己的努力让事情发生的人，一个看着事情发生却从不插手的人，一个总是在问"发生了什么"的人，还有一个从来不知道发生了什么的人。你愿意做哪一个呢？

6. 培养意识。这一点也许有点出人意料，但我们可以肯定地告诉你，培养意识是非常重要的。培养意识意味着要关注所有可能与解决方案有关的事物，特别是那些我们一向认为是"老规矩"的做法。要时常对目前的假设和想法提出质疑，让自己的思考方法上升一个层次。

如果想测评一下你是否掌握了这六项技巧以及掌握的程度如何，你不妨做一下这张解决它自我评估表。想想你的态度和行为是经常、从不，还是偶尔符合这几项标准。

在符合你的选项上画圈：

解决它自我评估表

	经常	偶尔	从不
一、当出现困难时,你是否想要解决它?	3	2	1
二、你是否一直在问自己:"为了达到目标,我还能做些什么?"	3	2	1
三、如果没有解决方案,你会不会主动去开发、寻找并质疑它?	3	2	1
四、你是否有意识地对目前的假设和看法提出质疑?	3	2	1
五、你是否建立新的联系,以寻找新的解决方案?	3	2	1
六、你有没有尝试用新的角度看问题?	3	2	1

现在,花几分钟时间来思考一下评估的结果。如果对每个问题的回答都是诚实的,你应该能看出你还需要在哪些方面重点加强自己解决它的能力。

解决它自我评估得分

总 分	评 价
经常 18~13 分	表明你能承担自己的责任,接受现实,并采取积极解决它的态度。祝贺你!
偶尔 12~7 分	说明你对解决它的态度还是模棱两可的。这种摇摆不定的态度让你在当责线上和当责线下之间徘徊。加油!
从不 6~1 分	说明你还需要付出很大的努力。把这一章再读一遍吧!

到达这个阶段后,你解决它、克服困难的智慧就会大大提高,你在当责线上的旅程又前进了一大步。坚持下去,结果一定能让你满意。

开动脑筋解决它的好处

北美一家石油公司的员工从解决它中获得了很大的收益。他们一直想提高安全性,减少事故,把职业安全与健康管理局的记录级别降低到0(无事故)。这是一个崇高而雄心勃勃的目标。公司目前的记录级别是8,要从8降到0,还有很长一段路要走。保证每个人都达到当责线上可不是件容易的事,因为从定义上讲,事故的发生属于意外,"不是我的错"。可是,如果每个人都不当责,公司怎么可能从整体上降低事故发生率呢?但当公司实行奥兹法则后，情况开始发生变化。记录级别开始一点点下降。每一次开会，员工都在问：“我们还能采取什么措施来提高安全性，减少事故？”在讨论过程中，没人把时间浪费在抱怨上，大家都在积极地开动脑筋想办法。最后的结果就是，记录级别终于降到了1以下，只有0.7！随着安全性的提高，浪费的时间、能源、人力等也随之减少，成本也降低了。虽然还没有达到零事故率的目标，但公司的整体业绩已经大大改善。

我们前面提到过创件公司编程和开发部的四名主管，他们能发现它，也能承担它，但就是无力解决它。通过多次思考和讨论，他们终于决定克服顾虑，问问自己：“我们还能做些什么来改变这种状况？”他们的答案是，他们要在公司的小组讨论中提出自己的担忧，并建议公司放慢速度。根据奥兹法则，他们决定只建议公司放慢对新产品开发速度的预测。会前三个月，创件公司刚向总公司提交了一份年度利润计划，其中三款新产品就占了全部预计利润的25%。但现在，产品的上市时间要比预计的晚半年到一年。消息一公布，会议室里马上发出一阵叹息。

创件公司的总裁花了整整两天时间来研究这份不切实际的预测。最后，他不得不承认，公司在未来半年到一年内不可能推出任何新产品。虽然有点沮丧，但他很快就鼓励所有高管来承认这个现实。然后，他们开始一起解决问题，并发动全公司员工一起动脑筋想办法。在一年半的时间内，创件公司成功推出了三款新产品，同时保住了经销商对公司的信心。

虽然在短期内面临巨大的压力，但创件公司的总裁和员工耐心地一步步发现它并承担它，然后才开始解决它。操之过急只会导致时间安排不合理和产品质量不合格，而这正是公司尽力避免的。

当大家完全认清了现实并承担它后，他们就可以问自己该如何解决它。只有坚持不懈，才能找到真正有效的解决方案。

认为自己无力改变现状的想法使那四位主管受到了束缚。那位副总裁由于没能妥善处理这件事，最后被炒了鱿鱼。而这四位主管最终意识到，实现公司目标的力量其实就掌握在他们每个人手中。他们虽然保住了工作，却也没有获得提升。是的，他们确实学到了宝贵的一课，但要获得提升，他们在当责意识上还需要进一步加强。

每一次当责线上的旅程都是以这个问题为起点："为了达到目的，我们还能做些什么？"只要问题没解决，旅程就不会到达终点。创件公司推出新产品的过程也许还不完善，但他们已经取得了很大的进步。旅程仍在继续。

创件公司的例子说明，不论做什么工作，目标是什么，解决它这一步可以带来很大的改变。在当责线下哀叹，你的表现只会越来越失色。

通往当责的最后一步

稻草人代表的是解决它的智慧，而这种能力是他一直拥有的。故事讲到这里，多萝茜也慢慢发现，她所需要的能力其实就在她自己身上。可是，她必须学会当责的最后一步，然后才能敲敲鞋跟回到堪萨斯。她已经从奥兹国的伙伴身上学到了不少东西，现在已经到了当责线上的关键一步。在下一章，也就是中篇的最后一章，读者将看到多萝茜如何把当责的四个步骤结合起来，采取行动。

第七章

多萝茜：
实施它，实现目标

***

  现在只剩下奥兹一个人了。他想到自己成功地给了稻草人、铁皮人和狮子想要得到的东西，得意地笑了。"叫我怎样不做骗子？"他说，"他们都让我做他们明知无法完成的事情。让稻草人、狮子和铁皮人高兴起来还算简单，因为他们都相信我是无所不能的。但是将多萝茜送回堪萨斯却不是想象就可以完成的，我完全不知道该怎么办。"

——《绿野仙踪》

莱曼·弗兰克·鲍姆

奥兹法则

在《财富》杂志的一次年度评选中,沃尔玛前任首席执行官、现任执行委员会主席戴维·格拉斯被评为"全世界最受尊敬的首席执行官"。《财富》杂志还刊登了一篇题为《不向困难低头的戴维·格拉斯》的文章,详细解释了这位首席执行官为什么如此受到同行尊敬:"16年前,山姆·沃尔顿(沃尔玛公司创始人)三顾茅庐,将格拉斯从家乡密苏里州请出山,出任沃尔玛的财务执行副总裁。此举彻底打破了管理领域的宁静。1984年,沃尔顿进行了高层职务调换,任命时任首席财务官的格拉斯为公司总裁兼首席运营官,同时要求副董事长杰克·休梅克不要只关注经营问题,也要注意一下公司的财务状况。这一职务调换引发了一场极为引人注目的继任竞争,最终以格拉斯的胜出告终。"在担任这家销售额高达550亿美元的零售业巨头的首席执行官期间,格拉斯待在连锁店的时间远远多于在总部办公室的时间,因为他知道:卖场才是采取行动的地方。他意识到,沃尔玛的成功完全取决于超市的一排排货架、竞争对手的展台和每位员工的日常工作。提着一台手提电脑,他向自己提出了无数个问题,又一一给出答案。格拉斯这种不断追求完美的态度正是发现它、承担它、解决它和实施它的最佳体现。员工见格拉斯时,从来不像见其他领导那样诚惶诚恐,因为他们知道,格拉斯和他们关注的问题是一样的。沃尔玛的其他行政人员也很尊重格拉斯,因为格拉斯的平易近人绝不代表他是平庸无为的。一位高管告诉《财富》杂志记者:"毫无疑问,他的期望值是110%。我的意思是,不用他开口,你就应该知道该怎么做。"有了这样的威信,难怪很多公司和管理人员都要向格拉斯学习了。正如《财富》杂志的这篇文章所指出的,"虽然沃尔玛的这种激情澎湃的工作方式有时会遭到批评,但很多公司的重要人物都要亲自到阿肯色州的本顿维尔(沃尔玛公司总部所在地)去看看他们到底在吵些什么。通用电气公司的老板杰克·韦尔奇就是一位受到热烈欢迎的贵客。当宝洁公司前任首席执行官约翰·斯梅尔成为通用汽车公司董事长后,他的第一项命令就是让通用汽车公司首席执行官杰克·史密斯和其他高管去旁听沃尔玛公司的一个管理会议,学习一下怎么不用日程表来进行决策。IBM、柯达、西南航空、Sara Lee(美国最大的丝袜厂商)、宝洁和安海斯-布希(全球最大的啤酒厂商)都曾

第七章 多萝茜：实施它，实现目标

到沃尔玛取过经"。尽管沃尔玛已经取得了令人瞩目的增长和成功，戴维·格拉斯仍然坚信，沃尔玛在未来仍有很大的发展空间。换句话说，在采取行动后，你不能止步不前，你必须一刻不停地朝更高的目标努力。

《商业周刊》也刊登了一篇有关沃尔玛和戴维·格拉斯的文章。这篇文章讲述了一个更为详细的故事："三年前，很多人认为沃尔玛的财务已经走入绝境：利润增长缓慢，投资者纷纷撤资。但戴维·格拉斯仍然想方设法向零售业巨人体内注入了急需的新鲜能量。自1988年起，格拉斯一直担任沃尔玛的总裁，他最大的成功就是，进入食品杂货业，设立经营食品百货的特大型'购物中心'。现在，已经63岁的格拉斯又开始尝试进入小型食品市场。这样，沃尔玛不仅会受到小镇居民的欢迎，在华尔街上的表现也会更加出色。"格拉斯的秘诀何在？那就是他克服一切困难、将沃尔玛打造成全球著名品牌的雄心壮志。"沃尔玛的盈利（包括股票）都在飙升。经过数年的高成本投资，现在连'国际化'都只成了沃尔玛的最低追求。"格拉斯的接班人，公司的新总裁兼首席执行官李·斯科特是经沃尔顿和格拉斯一手栽培起来的，其管理理念也是一脉相承的。

只有把当责步骤的前三步和最后一步实施它结合起来，你才能体会到当责线上的力量，并获得你想要的结果。直到今天，山姆·沃尔顿著名的"日落原则"仍然是沃尔玛员工的工作准则："在这个忙碌的地方，每个人的工作都和其他人密切相关，我们的标准就是今日事今日毕——在太阳下山之前做完。不论是某家连锁超市的一个要求，还是一个电话，所有要求都必须当天满足。"

当责的第四步，也是最后一步

说到底，个人当责意味着要承担 实施它的责任。如果没有实施它，你就永远得不到当责所能带来的丰厚回报：战胜困境，取得自己想要的结果。虽然前三步也会带来很多好处，但只有把这四步结合起来，充满激情地、积极主动地、坚持不懈地实施它，你才能获得最后的成功。

奥兹法则

为了阐明实施它的含义，联邦快递公司在他们的网站上贴出了下列故事，标题就是公司的座右铭：绝对地、积极地，不论付出什么代价。巴斯特·纳尔是联邦快递的一名司机。一次，他到Alcoa公司取一批轮胎。这批货当晚就要发出，但轮胎上的一个关键部件轮胎柄到晚了，还没装上去。巴斯特没有在一旁坐着等，而是积极上前帮忙把轮胎柄装上去，并往轮胎上加润滑油，争取让货物准时发出。再来看看史蒂芬·肖特的事迹："有一次，史蒂芬正在送货。由于送货车温度过高，他必须随时往散热器里加水。就这样，他还是坚持把包裹都送到了。他回到发货站，又取了一批包裹，换了一辆车又出发了。可没过多久，那辆车也坏了。史蒂芬没有放弃，他向一位客户借了一辆自行车，把联邦快递的箱子绑在后座上，把所有包裹放在里面。在90华氏度（约32摄氏度）的高温下，史蒂芬骑着自行车翻越崎岖的山坡，骑了整整10英里（约16千米），终于把包裹全部送到。还有一次，史蒂芬遇到了类似的问题。他跑了3.6英里（约5.8千米），把全部包裹准时送到，又在休息时间步行2.2英里（约3.5千米）取了一次货。史蒂芬是靠双腿走完全程的。"从巴斯特和史蒂芬身上可以看到，赢得竞争的唯一办法就是实施它。

通过实施它，你才能真正将责任注入你的行动、境况、感受和未来的成就。当把当责的概念与实现更好结果的目标结合起来时，你就为个人和企业的行动提供了一种强有力的指导。这种当责意识只有在完成当责线上的四个步骤以后才能实现。如果在实施它以前的任何一步停下来，你也许会在短期内脱离受害者循环，但你永远无法彻底地达到当责线上。只要没完成目标，就说明你的当责意识是不完整的。

实施它要求你始终保持在当责线上，避免被日常工作中的困难拖到当责线下。我们在本书中一再强调，当责是一个过程，即使到了最后一步，你还是有可能轻而易举地陷入受害者循环。保持在当责线上要求你勤奋，具有毅力和警惕性，还要求你随时做好准备迎接风险，向人生的理想迈出关键的一步。对失败的畏惧束缚了很多人的手脚，使他们无法从解决它上升到实施它。只有接受风险，你才能打通这两步之间的墙壁，扫清成功路上的一切阻碍。

第七章 多萝茜：实施它，实现目标

最后，实施它意味着要为结果、为实现结果的每一步进展负起全部责任，不论你目前的情况如何，也不论这种情况是不是你造成的。来看一位美国运输公司的司机是如何在困境下树立当责意识并保持在当责线上的。这个故事还得从Teradata公司说起。这家公司从洛杉矶的一间车库起家，一步步发展成著名的NCR公司的子公司。Teradata一直想填补被IBM等大公司忽视的计算机数据库这一片市场空白。经过两年的艰苦创业，终于有一家位于东海岸的《财富》世界500强企业向Teradata订购了第一台电脑。为此，Teradata公司的52名员工进行了一番庆祝。毕竟，他们像一家人一样共同奋斗了两年才迎来了这场胜利。经过一番努力，公司终于扭转颓势，准备发出第一笔订货。

星期六一大早，公司全体员工和员工家属都来到公司，为他们售出的第一台电脑举行欢送仪式。公司已经从原来的车库搬到一间经过改装的仓库。仓库的房檐和顶上挂满了彩旗和标语，大家身着统一的T恤衫，上面写着这台电脑的名字"Big One"。连负责送这批货的美国运输公司的司机也被现场的热烈气氛深深感染了。

当这位司机驾驶着载有Big One的大货车离开时，Teradata的全体员工和家属夹道欢送，情景非常感人。司机向他们挥手致意，大声说他一定不会让大家失望。的确，这位司机觉得自己似乎已经成了Teradata的一员。虽然只是送一趟货，但他也感到了一种强烈的当责意识，并为自己在Teradata的第一项成就中担任的角色感到自豪。

8小时后，这位司机到达第一个称重站，发现货物超重500磅（约227千克）。他知道，超重需要经过一系列申请审批手续，会耽搁一天时间。这样，Teradata的货就不能按时送到了。这时，你可以想象，这位司机要落到当责线下是很容易的。毕竟，这是公司的责任，不是他的错。他完全可以找个地方住下，等着下一步的指示。但是，这位司机达到当责线上了，主动把这件事当成自己的事去做。现在，只有他能想办法把货物准时送达。认识到自己的处境并承担责任后，他开始解决问题。他把货车开到了附近的一家加油站，把货车的前保险杠、备用水箱和多余的椅子拆下来，藏在附近的一片灌木丛下。后来，他回想起这一幕还是有些后怕：要是这些东西找不回来可就麻烦了；毕竟，这些零配件都是属于运输公司的，如果丢了，他要负责赔偿。但他顾不得那么多了。他勇敢地承担了一切风险，目标就是把货物准时送到。他又回到了称重站，这次，货车的重量比规定的少了50磅。他带着一种自豪感，暗暗舒了口气。就这样，他准时把Big One送到了东海岸。他做到了！

听了司机的故事，Teradata的员工都对他发现它、承担它、解决它和实施它的态度感到非常钦佩。他的故事还被写入了公司最新的员工训练计划，作为当责线上的优秀案例。

下面，我们再讲一个如何将发现它、承担它、解决它和实施它结合起来完成目标的例子。看看这家接受了我们10余年培训、熟练掌握奥兹法则的客户是如何将日常的付出与企业的成果联系在一起的。

吉丹公司（Guidant）是一家拥有35亿美元资产的大型医疗器械公司。他们一直很注重将公司的团队目标与个人目标结合起来。他们是如何做到这一点的呢？他们只是问了每位员工一个很简单的问题："要实现这个目标，你能做点什么？"吉丹公司解释："这样，每位员工都会思考他们能为公司的总体目标贡献点什么。"这样做是否有效呢？答案是肯定的。例如，吉丹公司追求的目标之一是更关注客户需求，员工就不断地问自己可以做些什么来让客户更满意。效果是很让人欣喜的。最近，一位病人即将接受吉丹公司自动减颤器的植入手术，而他以前做过一个可以减轻背部疼痛的神经刺激装置的植入手术。主治医生不确定这两种装置是否会有抵触反应。由于联系不到神经刺激装置的生产商，他给吉丹公司打了电话。接到电话后，吉丹公司的一位技术服务人员马上找到几篇有关吉丹设备与其他装置交互作用的文章，通过传真发给吉丹公司驻当地的销售代表。这位代表马上通过电话将这几篇文章读给那位医生听。医生这才放心，给病人做了手术。手术后，这位代表给技术服务人员发了一封电子邮件："没有你的帮助，那位病人就不可能接受他急需的自动减颤器手术。是你改变了一切！"吉丹公司24小时电话技术服务工作组的经理戴尔说，这种事情每天都会在公司发生，"销售代表和

第七章　多萝茜：实施它，实现目标

医生经常表扬我们接听电话的人员都是受过专业训练的，这种赞扬太多了，数都数不过来"。吉丹公司的技术支持在医疗器械业内有极好的口碑，这一切只是因为他们提出了一个简单的问题："要实现这个目标，你能做点什么？"当然，提出问题总是比回答问题要容易得多。

为什么人们不能实施它

很多没有实施它的人都觉得当责线下的诱惑是难以抵抗的，于是轻易地被拖回到受害者循环，浪费了宝贵的时间、精力和资源；忽略问题，否认问题；为自己找理由开脱；为自己辩解；对别人指指点点；彷徨无措；或者坐等万能的魔法师创造奇迹。从我们的经验来看，这完全是因为当责带来的风险会引起人们本能的抗拒。害怕失败让人们背上了沉重的包袱，使他们无法迈出当责的最后一步。隐藏在安全的幻觉下，找出各种理由来逃避风险总是很轻松的。不愿承担行动所带来的风险，这就是把你困在受害者循环中的最大原因。

这种情况在我们身边比比皆是。如果说当责步骤与受害者循环之间的界线可以区分有效率和无效率的企业，那么解决它与实施它之间的界线就能把优秀公司与卓越公司区分开。卓越公司敞开双臂欢迎行动所带来的风险，不论这些风险可能带来什么样的危险。

为了让员工参与并对结果当责，很多公司采取了新办法来鼓励员工承担风险。不论公司的组织结构和历史传统如何，它们已经领会到为什么要让员工有危机感。通过《今日美国》的一篇报道，我们不难看出集体的全力参与会有什么效果："雪佛兰遇到难题了。几年前，曾经吸引过众多年轻消费者并代表着雪佛兰品牌形象的科迈罗大马力跑车已经成了叮当作响的老爷车。不仅《消费者报告》杂志批评它，连一向关系不错的其他汽车杂志也不能无视它松动的变速杆、漏风的车窗，以及咔啦作响的仪表板。与雪佛兰同属通用汽车旗下的庞蒂亚克也在困境中挣扎。它的火鸟与科迈罗共用一套生产设备，而销量还比不上后者。通用汽车将这两款车归为F车。'销量下降，质量评级直线下降，'F车技术总管理查德·德沃吉拉尔这样评价，'水箱漏水，零件嘎吱作响，灵活性差，电路也有问题。这些问题对于这两款车的车主来说都不是秘密。这本来早就该引起我们的警惕了。'"

还好，通用汽车没有让大公司的官僚作风挡住改进的道路。公司高层指派德沃吉拉尔带领一支没有雄厚资金支持的小队伍去处理这个问题。结果，不到两年时间，这支队伍就改进了车辆质量，解决了各种缺陷，使质保索赔下降了一半。德沃吉拉尔这样描述他们的工作："我们的预算非常非常少，还好都是提前支付的，所以我们不必报告每项支出都用来做什么。他们把钱给我，说'去干吧'，我们就开始干了。不必找领导签字，你说什么大家就干什么。这种感觉很让人振奋，以前我们也听说过把责任下放到个人，让每个人都行动起来。现在我们就是这么做的。"可惜，很多公司仍然没有给员工创造当责的机会，因为他们还是习惯于发号施令。

席卷美国的偿债风潮让很多公司破产，最后使整个美国甚至全世界的经济都陷入萧条。只有摩根士丹利没有受到影响。《时代》杂志报道："在接管贷款和垃圾债券筹资最盛行的时期，全球最著名的投资公司之一的摩根士丹利时常遭到同行的嘲笑。许多大胆的公司采用了风险很高的新技术，而摩根士丹利虽然一向在公司接管方面走在前列，这一次却近乎顽固地坚持自己的一贯做法：只购买蓝筹股公司的股票，只销售投资级债券。当时流行的一句笑话是，新一代投资公司都在玩大赌注的强手棋，摩根士丹利的老古板们却在玩输赢不大的小游戏。"事实证明，摩根士丹利的保守政策虽然损失了一部分投资者，但从长期来看，这种政策无疑是正确的。对自己行为负责的摩根士丹利看到了垃圾债券的热潮不过是一种短视的行为。虽然受到了嘲笑和批评，他们还是为现实承担起了责任。公司没有跟风，而是通过投资分散多样化来解决问题。在他们一贯信奉的诚信准则指引下，公司踏踏实实地走出了每一步。最后，摩根士丹利也获得了回报：他们成为华尔街上盈利最多的投资银行。从另一家客户身上，我们又看到了为什么有些人不能采取行动。这家客户是一家有360亿美元资产的公司，员工有9000人。经过一系列公司收购，一个重要的

第七章 多萝茜：实施它，实现目标

职能部门的员工开始出现受害者的想法。他们渴望回到收购前的"好日子"。在他们看来，收购改变了他们的生活。现在，完成任务比以前难了，工作也变得无趣了。公司的很多人认为他们这种当责线下的态度和行为是情有可原的。为了改变这种工作氛围，公司总裁和这个部门的高级经理开始帮助员工摆脱受害者的心态。他们反复向员工强调积极的结果，告诉大家收购在长期内可以带来哪些收益。最重要的是，他们还听取了员工的反馈意见。当所有人都诉说完当责线下的想法后，公司领导开始运用奥兹法则帮助他们达到当责线上，并对他们取得的进步给予反馈。以前，"每个人都会带着50条不能扩大业务的理由来开年会"，而现在，公司下半年的业务比上半年增长了64%。收购虽然给公司文化带来了新的压力，但公司仍然取得了令人瞩目的成绩。

在以后的会议上，员工开始意识到，他们在当责线下浪费了很多时间。消极悲观的态度被一种全新的积极乐观的态度所取代，用部门经理兰迪的话讲："他们的态度变成了'能行'，他们运用当责线上的思考方法，总是说'我能解决这个问题，我也会这么去做的'。"现在，每次开会时，兰迪都要给员工10分钟时间来发泄当责线下的情绪。他说："以这种方式开始会议非常好。"可喜的是，员工总是迫不及待地回到当责线上，要做点实际的事情来改变现状。

毫不奇怪，很多人觉得待在当责线下轻松得多，所以放任自己随波逐流，虽然明知这种行为不会有任何积极效果。

不实施它的后果

如果不能实施它，那么你不仅不能改变自己的境况，获得想要的结果，还会把自己拖入一个不断重复的失望循环。战略联合公司的故事就说明了这一点。

和许多小型服务机构一样，管理咨询公司"战略联合"（化名）在维持日常开支和持续增长上遇到了困难。每隔一段时间，通常是在当前业务结束后的两到四个月，公司就会出现一个"无销售悬崖"。由于公司的所有高层

奥兹法则

管理人员都参与公司的销售和服务提供，因此他们总是有意识地避开这个危险的悬崖。一旦觉察自己快到悬崖边缘，他们就马上把注意力从提供服务转移到销售上。

久而久之，在战略联合公司的企业文化中，大家都培养了一种熟练避开悬崖的能力。但几年前，悬崖变得越来越陡峭，情况也越来越糟。事实上，公司员工还不知道，这两个月的工资是总裁用自己的房屋做抵押支付的。这种窘境最终还是传到了员工耳朵里，大家都在猜测情况到底有多糟，而且担心如果情况还没有起色，公司就可能裁员。

在这种惴惴不安的气氛下，整个公司都滑落到当责线下。大家相互指责，举出公司内外的种种因素来解释业绩不好和日益严重的悬崖问题。公司管理人员对全体员工进行了客观的业绩测评，但很多人认为他们受到了不公正的批评。毕竟，他们对公司的问题也没有办法。在一次员工例会上，大家发泄完不满，终于决定要停止怨天尤人，改变现状。

接着，管理人员花了大量时间与员工面谈，了解问题究竟出在哪儿。他们又破天荒地召开了一次全公司大会，把他们了解到的全部资料毫无保留地向大家公开，包括许多反映实际情况的图表。接下来，大家开诚布公地展开了讨论，大家的目的很明确，就是解决销售上的问题。正视现实并不困难，因为问题已经非常明显。在吵吵嚷嚷的大会上，大家谁也没有隐瞒自己的想法，毕竟，事情到了这个地步，说实话也不会有什么严重后果。很明显，如果不能在两个月内改变现状，公司肯定要裁员。这次大会给每个人敲响了警钟。大家都意识到，问题是很严重的，而他们每个人都做得非常不够。

高层管理人员当然有过失，但员工觉得销售不是自己的责任，于是对销售问题不闻不问。那些尝试扩大销售的员工并没有取得什么成果，有些人则根本没想过要扩大销售，因为这样做对他们没有什么直接利益。有些人虽然认为管理人员要为培训不足和佣金过低负很大一部分责任，但他们也意识到了自己的问题，例如，不愿意挑战自己，不把公司的问题放在心上等。每个人都把销售的担子交给管理人员，尤其是总裁。毕竟，销售事务总是由这些领导负责的，其他人何必操心呢？但现在，公司的生存已经受到了威胁，每

第七章 多萝茜：实施它，实现目标

个人都意识到，人人都要为公司的事情操心了。

在这次大会上，管理人员也逐渐意识到他们以前忽视了一些重要的事实。过去，销售人员总是因为挽救大局得到表扬，但直到现在，他们仍然没有分享到任何荣誉和财富。凭着运气，他们可以让公司避开悬崖，可到了这个紧要关头，仅靠运气是不行的。通过与员工的谈话，他们还发现，公司所有的成功销售事迹都是总裁和董事长负责的。事实上，董事长总是让无形的咨询服务销售带上某种神秘色彩，只交给某些高级顾问负责。只要有了新业务，公司总是派出最优秀的销售人员、董事长和总裁亲自出马，这样就进一步让普通员工觉得销售是"上面"的事儿。

这次大会后，董事长和总裁也发现，虽然他们自己掌握了销售技巧，却没有信心把其他人也训练成出色的销售人员。在某种程度上，这也是因为他们潜意识里希望所有的成绩都是自己的。毕竟，成功的销售业绩是巩固他们地位的重要因素之一。

随着董事长和总裁逐步承认公司的困境中有他们的原因，他们意识到，只有让员工先树立信心，才能解决问题。如果大家都承认问题中有自己的责任，同时把问题当成自己的责任，他们就能认识到，既然我们能制造问题，就能解决问题。由于问题的严重性，每个人都要付出110%的努力，不论他们的贡献多么微小。否则，公司可能永远也扭转不了局面。

通过这次会议，不仅董事长和总裁对问题有了更深的认识，越来越多的人也开始谈论他们能为实现公司的目标做点什么。大家的热情高涨，信心也增强了。毫不夸张地说，当每个人都把问题看成自己分内的事时，公司的力量就增强了10倍。

总裁带领着大家进入了解决问题的阶段。他问："为了实现我们想要的结果，我们还能做些什么？"从大家的讨论中不难看出，大家对于解决困扰公司已久的销售问题其实都有不少想法。他们起草了一份让每位员工参与的销售计划，说明为了不让公司落下销售悬崖，大家都能做点什么。这种人人参与的场面在公司历史上还是第一次出现。每个人都在思考：自己能为提高销售额、改变公司整体销售业绩做点什么？有些人甚至想到找自己的亲戚朋友帮忙。

比这项短期计划更重要的是一项让全体员工共同努力，保证公司不落下悬崖的长期计划。这项计划的重点是培养所有普通顾问的推销技巧。最后，所有人都接受了这项长期解决方案：根据可能获得的收入，将潜在业务分为三类。预计年销售额低于2.5亿美元的公司为C级公司，可以交给任何一位顾问负责，不必管理人员出面。这一举措很快就扩大了销售人员队伍，因为大家都可以与潜在客户联系，而不必担心损失大客户。从长期来看，所有顾问都会积累一些销售经验，为今后负责更重要的业务打好基础。

B级公司是指预计年销售额在2.5亿~10亿美元之间的公司。这些潜在客户可以交给顾问和除董事长和总裁外的任何一位管理人员负责。年销售额超过10亿美元的A级公司由董事长和总裁亲自负责，同时由一位顾问参与，由这位顾问负责今后与该客户的联系。

为了将这项计划付诸实施，公司的高级顾问还针对三个级别的公司分别制订了一套培训和认证计划。会议结束后，每个人都充满信心，准备好迎接挑战。有了新的销售方法，很多人认为他们在为公司做贡献的同时，也在为自己做贡献。总裁本人也认为，新计划将扫除公司成功道路上的一切障碍。它不仅会使公司的销售人员大大增加，还会锻炼全体员工，形成一种有利于销售的机制，使公司不再受销售悬崖的困扰。

会后，战略联合公司的全体员工终于准备要采取行动了。但这一步最终没有迈出。会后一星期，正当大家准备好开始行动时，总裁签署了公司有史以来最大的一桩合同，解决了眼前的危机，每个人都松了口气。

转眼间，让公司永远摆脱悬崖、保持持续增长的长期目标成了模糊的记忆，每位顾问又回到了自己的工作轨道：上面负责销售，他们负责执行。事实上，公司当时的前景似乎不错，因为这宗大业务再加上其他业务，的确使当年的收入创下历史最高水平。董事长和总裁更加自信了，觉得确实只有自己才能创下奇迹，所谓的培养计划也被抛到了脑后。偶尔还会有人叹息一切又恢复了原样，但没有人想过要把新的销售开发计划付诸实施。管理层和顾问都不愿承担新方法的风险，于是，公司又落到当责线下，提心吊胆地等着下一个悬崖的出现，同时暗自祈祷这次的悬崖不要太陡峭。

第七章　多萝茜：实施它，实现目标

毫不奇怪，一年后，悬崖又出现了，公司又回到了老样子。董事长和总裁再一次承担了责任。遗憾的是，由于没有从解决它上升到实施它，公司没有达到当责线上，也没有获得它想要的结果。设想一下，如果公司当时按原计划采取行动，现在可能就是另一番景象了。

实施它自我评估

实施它的能力取决于你是否愿意对现实和结果负责。以下的问卷将帮助你测评你是否愿意承担实施它的风险。如果发现自己不愿实施它，请把第四章到第七章再读一遍，加深自己对当责步骤的理解。现在，花几分钟时间来评估一下自己在实施它时的行为和态度吧。

实施它自我评估表		从不	很少	有时	经常	总是
一	当出现问题时，你能意识到有股力量在诱使你落到当责线下	0	1	3	5	7
二	当你实施它时，你会有意识地避开当责线下的行为	0	1	3	5	7
三	不论结果如何，你总是会报告责任	0	1	3	5	7
四	你主动说明自己的职责和责任	0	1	3	5	7
五	你鼓励他人说明自己的职责和责任	0	1	3	5	7
六	你愿意承担实施它的风险	0	1	3	5	7
七	你不会轻易放弃，不会轻易被困难吓倒，而是持之以恒，直至达到目标	0	1	3	5	7
八	一旦确定了个人目标或企业目标，你就会积极地朝这个目标努力	0	1	3	5	7
九	不论在什么条件下，你对获得结果所付出的努力都不会改变——你下定决心，实施它	0	1	3	5	7
十	你总是让自己"发现它、承担它、解决它、实施它"，直到取得你想要的结果	0	1	3	5	7

做完实施它自我评估后，算算总分，对照这张表看看你达到当责线上和实施它的能力到底有多强。

实施它自我评估得分	
总　　分	评　　价
55～70分	说明你实施它的态度很明确。但你要学会容忍那些当责意识没你强的人，否则你就没法帮助他们共同达到当责线上
40～54分	说明你实施它的态度和行为还是比较令人满意的，但还有进一步提高的余地
25～39分	说明你还不是很愿意承担实施它所带来的风险
0～24分	说明你落到当责线下的问题还很严重。建议你从第四章开始重读一通，再学习一次当责步骤

我们经常用这张问卷考察我们的客户。通过问卷，他们也可以从别人那里获取反馈意见。一次诚实的自我评估可以帮助你了解自己，而同事、朋友和家人的坦率意见也可以帮助你认清自己的优点和不足。

记住，当责的人随时听取别人的反馈意见。如果你想进一步加强当责意识，请参看本书的附录A。我们在附录A中讲述了如何与他人分享"当责"这个概念。与他们讨论一下当责线下和当责线上的经验，一定有助于你提高自己的当责意识。（注：附录A中没有这部分内容。）别忘了利用我们提供的反馈意见表互相征求反馈意见，效果一定会让你非常惊喜。

实施它，实现目标的好处

从我们的亲身经历来看，当责说起来容易，做起来却很难。因此，当遇到那些在巨大的困难面前也绝不落到当责线下的人，我们总是非常振奋。这样的人总是在为改变现实不断拼搏，他们取得的成果也常常让人惊叹。在这一方面，卡斯滕·索尔海姆的成就非常引人注目。

在20世纪30年代的经济大萧条中，为了生存，卡斯滕被迫从大学辍学，但他一直希望有一天能重返校园。他先当了一段时间的修鞋匠，后来又在瑞安航空公司和康瓦尔公司当实习工程师。他在工作中积累了不少经验，但一

第七章　多萝茜：实施它，实现目标

直没有攒够钱继续学业。

后来，卡斯滕从瑞安航空公司跳槽到通用电气。在那里，他参与了世界上第一台便携式电视机的开发工作。过了不久，卡斯滕利用业余时间发明了第一台"兔耳朵"室内天线。通用电气的领导认为这项发明没有任何价值，但这并没有打击卡斯滕的信心。他联系到另一家公司，把这项设计推向市场，获得了巨大成功。让人气愤的是，这家公司虽然卖出了200万套天线，却只给了卡斯滕一套镀金天线作为酬劳。对此，卡斯滕没有耿耿于怀。相反，他从这件事中吸取了教训，发现它，承担它，并带着一种真诚的解决它的态度发誓："下一次我再发明什么东西，我一定要自己把它做出来。"后来，他也的确这么做了。

卡斯滕这时还在通用电气上班。利用晚上和周末的时间，他在车库里设计出一种新式的高尔夫球杆。起初，没人把他的想法当真。《体育画报》的一篇文章说："1960年前后，当卡斯滕·索尔海姆奔波在高尔夫赛场上时，很多人都认为他是个疯子。但卡斯滕的观察非常敏锐，时常到选手们练习的场外轻击区细心观察。许多球手都会把坏了的球杆送到这里修理。根据职业高尔夫选手的意见，他最后设计出一种新的推杆，这种杆的最有效击球点的面积比普通推杆要大，有效地提高了推击球的准确度，而且适用于各种草地。经过卡斯滕的力劝，几位职业高尔夫选手试用了这种新球杆。随着他们在联赛中的成绩直线上升，这种新的'Ping'牌推杆也出了名。高尔夫爱好者不仅争相购买'Ping'牌推杆，还要买这种牌子的其他球杆。"

吸取了先前的教训，卡斯滕意识到必须亲自掌握这种新产品的开发。这就意味着，他必须承担一定的风险，例如，放弃在通用电气很有前途的工作。然而，他清楚地知道，如果不冒点风险，他可能永远也实现不了目标。他没有犹豫，马上开始将想法付诸行动。从通用电气公司辞职后，卡斯滕设计了一条高尔夫球杆生产线。仅仅用了两年时间，他的业务就从5万美元增加到80万美元。到了1992年，卡斯滕已经成为高尔夫装备行业的领头人。直到现在，卡斯滕在面对逆境时仍然保持在当责线上。在他去世前不久，他得知一个坏消息：

奥兹法则

美国职业高尔夫协会认为"Ping"牌"Eye 2"球杆凹槽之间的距离不符合协会的标准。卡斯滕一面在法庭上申辩,一面继续在工厂里开发新的设计。他拒绝放弃实施它,永远不愿落到当责线下。88岁的卡斯滕于2000年逝世。高尔夫业内人士纷纷对他的去世表示悼念。"卡斯滕·索尔海姆对高尔夫行业的影响是无人能及的,"美国职业高尔夫协会荣誉主席肯恩·林赛这样评价,"在如今规模庞大的高尔夫装备市场上,一项恒久不变的宗旨就是要通过技术提高成绩。在这一方面,我们所有人都要感激这位前通用电气公司工程师所设立的标准。"

在另一个杰出的当责案例中,我们的客户吉丹公司心律调整部正面临着一个危及公司生存的处境:当公司的主打产品植入性自动减颤器的专利使用权到期以后,市场上肯定会出现很多同类产品与之竞争。而公司自己的自动减颤器又出现了大问题。

在生产的最后测试阶段,为了保护员工,公司在自动减颤器内安装了一个二极管。这个二极管不仅可能造成氯化物污染,甚至可能使自动减颤器无法正常工作。通过试验,公司认为污染问题并不会对患者的生命构成威胁。有人把这个问题归咎于二极管的供货商,有人认为只有一批二极管是坏的,但通过进一步调查,谁也无法确定究竟是哪一批二极管出了问题。虽然大家找出了无数的原因和解释,但这批自动减颤器究竟能不能正常工作,谁也没有把握。问题严重到必须实施它的地步了吗?产品评估委员会认为还没有,而公司的其他人员不同意这种看法。于是,公司内部分成了两派,一派认为对方的反应过于强烈,是借机打击他们;而另一派认为这些人是在找理由开脱责任。

在这场争辩中,公司很可能隐瞒问题和后果,落到当责线下。事实上,在问题刚出现时,统计员认为根本没必要处理这个问题,即使有问题,也应该是二极管供货商的责任。另外,由于二极管的数目很不精确,公司可以让食品药品监督管理局对产品进行监控,这样也可以让公司脱身。员工为什么不坐等领导们告诉他们怎么做呢?公司为什么不再等等,看看用户在使用产品时是不是真的有问题呢?毕竟,也有一种可能,那就是根本不会出现任何

第七章　多萝茜：实施它，实现目标

问题。从当时的情况看，已经植入患者体内的自动减颤器都能正常工作。

当时，心律调整部正在部门内推行当责意识，于是他们选择达到当责线上。在公司总裁杰伊·格拉夫的带领下，高管认识到，困在当责线下只会浪费宝贵的时间，同时损害医生和患者对公司的信心。格拉夫和高管决定解决二极管问题，即使眼前正面临着最大的困难。他们这种实施它的态度鼓舞了整个公司。大家不再不知所措或相互指责，而是共同承担它。

现在，整个高管层和全公司的员工都准备承担它，公司也准备解决它。大家都在问："为了达到这个目标，我们还能做些什么？"很快，员工开始报告某种途径不可行，或者某种方法不起作用。最后，公司总结出几种可行的选择方案，最好的方案就是从产品中取出可疑的二极管。到了这一步，公司已经做好准备实施它了，但还有一个挑战：如何获得食品药品监督管理局的批准。

在这个关头，高管层表现出了极强的当责意识。他们把职位高低抛到脑后，全心投入不需要二极管的自动减颤器的开发工作。他们向员工报告工作计划，并随时通报最新信息。为了获得食品药品监督管理局的批准，心律调整部以最快的速度提交了无二极管自动减颤器的补充信息。随后，公司不等审批下来，提前开始生产新的自动减颤器，这样，只要审批通过，公司就可以在第一时间将新的自动减颤器投入市场。公司提交的补充信息、对现状以及生产无二极管自动减颤器的诚实报告获得了食品药品监督管理局的信任。他们相信公司是在竭尽全力为患者服务。出于信任，食品药品监督管理局主动与公司合作，不到两周就完成了对新的自动减颤器的上市前审批。新产品上市后，只要医生觉得有必要，公司还将对已植入患者体内的旧产品进行替换。为了满足市场的需要，公司在短时间内生产了大量新产品。

毫无疑问，二极管风波给吉丹公司带来了很多麻烦，也造成了不小的损失。但值得庆幸的是，虽然有一些小小的插曲，杰伊·格拉夫、整个高管层和公司的全体员工从来没有放弃过达到当责线上的努力。如果一味回避问题、转嫁责任、维持现状，吉丹公司就会浪费大量的时间、精力和资源。但吉丹公司最后做到了很多公司做不到的事情：他们拒绝了受害者循环的诱惑，承担了风险，坚定地解决问题并采取行动。他们的行动也得到了回报：用户表示了赞许，政府机构更加愿意与之合作，供货商更加注意质量，员工的当责意识也提高了。不仅如此，在这次事件中，他们也获得了信心，加强了团结。二极管风波的影响可能还没完全画上句号，但整个公司将带着一种更有凝聚力的企业文化走向未来，其中最重要的驱动力就是完全的当责意识。

从一个年轻的商学院毕业生身上，我们也看到了实施它的力量。我们叫他特里。特里刚读完MBA。在求职过程中，他接受了一家中型公司产品开发部主管的面试。这位主管告诉特里，他在商学院学到的东西正是公司所需要的。事实上，他还承诺，只要特里来这儿工作，就可以领导一个产品开发团队，预算和时间都可以自主安排。面对这样的盛情邀请，特里愉快地接受了这份工作。他踌躇满志，因为从面试中他已经知道，他的技能和知识在这家公司是无人能及的。

果然，正如这位主管所承诺的那样，特里刚到公司，公司就将一项新产品开发任务交给了他。上级交给他一笔预算，并规定了一个时间期限，其他的事由他全权负责。虽然有人对把这样宝贵的机会交给一个刚毕业的毛头小伙子有点不服，主管还是公开表示了对特里的信心。

在接下来的几个月中，特里带领着小组没日没夜地投入新产品开发工作中。他们觉得把人员从各自的部门抽调出来集中工作比较好，因为这样可以集中精力，不会被公司的日常事务分心。工作进展得很顺利，特里也觉得信心十足。当其他人，包括公司总裁，问他事情进展如何时，他总是这么回答："等着看我们的新产品吧！那肯定就是你们所期待的，而且更好。"

为了在主管规定的期限前完成工作，整个小组夜以继日地奋斗着。为了节省时间，他们甚至在会议室的沙发上打个盹，接着又投入工作。大家从来没有这么拼命过，也从来没有这么热情高涨过。每个人都坚信：这就是公司所需要的新产品。随着时间的推移，开发新产品的要求越来越迫切，大家都在期待着新产品的公布。

第七章　多萝茜：实施它，实现目标

交付设计的那一天终于到了。这天早上，整个小组都准备好公布他们的劳动成果了。由于两天两夜没合眼，大家都很疲惫，但异常兴奋。大家都希望这个设计能让公司满意。他们来到主管办公室。这是个忙碌的早上，当小组成员走进办公室时，主管正在专注地工作着。他看了看时钟，问他们有什么事。大家热切地说项目完成了，他们还写了一份报告，其中有很多有用的信息。让大家吃惊的是，更让特里失望的是，主管低下头继续看自己的东西，淡淡地说了句："谢谢大家，我一有时间就看。你们没别的事了吧？"听到如此冷漠的话语，整个小组的成员都惊呆了，疑惑马上转化成沮丧和愤怒。更糟糕的是，过了几天，主管对于他们的项目依然只字未提。

一个星期过去了，特里坐不住了。他找到主管，询问他对新产品的意见。主管的回答是他把报告弄丢了，所以还没读。他请特里再给他送一份报告。

特里简直不敢相信自己的耳朵。他垂头丧气地回到办公室，把主管的话告诉大家。愤怒马上引起了反抗。小组成员开始讨论是不是要修改一下简历，另谋高就。特里也觉得自己从头到尾都是个受害者。但他不愿把总管当初的承诺告诉别人。就算说了，又有谁会相信呢？过了不久，主管对特里的工作很不满意的小道消息就在公司传开了。特里觉得自己还是第一次受到这样不公正的待遇。更让他生气的是，公司的其他员工似乎对主管和这些小道消息深信不疑。

和很多刚毕业的MBA一样，特里开始考虑另谋出路。他开始与老同学联系，看看他们的公司有没有工作机会，同时还在打听就业市场的行情。这时，一位朋友送给他一本《奥兹法则》。读过这本书后，特里换了一个角度看待他目前的处境。如果他作为受害者退出，他以后怎么抬得起头来？特里明智地选择了达到当责线上。

特里的第一步是"发现它"。他开始向公司的其他员工了解情况。从他得到的坦率的反馈意见中，他发现了一些重要的事实。首先，他发现由于另一种新产品的失败，公司正面临崩溃的边缘。他的小组全身心投入自己的开

奥兹法则

发工作，丝毫没有意识到问题的严重性。而开发部主管不仅要对出现的问题承担责任，还要负责解决问题，所以把特里的项目搁在了一边。不知内情的特里当然觉得奇怪了，因为他一直以为他们的项目会吸引公司的注意力。为了应付眼前的麻烦，开发部的所有人员都在没日没夜地工作。但是，特里把自己的小组与大家隔绝开，所以根本没有觉察到公司的问题有多么严重。

更糟的是，在特里的小组提交报告的那天，高管层刚给开发部主管下了最后通牒，如果六个月内解决不了问题，后果自负！主管不久前刚在公司总部附近买了一处大房子，沉重的房屋贷款负担和丢掉工作的危险肯定压得他喘不过气来。另外，不止一个人告诉特里，公司有很多人不满他们那种单干的工作方式，他们小组既不让别人参与，也不征求别人意见。大家都不喜欢这种不公开的工作方式，因为开发部一直有团队合作的传统。

听到这些反馈意见后，特里为自己的行为感到后悔。由于他把自己从整个部门中孤立出来，所以没人同情他们，也没人对主管的看法提出质疑。虽然特里认为主管本来可以告诉他们这一切，让他们换一种工作方式，但他也承认自己和小组确实有点孤立，目光也不够长远。也许，他并不是个完完全全的受害者。

接着，特里进入了"承担它"这一步。他开始回想他其实是可以换一种工作方式的：了解开发部的工作习惯，与同事多进行一些交流，随时征求他们的意见，同时对部门和公司的其他事情多关注一点。随着特里意识到自己的确有一部分责任，他也越来越想留下来，帮助公司走出困境。他和小组的其他成员开了个会，把他了解到的情况和想法告诉大家。他很高兴地看到每个人都能想出一些改进现状的办法。解决方案就在眼前了。

特里进入"解决它"这一步后，他决心以实际行动向开发部的同事表明，他并非只关心自己的成功，他也是个有团队精神的人。他知道，要改变大家的印象需要一段时间。同时，与主管开诚布公地谈谈当前的情况和他的体会也是需要勇气的。

当再一次思考自己的处境时，特里知道自己已经走出了发现它、承担它

第七章　多萝茜：实施它，实现目标

和解决它这几步。虽然别人的反馈意见和评价让他很不舒服，也很难认同，但他可以安慰自己：造成这种状况虽然有他的责任，但他也可以改变别人对他的看法。现在，他所要做的就是实施它。这是当责的第四步，也是最后一步。特里明白，知道该怎么做和实际去做还有很长一段距离，他必须集中意志来承担实施它带来的风险。

他的确实施它了。达到当责线上后，特里开始一步步地改变别人对他的看法。在这个过程中，他也在不断成长。用一种当责的眼光看待他的经历，他战胜了一切可能把他拖到当责线下、让他觉得自己是受害者的力量。过了一段时间，特里的新产品和新点子引起了大家的注意，他也成为整个集体的一分子。最后，他被提升为开发部主管，这也是他所喜欢的工作。最近，他正在花大量时间训练新员工来发现它、承担它、解决它，还有最重要的，实施它。

做好准备，在你的企业内推行当责

最后，多萝茜终于采取行动达到了目标。直到她意识到自己一直拥有实现目标的手段并开始运用这种手段时，她才真正地为自己的处境和想要的结果当责。带着刚获得的决心，她敲了敲鞋跟，回到了堪萨斯。虽然这双魔鞋一直穿在她脚上，但她没有使用过它的魔力。现在，她终于学会了奥兹法则：每个人都有能力摆脱现状，获得自己想要的结果。

当责的人早在几百年前就掌握了这条法则。例如，写于2000年前的《圣经》的《以斯拉记》10:4中有这样一段："你起来，这是你当办的事，我们必帮助你，你当奋勉而行。"

英国诗人威廉·欧内斯特·亨利以另一种方式表现了这一点。因为骨结核，他失去了左腿，并且一直在为保住自己的右腿而与病魔抗争。缠绵病榻的日子是他人生中最黑暗的时期。在此期间，他写下了著名的诗篇《不可征服》（*Invictus*）：

奥兹法则

在笼罩我的黑夜里，
在深渊般的黑夜里。
我仍然感激着神灵，
为我那永不屈服的灵魂。

在命运的魔爪下，
我没有退却，没有呻吟，
在生活的棍棒下，
我头破血流，却并未低头。

在愤怒和泪水背后，
恐惧的阴影撒下大网，
但年复一年的恐吓，
却永不能将我吓倒。

不论出路如何艰难，
不论判决如何无情，
我是我命运的主人，
我是我灵魂的将领。

回到堪萨斯的多萝茜再也不是从前那个胆小的女孩了，因为艰辛的旅程让她学会了做自己命运的主人。她气喘吁吁地向家人和朋友讲述了她在奥兹国的种种奇妙经历。现在，你也可以将这种体会与大家分享。快来看看下篇，如何把奥兹法则运用到整个企业吧。

下篇

集体当责的成果：
帮助企业达到当责线上

要想让整个企业达到当责线上，每位员工都必须为实现结果当责。在这个过程中，当责线上的有效领导是必不可少的。在下篇中，我们将援引10年来的工作经验，向读者展现如何将奥兹法则融入领导才能，并将其引入企业，用于解决当今社会最棘手的商业和管理难题。最后，相信你也同意：当责是取得一切商业成功的核心。

第八章

好女巫甘林达：
掌握当责线上的领导才能

***

于是多萝茜把金帽子递给她。女巫问稻草人："多萝茜离开我们后，你打算做什么？"

"我将回到翡翠城，"他答道，"奥兹让我做那里的领导者，百姓们都喜欢我。唯一让我发愁的是，我怎样才能越过那座棒槌头人的山。"

"以这顶金帽子的魔力，我可以命令飞猴带你去翡翠城，"甘林达说，"如果让百姓失去像你这样出色的领导者实在太可惜。"

"我真的很出色吗？"稻草人问。

"你很不平凡。"甘林达回答。

——《绿野仙踪》

莱曼·弗兰克·鲍姆

第八章 好女巫甘林达：掌握当责线上的领导才能

奥兹国的四位好伙伴终于走完了当责线上的旅程，也找到了帮助别人到达目的地的力量、智慧、勇气和决心。在这段不平凡的旅程中，好女巫甘林达一直在指引着这群结伴而行的好伙伴，默默地帮助他们沿着重视主人翁意识、责任和结果的正道走下去。和所有优秀的领导者一样，她没有事事包干，而是给团队指出正确的前进方向，并在沿途给予指引。她巧妙地在适当的时间给予适当的帮助，引导着这群伙伴一步步发掘出自己的力量、决心、勇气和智慧，平安来到奥兹国，最终如愿以偿地回到了家。

当责线上的领导者

到目前为止，我们一直讲的是个人如何达到当责线上。现在，我们要开始讨论你如何帮助他人发现奥兹法则的秘密，达到当责线上，并实现他们期望的结果。当责线上的领导者要满足几点条件：虽然他们会偶尔落到当责线下，但他们很快就能回到正确的道路上；他们总是积极地听取别人的反馈意见，同时也积极地给别人提出反馈意见；他们用和别人一样的当责标准来要求自己；他们还很乐意帮助别人一同前进。

现代企业总是要求领导者面面俱到。他们不仅要达到种种数据指标，还要符合道德伦理的标准，并顾及各方利益。一家著名的猎头和咨询公司光辉国际曾对726名企业董事进行了调查，大多数被调查者表示，如果他们决定解雇某位首席执行官，原因多半是他的领导能力不够，而不是企业的经济效益不好。随着企业的高管纷纷把决策权下放，权力的转移也进一步促使人们关注最高层的领导能力。因此，当责线上的领导能力渐渐成了一种必备条件，而非某些企业所独享的优势。

在本章中，我们将与读者分享我们在过去10年中帮助他人成为当责线上的领导者的经验。当然，你首先要有动力，愿意成为这样的领导者。假如你已经体会到了当责线上给你带来的力量和自由，现在你要决定，你是不是真心想帮助其他人体会到同样的快乐。如果你想用刚学会的这一套来制服别人，用你更强的当责意识与他们竞争，控制他们为你所用，或者讥笑他们当责线下的行为，这一章你就不必读下去了。可是，如果你真诚地想帮助别人纠正当责线下的行为，这一章一定会让你受益匪浅。

找准出手时机

首先，当责线上的领导者能够发现别人什么时候落到当责线下。现在，你应该能够辨别自己和别人身上表现出的当责线下的行为了，也应该能够一眼看穿别人是如何编出天衣无缝的理由来为自己辩解的。初听起来，这些受害者的故事的确言之凿凿，所以，找准时机拉他们一把也不是那么容易的。

传媒大亨鲁伯特·默多克一反常规的商业战略和做法既受到人们的称赞和模仿，也遭到不少人的批评和嘲讽。身价达70亿美元的默多克一手把旗下的新闻集团打造成全球最著名、最稳定也最赚钱的传媒巨人。他是如何创造这个奇迹的呢？其中一条原因就是，他从来不相信受害者故事。《财富》杂志说他"通过打破常规、承担风险，从而建立起一个集电视、报纸、杂志、书籍和电影于一体的全球传媒帝国。他就像一个赌徒，没人猜得出他接下来会出哪张牌，他就像一个按自己的规则行事的海盗，一位不看重短期结果的老板"。事实上，默多克的秘诀就在于，他掌握了当责线上的领导艺术，注重抓住机会，实现结果。如果现实要求他采取谨慎保守的做法，他会小心翼翼地行事。如果现实要求他承担风险，他也会非常大胆。作为一位领导者，默多克从来不会让自己和团队在当责线下受困太久。就在不久前，他还说自己"目前掌控着一艘非常保守的船……小心翼翼地前进"。但现在，他又有了大动作，因为他看到了传媒业中实力对比的变化。随着节目制作者的实力步步下降，而Comcast和时代华纳（如果他们不破产的话）等电视运营商的影响逐步扩大，默多克最终决定收购一个像DIRECTV或EchoStar那样的卫星平台。《财富》杂志报道，"有了卫星平台，默多克就拥有了一件保护他旗下诸多发展迅速的有线电视网络的武器，如福克斯新闻、福克斯体育、国家地理和专门报道赛车运动的速度频道……这就是游戏的规则，如果有线电视经营商知道默多克自己掌握了播出平台，他们就不敢太为难他了。"显然，鲁

第八章 好女巫甘林达：掌握当责线上的领导才能

伯特·默多克从来没有停止问自己："我们还能用什么办法达到我们所期望的结果？"要想让一个企业保持在当责线上，这个问题比什么都重要。

当责线上的领导者宁可冒着丢掉舒适生活和稳定工作的风险，也要把问题追究到底。如果发现当责线下的行为，他们不会被那些自称受害者的表面现象所迷惑，而会不依不饶地找到潜藏的事实真相。他们不希望自己和别人被某些人伪造的假象所愚弄，于是不留情面地挖掘出他们不能实现结果的真正原因。即使最天衣无缝的受害者故事也不能让他们轻信，只要某某人做了件什么事，就天下太平了。他们清楚，治标不治本不但不能解决问题，反而会继续掩盖甚至加剧问题。他们不会染上过分活跃综合征，不会被急于掩饰自己真实意图的特殊利益集团提出的种种实用解决方案蒙住眼睛，也不会轻易相信大家异口同声说的"只要我们做了什么，什么就好了"。他们知道，在条条框框上进行一点改变，有时只会掩盖真正的问题，而他们的使命是坚持不懈地把问题找出来并解决问题。

在听到某个具体问题时（如产品质量不合格），当责线上的领导者不会浪费时间来担心发愁，而会马上开始了解企业各个岗位上的员工（包括他们在内）为什么没有对自己分内的工作承担责任。当责线上的领导者知道，只要期望的结果没有实现，他们就必须透过辩解和互相指责的烟幕，找到人们落到当责线下的真实原因。只要发现企业内有当责线下的行为，他们就马上教导员工要挣脱受害者循环，具体的做法我们会在本章后面介绍。当责线上的领导者会巧妙地选择时机，适时地出手帮助别人摆脱受害者循环，并用恰当的方法引导他们关注真正重要的事。只有这样，整个团队和企业才能创造更美好的未来。

不要让当责意识走到极端

这里要提醒大家一句：和很多事情一样，你在寻找当责线下的行为时也会做得过火，把好事办成坏事。任何一件好事做过头了都会变成坏事，变成成功路上的障碍。有一位企业领导者打了一个很巧妙的比方：过分关注当责

奥兹法则

就像在弹钢琴时只弹一个键，最后必然会让听众受不了。这时，领导者的影响力就会大大下降，即使运用其他资源、技术和解决方案也于事无补。如果把所有问题都看成责任心不足的表现，你就无法统观全局。但是，如果看不到每个问题中的当责因素，那么你也会犯错误。巧妙的介入要求你出手时不动声色，但也绝不能拖泥带水。

这些年来，我们看到不少人在强调当责意识时走到了极端，强迫别人对发生的所有事情负责。你也许不相信，但我们的确听到有人说，如果一个人在走路时被车撞倒了，这只能怪他自己，谁叫他偏要在那个时间走那条路呢，他要是不走那条路不就没事了吗？这未免太荒谬了。但是，我们可以说，侥幸逃生的行人如果不能从车祸中吸取教训，他们就无法实现美好的未来。

此外，还有一些人把病人生病也看成责任心的问题，认为病根就在于病人的情绪上。虽然有些病的确与忧虑有关，但如果认为所有的疾病、事故、不幸和灾难都是人为因素造成的，你就犯了一个相当严重的错误。奥兹法则告诉大家，个人的境遇不完全是由他的行为决定的（虽然他必须认识到个人的行为对于当前的状况有什么影响），而是由一系列人力无法控制的因素造成的。运用奥兹法则的人不是被动地成为现实的受害者，而是勇敢地站出来战胜现实，实现他们所期望的结果。即使在最极端的例子里，即使某些人是不折不扣的受害者，悲剧对他们未来的命运究竟会产生什么影响，也是由他们自己负责的。

有时，试图控制他人也是让当责意识走到极端的一种表现。这群人自命为"思想警察"，总是试图强迫别人达到当责线上，进入他们自己创造的、适合自己想法的世界。《时代》杂志的一期封面故事给人留下了极深刻的印象。它把这种过分热心的人称为"无事忙"。没有人有权强迫别人变得更有影响、更有正义感、更有学识、更有效率、更友善、更勇敢、更值得人信任，或者其他等等看似更"正确"的变化。你可以用教导、鼓励、启发、反馈、批评、指引等方法，唯独不要用强迫。在《时代》的这篇文章中，作者约翰·埃尔森讲述了一个因体重超标而被解雇的洛杉矶保安的故事："《洛

第八章 好女巫甘林达：掌握当责线上的领导才能

杉矶时报》的保安杰西·默卡多虽然一向工作勤勉，但最终仍逃不掉被解雇的命运。"可是，我们怎么能因为一种主观的、没有原则的"正确"标准轻易解雇一个人呢？对于默卡多这桩案子，法庭也表示支持这一观点："默卡多提出上诉，打赢了官司，不仅获得了50万美元赔偿，还赢回了他的工作。"

承认不是所有事都是你能控制的

当事情不在自己的控制范围之内时，当责线上的明智领导者会以一种巧妙的方式进行干预。这种情况随时会发生，如糟糕的天气、自然灾害、别人的选择、全球经济的波动、条件上的限制、竞争对手的举动、事故和政府干预等。当然，有些东西是大家没法控制的，如出身、家庭背景、遗传基因和身材长相等。然而，《华尔街日报》的一次调查显示，还是有很多领导者为自己无法控制的事情忧心忡忡，甚至彻夜难眠。在这次调查中，最让领导者担心的五件事依次是：员工、经济状况、竞争、政治环境和政府监管，得票总数超过50%。

明智的领导者会对自己无法控制和可以控制的因素进行区别对待。例如，既然不能控制全国的经济状况，何苦喋喋不休地抱怨经济不景气呢？这只会浪费你的时间和精力。何不把时间花在制定应对各种经济状况的策略上呢？这种投入的回报必然会大得多。

试着将你不能控制的事和可以控制的事区分开。这样，你就不会整天在当责线下为你无能为力的事情长吁短叹。你还可以避免在当责线上表现得过分积极，强求用自己的想法改造周围的一切人和事。

现在，请你在下面这张表格中写下你目前关注过多而又无法控制的事情，工作问题和家庭琐事都行。请尽可能地写一些你基本上无法控制的性质、特征、情况和事件。用0（无法控制）、+（基本上无法控制）和++（有一点控制）表示你对事情的控制程度。通过一一列出这些事实，你就可以把它们与你在生活和工作中可以应付的事件区分开。看看这张表格，想想要是你不再陷在当责线下为你无法控制的事情担心，你可以节省多少时间和精力。

奥兹法则

我无法控制的事	
无法控制的事	可控制的程度

在一次当责培训中，一位女士向我们讲述了她的经历。当她还是个小女孩时，她的父亲每天都会在晚饭时间向全家人讲述一天的工作。她父亲总是满腔愤怒地抱怨这一天多么多么不顺，特别要添油加醋地渲染一番自己受到的"不公正待遇"。妻子和孩子们一边吃饭，一边听他骂骂咧咧地抱怨老板待他多么刻薄。在他口中，那位老板永远是一个不识好歹、无情无义、偏听偏信的人。等大家吃完了晚饭准备吃甜点时，她们就会说几句话安慰一下父亲，帮他骂骂老板。只有表示一下安慰和鼓励，她们才能继续干别的事。现在回想起来，这位女士承认，接受父亲在当责线下的行为其实对父亲并没有任何帮助，对她们自己也没有任何好处。父亲的不愉快也影响了全家，让全家人都觉得自己的生活是无法改变的，只能怨天尤人。具有讽刺意味的是，许多研究表明，我们所担心的事有九成以上是人力无法控制的。设想一下，如果这位女士一家在餐桌上讨论的事情是她们所能控制的，她能从中学到多少东西啊！

如果理解正确并且运用得当，当责意识会让人们感觉现状是在个人掌控之中的，所期望的结果都能通过努力实现。简单说来，虽然人生中有很多因素是无法控制的，我们还是可以帮助他人达到当责线上，这就意味着要帮助他们发现它、承担它、解决它和实施它。

例如，专门生产家用呼吸设备的奈普特公司的呼吸设备组正面临着激烈的竞争。他们一方面要发展公司业务，一方面要适应新上任的销售副总裁的工作风格。不少员工对这位副总裁很不服气，因为他没有任何有关呼吸器的销售经验，而其他销售人员都比他经验丰富。然而事实让所有人大跌眼镜。仅仅过了四个月，这位副总裁就带着他的团队打了个漂亮的翻身仗。销售部

第八章　好女巫甘林达：掌握当责线上的领导才能

的服务质量提高了，销售额也突破了指标。这一转变让人惊叹。然而更让人叹服的是，这位副总裁完全是依靠奥兹法则取得成功的。他鼓励销售部的每一名员工发现它、承认它、解决它，并把注意力集中到结果上。没过几个星期，员工就开始为自己的处境承担责任，一开始是出于副总裁的压力，后来就成了积极主动的行为。通过四个月的当责线上的领导，整个销售部对工作的理解完全发生了改变。这位副总裁的事例告诉大家，当责线上的结果不是来自发号施令，而是来自循循善诱地引导人们为克服成功路上的障碍承担责任。

为他人树立榜样

如果想在企业内培养当责意识，你自己首先要树立一个榜样供他人效仿。首先，你要为自己的决策和行为的后果负责。如果你树立的榜样是负面的，那么受害的不仅是你自己，连整个公司都会落到当责线下。例如，《华尔街日报》曾刊登过一篇文章，标题是《推卸责任的老板让员工陷入困境》。作者琼·鲁伯林在此讨论的就是一个负面榜样：一位总是把自己的错误归咎于下属的老板。鲁伯林说："在所有令人头疼的老板当中，习惯于责备下属的老板是最难以应付的。要将胡乱怪罪他人造成的伤害减少到最小，需要细致入微的判断力、敏锐的政治嗅觉，以及不同程度的风险承受能力。要求如此之高，难怪很多人只能恨得咬牙切齿，却始终无能为力。"我们已经遇到过上千个人把胡乱怪罪下属的老板列为最差老板。

在当责线下的老板也许会在短期内取得某些成绩，但从长远来看，他们的行为最后将摧毁员工之间的信任、合作以及对工作的关注，而这些正是取得积极成果所不可或缺的。这种领导模式最终将驱使大家采取一种"推卸责任"的工作模式。正如鲁伯林所说："如果在日后的业绩考察中检查出什么错误，一份书面证明也许就能给一位受到不公正指责的下属提供帮助。波士顿的心理学家格罗思教授建议你自己保存一份对事情的记录，并给自己寄一件证明信，不拆开，以便日后进行核实。据他说，'这是一种简单的自我保护方式'。"可是，这种办法多浪费时间和精力啊！只要老板停止这种相互指责的把戏，把精力放在纠正错误和改变后果上，对所有人岂不都大有裨益？

当责线上的领导者会在自己的职权范围内为每位员工规定好责任，并为自己在规定责任的过程中的言行负责。如果一位领导者清楚何时介入、何时放手，他就能避免误导他人的尴尬局面。有些领导者确实出于好心，想引导别人承担责任，但就是把握不好分寸。过度干预只会打击他人的自信心，甚至引起他们的愤怒。我们要再强调一遍，优秀的领导艺术需要的是坚定而不露痕迹的点拨。

关于杰克·韦尔奇的书实在是太多了，其中一本就是韦尔奇本人讲述自己担任通用电气首席执行官经历的自传。但我们认为，诺埃尔·蒂奇和斯特拉福德·舍尔曼合著的《掌握自己的命运，否则将受制于人》是最有启发意义的。这本书揭示了杰克·韦尔奇给通用电气带来的最本质的改变，主题也是强调当责。对此，我们深有共鸣："通用电气的伟大转变给职业经理和普通员工都上了重要一课。掌握自己的命运并不只是一个有用的商业理念。它是所有个人、企业和国家最重要的责任，也是获得成功的最基本要求。世界的变化永无止境，我们也必须随之改变。我们所拥有的最伟大的力量就是预见我们自己的命运，并改变我们自身。"这就是当责线上的领导艺术。韦尔奇给自己制定的首要目标就是：向公司员工灌输"自信、坦诚，即使在最困难的情况下也要坚定地面对现实"的理念。实现这个目标容易吗？答案是：非常不容易。

对于其中的艰辛，韦尔奇本人也有一段描述："我自己也犯过错（犯过不少），但我最大的错误就是步伐还不够快。长痛不如短痛。当然，我们都不希望给别人造成伤害或给公司带来太大的压力。但总体来讲，拖我们后腿的还是人的本性。你希望受人爱戴，被人称颂，于是就放慢了前进的步伐。可这种做法只会造成更大的伤害，还会危及公司的竞争力。"

接着，他还承认，他所做到的一切其实都可以在一半的时间内完成。"当在管理如此庞大的公司时，你自己先胆怯了。你总是担心自己会不会把

第八章　好女巫甘林达：掌握当责线上的领导才能

公司搞垮。也许大家不相信领导者会这么想，但这的确是事实。他们晚上回家时都在反复想：我会把公司搞垮吗？现在回想起来，我当时确实过于谨慎小心了。"

像杰克·韦尔奇这样出色的领导者也在为使自己和公司达到当责线上而努力，当自己或别人落到当责线下时，他们会适时地不动声色地进行点拨。下面有几条建议，希望可以帮助你对他人进行点拨：

- 不断问自己：为了实现期望的结果，我还能做些什么？
- 不断鼓励别人问同样的问题：我还能做些什么？
- 邀请别人给你提意见，看看他们是否认为你在某件事上的表现达到了当责线上。
- 当别人落到当责线下时，坦诚地向他们提出意见，并进行鼓励。
- 积极地关注他人的活动并给予帮助，而不是等待他们向你报告工作进展。及时向上司报告你自己的进步。
- 集中精力讨论你们可以控制的事情。当你落到当责线下时要坦率地承认现实，在别人提意见时不要为自己辩解。

一旦掌握了这些技巧，并能以当责线上的行为做出表率，你就可以指导他人共同进步了。

指导他人达到当责线上

激励他人当责是一个漫长的过程。别以为只要你做到了某件事，别人就会自然而然地当责。很多领导者有这种误解，以为只要让员工接触并理解当责的概念，就不会再有人落到当责线下了。这种一次性灌输当责概念的方法，以及认为当责有个明确起点的看法，在我们看来是毫无道理的。

犯这种错误的领导者总是把当责当成一把大锤。一旦员工落到当责线下，他们马上当头一锤，似乎在警告他们："我又逮着你了。"这种办法只会让人们再次陷入受害者循环。因此，你必须让大家感受到，当责的理念并非圈套，而是一股强大的力量。虽然大家都不愿让受害者的心态和行为滋生蔓延，但我们要记住，指导他人达到当责线上的过程需要你耐心地养成并巩固。别忘了，你的帮助对象早已形成了根深蒂固的观点和个性，要他们放弃这一切并接受一种全新的观点本来就非常不易，如果他们觉得受人压制，那么只会让工作变得更加困难。过度施压只会让人们感觉受到排斥（"我是对的，你是错的"），而巧妙的劝服会让他们感到自己也是整个过程的一部分（"现在有个问题，我们一起来看看如何解决它"）。

一位朋友（吉姆）向我们讲述了他刚开始工作时的一段经历。当时，他是波士顿一家著名会计师事务所的会计师。当然，在这样一家著名的事务所，他和其他人一样在寻找机会跳槽到某家客户公司去担任审计师。不久，机会来了。有一家他仰慕已久的公司提供了这样一个工作机会。吉姆兴冲冲地接受了即将离开这家公司的首席财务官的面试，又接受了另一位几个月后即将上任的新首席财务官的面试。面试很成功，吉姆如愿以偿地获得了这份工作。作为一家拥有3500万美元资产的大公司的审计师，吉姆对自己掌握的权力感到兴奋不已。

在新首席财务官到任前，他实际上掌握了公司的所有财务事宜。在这种情况下，吉姆信心大增，对自己的未来充满了希望。

但当吉姆着手审阅公司的财务报表时，他发现自己的任务着实不轻，因为交给他的财务报表简直一团糟。他向即将离任的首席财务官鲍伯提出了几个有关报表的问题，而鲍伯只是轻松地挥挥手，说这些问题可以拖到下星期。"这不是什么大问题，"他轻描淡写地说，"事情走上正轨总是需要点时间的。"

下周一，鲍伯又与吉姆碰面了。鲍伯草草地翻阅了一下公司的账本，马上提出让吉姆签字给他发最后一笔工资。金额并不大，只有几千美元。吉姆爽快地签了字，并祝鲍伯有一个光明的前程。但过了一个星期，当吉姆再次仔细地查阅账本时，他发现鲍伯已经让另外三个人签字给他发"最后"一笔工资了。这引起了他的警惕。他花了两个月详细地核查账本，发现鲍伯通过伪造采购拨款单，已经贪污了100多万美元。

第八章　好女巫甘林达：掌握当责线上的领导才能

吉姆一边收集鲍伯的罪证，一边将这些情况告知了即将上任的首席财务官斯蒂夫。斯蒂夫在原来的公司还有些工作要收尾，所以每周到办公室来一天。斯蒂夫告诉吉姆，在他们收集到足够的证据以前，先不要把这件事告诉别人，连公司总裁也不能透露。于是，吉姆继续加班加点地工作，甚至牺牲了周末的时间，目的就是收集鲍伯的罪证，将前任首席财务官和他的同谋告上法庭。

一天早上，公司总裁与吉姆谈话，无意间说到他也在怀疑前任首席财务官可能有贪污行为，但他还不能相信这一切。让吉姆大感诧异的是，总裁居然表扬斯蒂夫发现了账目的问题，还有点责怪吉姆的意思。他不满地说："吉姆，你已经来三个月了。怎么一点蛛丝马迹都没发现呢？"斯蒂夫居然抢了他的功劳，这让吉姆愤懑不已，发誓以后再也不相信任何上司了。

吉姆的故事你一定不陌生吧。的确，有很多人感到自己被掌权的人坑了。作为当责线上的领导者，你不能想当然地认为你的下属会无条件地接受你的指导。他们可能怀疑你有什么不可告人的动机。如果你有过和他们一起编造受害者故事的不良记录，或者从来没听取过他们的意见，你的转变就更会引起他们的猜疑。在试图指导他人达到当责线上时，请千万记住这一点。

如果你听到员工在讲述一个受害者故事或当责线下的借口，请通过下列五个步骤来帮助他：

1. 倾听。你要对受害者行为保持警惕。当你请他讲述他的受害者故事和当责线下的借口（目的是为了帮助他）时，请带着同情的态度倾听他的抱怨。

2. 承认。如果某些事实和障碍确实妨碍了他取得期望的成果，你要接受这些事实。告诉他，你完全理解他的感受，也知道克服这些障碍是非常困难的，并表示你同意确实存在着挑战，好人也会碰到不公平的事。

3. 询问。如果他一直坚信受害者故事和当责线下的借口是他失败的主要原因，你可以巧妙地将话题转移到当责的一面。不断地问他这个问题："你还能做些什么来达到你期望的结果，并摆脱困扰你的处境？"

4. 指导。利用当责步骤帮助他认清目前的处境，找出为实现目标还需要付出哪些努力。你可以花几分钟时间用眼前的例子解释一下奥兹法则，同时讲讲你自己处于当责线下的经历。别忘了强调一下，偶尔落到当责线下是很正常的，但如果不及时挽回，就永远不可能获得你期望的成果。强调当责线上的行为会带来积极的效果。然后，和他共同走过发现它、承担它、解决它、实施它这四个当责步骤，并把它们一步步运用到眼前的事件中。

5. 投入。多花一些精力帮助他制订当责线上的行动计划，鼓励他把取得的进步告诉你。别忘了约定在一段时间后巩固一下，时间间隔不要太短，也不要太长。如果他在约定的时间里没有来找你，你可以主动去找他。在巩固期内，你要继续观察、倾听、承认、询问、指导和投入。对他的进展要给予诚恳体贴的反馈意见，对取得的任何进步都要表示祝贺。

当开始指导他人达到当责线上时，你马上会看到让他报告自己所取得的进步是多么重要。

报告进步

在理想世界中，领导者根本不必指导他人学会当责，因为每个人在任何状况下都能认识到自己的责任。然而，世界本来就不是完美的，每个人都会犯错，所以领导者要养成随时指导他人的习惯。我们已经强调过关注现在和未来的前瞻性指导的重要性，而反思过去也是很重要的，也就是所谓的报告进步。如果运用得当，实事求是地进行报告可以让当事人对照结果衡量所取得的进步，从以往的经验中吸取教训，获得成就感，并看到还要付出哪些努力。

很多领导者凭直觉意识到，让别人讲述自己的行为是很有用的，但他们

第八章　好女巫甘林达：掌握当责线上的领导才能

的做法不太恰当。很多领导者的做法是：

- 等着下属采取正确的行动。他们没有要求下属定期报告，而是放任自流，以为大家都能自觉地衡量自己的进步。
- 回避因无法令人满意的报告而引起的不愉快。他们害怕因为这种不愉快而把与下属的关系弄僵。
- 允许下属对某些问题避而不谈，而不是开诚布公，正面对待棘手的问题。他们总是想当然地认为有些问题是无法避免的，于是干脆不提。
- 将下属找出的各种理由视为事实，虽然他们明知这些理由只会阻碍人们看清事实真相。他们容忍这一切，希望有一天事情能朝着好的方向发展。
- 把时间全花在其他工作上。他们不重视定期报告，总是等着看最后的结果。
- 没有告诉下属定期报告的重要性。他们不重视的事情也就被大家抛到了脑后。
- 没有明确他们的期望值，或没有解释清楚进行报告的目的。他们接受了模棱两可的报告，因为他们的目标本身就是不明确的。
- 没有确定具体的报告时间。他们让下属自己决定报告的时间和形式。
- 没能充分利用报告的时机引导下属进一步向期望的结果前进。他们只是简单地进行一下鼓励或批评。
- 不知道让人们当责并不是一个让人全身冒汗、战战兢兢的痛苦过程。他们让报告的过程变得非常痛苦，使下属产生了畏惧心理。

如果你能克服这些常见的困难，那么让他人报告进步的过程是非常有意义的。你可以指出他们还需要付出哪些努力，提供一些克服困难的建议，倾听他们对公司的合理要求，从而让这种报告成为一种愉快的交流过程。

当责线上的领导者除了要求别人进行报告，自己也会报告。看看当责线上的报告和当责线下的报告有哪些区别。

当责线下：

- 在迫不得已时才进行报告。
- 为自己的行为进行辩解。
- 在应该进行报告时总是躲躲藏藏。
- 把没有取得成果的原因归咎于他人。
- 在别人提出改进意见时为自己辩解。

当责线上：

- 定期进行全面报告。
- 对自己的行为进行分析，并找出还可以做哪些努力。
- 在应该进行报告时从不推卸。
- 为现状承担责任。
- 乐于接受反馈意见。

如果站在当责线下进行报告，你实际上就是允许全公司的员工都效仿你；如果你总是站在当责线上进行汇报，你的下属就会以你为楷模。

在当责线上进行领导

为了帮助客户掌握当责的领导艺术，我们制作了一份当责线上领导行为一览表。定期根据这张表检查自己的行为，可以帮助你为你的下属树立良好的榜样。

一旦掌握了有效的当责线上的领导技巧，你就可以提升整个企业的当责意识。不过，千万别忘了，多萝茜和她的伙伴花了好长时间才意识到自己具备实现梦想的能力。甘林达明智地指点他们走完了整个旅程。作为一位当责线上的领导者，你的领导才能应该发挥在帮助下属和整个团队取得进步上。树立榜样，知道在什么时间进行点拨，什么时间放手，关注可以控制的事情，指导员工达到当责线上，并让他们报告所取得的进步——做到了这些，你就是一位非常出色的当责线上的领导者。

第八章　好女巫甘林达：掌握当责线上的领导才能

当责线上领导行为一览表
1. 我会认清责任并树立榜样。如果我自己不承担同样的责任，我不会要求他人承担责任。
2. 我会允许他人偶尔落到当责线下，以发泄内心的挫折。我不会放任受害者故事和当责线下的借口恣意盛行。
3. 当我听到受害者故事和当责线下的借口时，我会承认它们的存在。我不会回避我自己的责任，即让人们对自己的行为负责，并希望他们达到当责线上。
4. 我会鼓励人们通过承担责任来实现结果。当我发现他们的行为在当责线下时，我不会以责任的名义对他们施压。
5. 我会欢迎人们在必要时指导我达到当责线上。如果没有征求他们的意见，我不会希望他们指手画脚。
6. 我会亲身实践我教给别人的东西。我不会认为除我之外的每个人都必须学习当责。
7. 我会避免将精力过度集中于责任而忽视其他工作。我不会让所有人对所有情况负责，我知道有些事情是无法控制的。
8. 我会通过倾听、承认、询问、指导和投入来指导人们达到当责线上。我不会认为当责原则是所有人能立即理解的。

第九章

翡翠城：
帮助企业达到当责线上

***

　　她（甘林达）转向铁皮人问道："当多萝茜离开这里后，你会怎么办？"

　　铁皮人倚着斧头想了一会儿，说道："温基人对我很好，他们希望恶女巫死后我能做他们的领袖。我也很喜欢温基人，如果我能回到西方国去，我最想做的事就是永远做他们的领袖。"

　　"我给飞猴的第二个命令，"甘林达说，"就是让他们安全地将你送回温基国……我相信你会成为温基人的英明优秀的领导者。"

——《绿野仙踪》

莱曼·弗兰克·鲍姆

第九章 翡翠城：帮助企业达到当责线上

在故事的最后，铁皮人决定把他刚刚获得的力量与大家分享。这一决定代表的是当责意识的最终应用，即帮助集体中的其他人共同达到当责线上。不论目前在公司中担任的职位是高是低，你都可以宣传一下奥兹法则，鼓励大家挣脱受害者循环，按照当责步骤前进。相信你学到的一切会使整个公司获益：你的上司、下属、同级，以及公司内外的所有相关人士。

在本章中，我们总结出有助于企业创造并保持当责文化的五项重要任务。通过这些努力，你可以切实地将当责意识永久地植入你的企业文化：

1. 对各级人员进行培训。
2. 指导大家培养当责意识。
3. 提出当责线上的问题。
4. 奖励当责的行为。
5. 让人们当责。

这些活动是在企业内成功建立当责文化的基础。在这一章，我们将回顾过去10年中人们在实践中采用的某些最佳做法，相信它们会对你达到当责线上有所帮助。

对各级人员进行培训

培养当责意识的第一项重大挑战是：让从高层到基层的每位成员了解责任与成果之间的紧密联系。当然，并非所有人都能完全理解这一联系。但一旦他们理解了，他们滑到当责线下、陷入受害者循环的可能性就会大大降低。为了转变员工看问题的视角，你必须通过三个步骤对他们进行培训：了解企业内部的当责意识现状；引入对当责的新观点；适应对当责的新观点。

第一步：了解企业内部的当责意识现状

在企业内部发起当责意识培养计划之前，你必须先了解一下员工目前是如何理解和履行责任的。应该承认，每个人对当责的理解各不相同，而且他们的理解多半不是最有效、最积极的。有些人惧怕当责，想方设法逃避责任，有时还认为别人都应该当责，唯独自己不必。只要你听到有人问："这应该由谁当责？"这往往意味着又有人落到当责线下了。我们曾经做过一次非正式的调查，发现人们对当责的理解真是千奇百怪：

"当责只有在出错时才有。"

"当责就是指承担费用。"

"当责就是指向上级汇报。"

"当责就是要对你的行为做出解释。"

"当责是管理层施加给你的：这是外部要求，不是内在需要。"

"当责是指汇报采取了哪些行动，至于结果就不必管了。"

"我认为当责是个不好的概念。"

"当责给人添了很多麻烦。"

"当责是管理层用来给员工施压、逼他们做出成绩的工具。"

"当责就是指对表现不佳的员工进行惩罚。"

"当责是老板强加给你的。它会造成不必要的压力、恐惧、懊恼、愧疚和怨恨。"

"我们这里从不搞当责这一套。"

单看这些说法，你肯定也会以为当责是人人避之不及的恶疾。显然，以这种负面的眼光看待当责，对出现问题的人来说并不是好事，因为这些观点丝毫不能激励大家为实现结果付出努力。如果企业内持这种观点的人很多，培养当责意识的努力就要从头开始，即：了解他们所持的负面观点究竟是什么，并提醒他们已经在当责线下浪费了太多时间和精力。以下这张企业当责评估表可以帮助你确定企业内部的当责意识现状。我们建议你在评估你的团队或企业前，先花几分钟时间进行自测。

第九章 翡翠城：帮助企业达到当责线上

	企业当责评估					
	在最适合你的选项上画圈					
一	你在公司内是否见过有人在出现问题时指责别人？	从不	很少	有时	经常	总是
二	你是否觉得大家没有对自己的行为和工作方式当责？	从不	很少	有时	经常	总是
三	你是否见过有人不主动对自己的活动和工作进展进行报告？	从不	很少	有时	经常	总是
四	当出现问题时，人们是不是没有想尽一切办法来解决问题？	从不	很少	有时	经常	总是
五	当企业出现严重问题时，人们是否采取"观望等候"的态度，等着事情变好？	从不	很少	有时	经常	总是
六	你听过有人说情况是无法控制的，他们没有任何办法解决问题吗？	从不	很少	有时	经常	总是
七	人们是不是把时间花在"推卸责任"上，以防出现问题？	从不	很少	有时	经常	总是
八	人们是否认为他们对自己的行为所负的责任大于对结果所负的责任？	从不	很少	有时	经常	总是
九	你听到有人说"这不是我个人的，也不是本部门的工作"，并指望别人解决问题吗？	从不	很少	有时	经常	总是
十	当出现问题时，你是否觉得大家的主人翁意识和参与积极性很弱？	从不	很少	有时	经常	总是

每项答案的得分是：总是—5，经常—4，有时—3，很少—2，从不—1。把总分加起来，并对照下面的得分表进行一下评估。

企业当责评估得分	
总　　分	基本评价
40～50分	你的企业文化一直处在当责线下。企业的运作已经形成了一种根深蒂固的模式。要改变这种模式，你必领付出坚定明确的努力。
30～39分	企业处于当责线下的时间比较长，这对企业和个人的业绩都产生了一定影响。虽然有一点模糊的意识，但建立更加积极的心态还需要大家有目标地付出。
11～29分	你的企业文化基本上在当责线上。如果你继续在企业上下灌输对当责的积极理解，企业生产力将进一步提高。
0～10分	你的企业文化已经掌握了当责线上的生存艺术，只要人们对偶尔在当责线下的行为保持警觉，企业应该会继续有出色的业绩表现。

要识别当责线下的观点，你必须对当责的实质有所认识，并了解企业员工处在当责线下的程度。只有了解了这两点，你才能摒弃对当责的负面看法。就连一向把当责心态贯彻得非常好的公司偶尔也会滑落到当责线下，因此，每个人都应该随时对当责线下的行为和心态保持警惕。

第二步：引入对当责的新观点

让人们改变看问题的角度并接受新的态度和行为是需要时间的。接受对当责的新看法是让整个企业达到当责线上的准备阶段。只有每位成员都接受了对当责的积极看法，整个企业才能更有效地实现目标。在第一步，我们已经学会了如何看待当责，现在可以开始培养当责线上的态度，并提高整个企业的业绩了。然而，如果在看待当责的观点上没有达成一致，当责线下的态度和行为还是会苟延残喘，继续阻碍我们培养更强的当责意识并达到目标。

对当责的新观点包括：

- 理解受害者循环的意义和危害。
- 了解人们在什么时候会落到当责线下。
- 了解人们在什么时候会陷入受害者循环。
- 接受奥兹法则对当责的定义，并认识到当责步骤的重大意义。
- 将当责意识与实现企业目标联系起来。
- 理解发现它、承担它、解决它和实施它的含义。

- 知道当责线上意味着什么。
- 赞同"对结果负责是整个企业的期望"的观点。

对企业各级员工进行培训，让他们理解当责的概念，这将形成一股巨大的力量，推动企业目标的实现。这不是口头说说或心里默认就能做到的，它还要求感情上和心理上的付出。如果你对这一点将信将疑，想想你听过的受害者故事。你一定不会忘了当事人在感情上和心理上承受的巨大压力吧。我们只有先体会并真正理解当责线上和当责线下的行为和态度的区别，才能完全接受这种对当责的新观点。培训是非常有用的，它们不仅告诉大家当责到底意味着什么，还会帮助大家体会并应用有关当责的概念。在日常生活中将当责原则与实践相结合，是巩固培训成果的最好方式，这样才能保证我们学到的一切都能付诸实施。

第三步：适应对当责的新观点

为了达到这一步，你必须不断鼓励大家改变做事的方式，用连贯一致的当责线上的思维方式取代当责线下的心态。而这只有在经过个人的深思熟虑和收集了大量全面的反馈意见之后才能做到。思考过程和反馈意见都可以帮助我们认清如何以一种不同的方式进行思考和行动。

由于反馈意见是帮助员工保持在当责线上最有效的手段之一，因此你必须学会及时有效地提供和接受反馈意见。在下一节，我们将详细讨论这一技巧。现在，我们首先强调的是如何运用受害者循环和当责步骤的形象和语言来启发人们思考，从而找到两者之间的区别。

大多数人还不习惯于抽象思维，而偏向具体的形象思维。因此，你不妨运用奥兹法则的具体形象和语言，形成一套人人都能听懂的用语。一提起当责线下，大家都明白这是指有人陷入受害者循环了。而在当责线上意味着他非常注重结果。发现它、承担它、解决它和实施它这些词语能让人立刻想到旨在实现成果的态度和行动。当责线上甚至可以成为一种口号，号召每个人克服不利的环境，采取行动并实现成果。

通过奥兹法则的具体形象，你可以帮助企业员工探索不同的方法，将当责的态度融入组织的日常运作，如业绩评估、决策模式、政策制定、咨询顾问、口头和书面交流、标准操作程序等方面。

个人思考、提供和获取反馈信息、采用当责用语、不断想办法将当责意识贯彻到企业的各个角落，这一切都有助于人们保持这种新的态度、信念和行为。一旦达到了这一点，企业实现目标、改善整体业绩就不会太难了。

指导大家培养当责意识

根据我们的经验，如果没有反馈意见，任何企业都不可能永远保持在当责线上。持续的反馈意见是所有当责的企业文化中最具活力的组成部分。在本书中，我们一直在强调反馈意见的重要性。现在，我们将讨论如何将反馈意见纳入一个持续的培训计划中。

一旦确定要在企业内建立当责文化，你的第一项任务就是营造一种环境，使团队成员愿意互相帮助，当他人落到当责线下时给他们提出诚恳、礼貌和及时的反馈意见，并帮助他们逐步恢复当责意识，迅速回到当责线上。反馈意见不必很详尽，但必须清楚、简明和有建设性。请注意，一味批评某人落到当责线下和帮助他人看到当责线上的好处之间还是有细微（有时也不是很细微）差别的。

以比尔·汉森为例。他是我们虚构的一个人物，代表了我们交往过的众多经理中的一个典型。当体验了当责的过程后，他倍受鼓舞，急切盼望将当责的态度引入他的公司。一天早上，他参加了一个管理层会议，正好轮到同事斯坦汇报某个重要项目的工作进展。比尔仔细聆听了斯坦的汇报，他发现斯坦已经落到当责线下了，因为他的很多结论都是在指责别人阻碍了项目的进展。

比尔又开始留心观察会议室里的其他人，看看他们有什么反应。让他意外的是，大家似乎完全接受了斯坦对项目进展缓慢的解释，他意识到，如果在过去，他可能也会接受斯坦的当责线下的借口，但现在，这些借口让他感到非常不安。他应该把自己的感受说出来吗？如果他不开口，其他人会对斯

第九章 翡翠城：帮助企业达到当责线上

坦的报告提出质疑吗？可是，如果他说了，其他经理会觉得丢面子吗？考虑到直言不讳、力求把公司带到当责线上可能给个人带来的风险，比尔感到左右为难：一方面，当责意识驱使他大胆说出自己的疑虑；另一方面，团队的感受又诱使他保持缄默。

突然，他猛然警醒："我的想法和其他人一样，我已经落到当责线下了。公司需要我大胆直言，承担起让大家一起达到当责线上的责任。"这时，比尔开始思索如何表达自己的意见。他能直接批评斯坦在讲受害者故事吗？这样做也行，但他马上想起从培训课上学到的一点：不要把当责当成打击别人的大锤。他一边思考着眼前的两难选择，一边在猜测别人的想法是否和他一样。如果是，也许大家马上能开展一场活跃而有建设性的讨论；如果不是，他最好避开参加会议的其他人，单独给斯坦一些帮助。

正在这时，另一位同事朱莉举起了手："我完全理解你的感受，斯坦，我也知道这个项目难度很大。但是，我想问的是，我们大家能做些什么来完成这个项目呢？"朱莉的想法与比尔不谋而合。这就是他心里一直想问的问题。顿时，比尔感到非常惭愧：为什么他就不能早一点开口呢？会议室里马上热闹起来，大家开始各抒己见。他们没有攻击斯坦，而是友好地向斯坦提出许多有创造性的建议。让比尔既轻松又懊恼的是，原来大家都和他有同样的想法，但只有朱莉鼓起勇气把问题提了出来。

会议结束前，公司总裁对朱莉提出了表扬："她表现出一种我们公司所迫切需要的领导才能。"

这次会议给比尔上了宝贵的一课：以后他再也不会在提出意见时犹豫不决了。大多数人对诚实的反馈意见都能虚心接受。如果提出意见的人是真心诚意地想帮助对方，目的是为了更好地取得成果，并且鼓励对方向自己提出坦诚的意见，这样的意见一定是受人欢迎的。

当你在利用及时坦诚的反馈意见来帮助他人培养当责意识时，千万别忘了将当责步骤贯彻到自己的行动中。优秀的教练对自己的要求和对他人一样严格。

提出当责线上的问题

在本书中，我们一直强调要不断地问这个问题："我还能做些什么？"现在，我们还想补充几个重要问题。只要任何员工、监事、经理、总裁、小组或团队想加强当责意识，他们都可以问自己这些问题。

这些当责线上的问题可以帮助大家更全面地了解现实。你也可以在当责步骤的框架内对这些问题进行改进或补充。我们提出的10个问题和你补充的新问题能帮助你时刻保持在当责线上。

利用这张经过你改进的当责线上的问题单，你可以对自己的进步进行评价，并突破一直困扰你的问题。通过向个人和团队提出这些问题，你就可以在口头上达到当责线上了。

另外十个当责线上的问题
1. 眼前的情况有哪些方面最有可能把我们拉到当责线下？
2. 眼前的情况有哪些因素是我们可以控制的，有哪些因素是无法控制的？
3. 我们已经落到当责线下了吗？
4. 我们假装不知道的当责有哪些？
5. 有哪些共同当责领域可能使我们漏掉一些当责？
6. 如果我们真的"承担它"了，我们会采取哪些不同的行动？
7. 就最近的决策而言，我们要做哪些事情以确保企业保持在当责线上？
8. 相关人员中还有人没为我们已经做出的决策"承担它"吗？
9. 谁负责实现结果？时间期限多长？
10. 我们从最近的工作中学到了哪些值得在将来借鉴的经验？

克林特·刘易斯是美国著名制药公司辉瑞公司的地区销售经理，现在负责的是布鲁克林区。他发现他的小组在全公司57个销售区中排名倒数第一。他召集手下的销售代表商讨此事，而销售代表对此的解释是"我已经尽力了"或者"统计数据不准确"。最后，连克林特自己也几乎失去了信心。一天，他在书店买了一本《奥兹法则》。他一边阅读，一边思考："只有先从自身入手，我们才可能提高销售业绩。"《奥兹法则》帮他认识到，只有对

第九章 翡翠城：帮助企业达到当责线上

自己的成功负起责任，才可能获得成功。不久后，克林特开始将当责的概念运用到会议和个人谈话中。整个团队开始逐步改变心态和工作方式。"我还能做些什么？"成为每个人的口头禅。

一年后，布鲁克林区的销售业绩有了大幅提升，小组成员对未来的期望也不一样了。每次会议的气氛更加活跃，整个小组也更加乐观。小组的业绩年年大幅攀升，最后成为全部门的第一名。此后几年，他们的排名一直保持在前十名以内。同时，克林特也被提升为大区销售经理，最后成为销售副总裁。然而更让克林特自豪的是，他手下的许多地区销售代表后来都被提升到责任更重大的职位。直到现在，"我还能做些什么？"仍然是辉瑞公司布鲁克林区团队文化的核心。

奖励当责的行为

温斯顿·丘吉尔曾经说过："首先是我们决定结构，然后是结构决定我们。"这正是你培养和保持当责意识的方法！如果让责任意识永远成为企业文化的一部分，你必须有意识地将当责的态度贯彻到企业内部的每个角落。

即使在这个由小型的充满活力的公司主宰的时代，我们还是经常听到这样的说法："你不要违反制度。""别捣乱。"甚至"你怎么能跟市政府对着干呢？"其中的潜台词就是：官僚机构的势力如此强大，你就不要自找麻烦了，还是维持现状吧。然而，要培养更强的当责意识，你必须对制度进行某些修改，使它能为当责提供支持。当然，这说起来容易，行动起来却困难重重，因为企业文化对员工的行为有非常大的影响。如果企业文化正式或非正式地接纳了当责线下的行为，这种行为就不会自动退出。

为了让你的当责培养计划有个良好的开端，你必须首先承认并奖励当责线上的行为、态度和做法，并鼓励企业上下效仿。这听起来似乎是常识，但还是有不少企业忽视了这种管理模式对改变企业文化的巨大作用。

你必须将公司的业绩评价和提升制度与对当责线上行为的奖励结合起来。更重要的是，你还应该对员工为达到当责线上所做出的每一点努力表示认可。

一位首席执行官曾经为此向我们寻求帮助。根据我们的建议，他开始在每次高层会议上抽出半小时时间，鼓励副总裁讲述自己在指导其他员工达到当责线上方面获得的成功经验。看到总裁在每次的重大高层会议上都会花时间听这些故事，高管和其他员工意识到，公司的确非常重视培养当责意识，并会对此进行奖励。不久后，高管培养员工当责意识的技巧也提高了。这位首席执行官的确成功地抓住了一个在公司内加强并奖励当责线上行为的好机会。

在另一家由我们长期担任顾问的公司，管理人员也选择在定期召开的高管层例会上对当责的态度和行为进行认可和奖励。每个星期五上午，高管都会邀请部分员工参加例会并汇报工作。受到邀请的员工会提前好几周准备发言，会后还会与同事进行讨论，向他们讲述会议的情况（谁说了什么话，哪位高管向发言的员工提了问题等）。事实证明，高管以一种生动而引人注目的方式向全公司员工表明，他们的确非常重视当责线上的思维方式。

不仅如此，高管还认识到，他们自己在会前所做的准备会直接影响会议的效果。为会议做点准备其实并不费事，但这代表了他们在对待会议态度上的重大转变。他们不再两手空空地来，听听别人的发言，挑挑毛病就结束会议了。现在，他们要在会前做很多准备，利用当责步骤强调共同当责，找出当责线下的态度，给发言的员工提供帮助等。更重要的是，他们还要对当责线上的表现做出认可、赞许和奖励。

每次会议都提供了一次值得珍惜的机会，让大家了解别人为实现成果采取了哪些积极步骤，并再次突出了承担风险、在部门之间进行有效协调、解决问题和坦诚公开地进行交流的重要性。

会议还为高管提供了一个当场互相帮助的机会。有一次，发言的员工是琼安。由于她上次的发言引起了高管的激烈争论，这次她特地带了好几位小组成员来参加会议。她知道有些高管认为她的这个项目有问题，于是，她将会议的内容集中于如何推进项目进展，并引用了不少图表和数据分析。发言结束后，她邀请高管提问。让她吃惊的是，一位高管安东尼竟然很快落到当责线下，将项目进展不够快的责任全部推到项目小组成员身上。幸好，其他

第九章 翡翠城：帮助企业达到当责线上

高管及时指出了安东尼的错误，而安东尼自己也马上回到了当责线上，开始讨论大家还能做些什么来达到目标，而不是他们为什么还没有实现目标。在下面的讨论中，高管强调了共同当责的重要性，通过当责步骤衡量了项目的进展，并指导琼安和她的团队如何克服某些一直阻碍项目进程的难题。安东尼自己也谈到了他被同样的问题所困扰的经历，并主动在会议结束后与琼安进行交流，把自己的经验传授给她。

这次会议后，员工之间的讨论更多了。大家不再议论发言的员工做错了什么，而是大家怎么想办法，让公司早日取得成果。员工还在议论高管在会议上表现出的当责的态度。最后，一件本来会挫伤大家积极性的事情让每个人都学到了宝贵的经验。

除了对当责的行为进行奖励，你还可以采取另外六项手段来建立当责文化，将公司上下的当责水平提升到新的高度。

建立当责文化的六项手段

1. 使用术语。对于熟悉奥兹法则的人来说，一提起当责线上、当责线下、发现它、承担它、解决它和实施它等关键词，他们就知道该怎么做了。与当责步骤和受害者循环有关的用语也可以引起他们的共鸣。一家客户公司甚至用奥兹国的四位主人公的形象设立了一个员工奖，叫作"奥兹卡"。最能发现它的员工得到的是狮子的模型，作为对其勇气的奖励，最能承担它、解决它和实施它的员工分别得到的是铁皮人、稻草人和多萝茜的模型。每年一度的"奥兹卡"颁奖已经成为员工翘首以盼的盛事，不用说，奥兹法则的关键词也更加深入人心了。

2. 讲述鼓舞人心的故事。有关从当责线下回到当责线上的故事总是能激发人们的想象。这种具体的事例比抽象的说教更容易给人留下深刻印象。你可以通过讲故事来解释什么是达到当责线上的行为，并对那些取得成功的人表示赞许。某家工程公司每两周组织一次自带食物的午餐会，供大家讨论奥兹法则在日常工作中的运用。每次午餐会开始前，高管都会问自己："我还能做些什么？"大家一边吃着自带的午餐，一边交流着发现它、承担它、解决它和实施它的成功经验。

3．走动式管理。任何负有监督责任的人都可以通过"走动式管理"来抓住机会帮助员工达到当责线上。另一家客户公司将经理和监事组成了几个奥兹小组。他们随机走访员工，询问他们目前力争实现的成果是什么，以及他们如何在当责线上实现这一成果。根据员工的回答和为成果所付出的努力，他们将获得各种奖励。

4．利用框架。在会议、谈话、书面信函、与客户沟通以及其他一些商业活动中，你都应该鼓励大家在思考和工作时想到当责。有一位客户制定了SOSD（发现它、承担它、解决它、实施它）行动计划，来解决公司所面临的难题。这些计划针对的是员工士气、部门间的交流、职业道路指导和其他可能把公司拉到当责线下的潜在问题。这些计划强化了当责步骤，以一种非常积极有效的方式将奥兹法则加以应用。

5．树立榜样。我们在前面已经说过，你必须树立当责的榜样。请记住，你要随时为公司的其他人树立榜样，并对堪为典范的人提出表扬。在公司的每个级别都要树立一个榜样。有一家公司设立了一个最佳表现奖，专门用来奖励时刻保持在当责线上并取得成果的员工。获奖者就成为全公司公认的当责的楷模。

6．创造当责线上的体验。寻找机会，让大家体会到在当责线上是什么感受。这种感受对于认为你或公司中的其他人会做出当责线下的反应的人尤其有用。不断创造这种体验，将使整个企业文化一步步走向更高的当责水平。某家餐饮公司一直坚持对员工执行当责线上每个步骤的情况进行评分。连锁店的总经理将匿名给本店和整个公司打分，并把结果交给地区经理。地区经理作为协调人，将与手下的总经理分组讨论这些评分中所暴露的问题。然后，小组将讨论如何解决这些问题。这种做法实行后不久，这个地区的生产效率大大提高。这种做法也从一个地区传到另一个地区，最后被推广到整个公司。通过公开透明地给业绩打分，管理层让大家体验到，当责其实适用于

第九章 翡翠城：帮助企业达到当责线上

每一个人。

将这些建立当责文化的手段结合起来使用，可以大大加快企业朝着更强当责意识前进的步伐，当然，他们离令人满意的成果也越来越近。

让人们当责

让我们再来回顾一下《奥兹法则》对当责的定义：

主动地、积极地克服不利环境，并表现出取得预期结果所必需的主人翁精神——发现它、承担它、解决它、实施它。

做出、保持并履行个人承诺，对于建立企业当责是非常重要的。说到底，个人当责就是指每个人都主动发现它，决心承担它，努力解决它，并承诺实施它。

根据我们与众多企业合作的经验，我们时常会听到大家谈论个人承诺。遵守个人承诺的人总是能赢得同事的尊敬，回避甚至违背个人承诺的人则会引起他人的不满。如果企业内的多数人属于后者，这个企业必然会陷入无止境的责任推诿，最后的结果只会让人失望，而在一个当责的企业中，每个人都遵守自己的承诺，结果自然是令人满意的。

我们了解到，许多企业都有一份清单，上面列着他们目前正在进行的项目。然而，清单的长度不断增加，资源却没有增加。新项目竞相上马，老项目却迟迟没有从清单上消失。一次，一家公司终于发现，单子上列的项目实在太多了，以至于公司没法集中精力完成任何一个。千头万绪的工作显然把公司拖到当责线下了。任务如此繁重，大家当然避之不及。个人承诺？可又有谁会对不可能完成的任务做出承诺呢？在这种情况下，当责不是救生圈，而是自杀的毒药。当我们在另一家公司讲起这件事时，下面发出了一阵不自然的笑声。公司管理人员略带愧色地承认，他们比那一家公司更出格：他们的单子上竟然有140个项目！我们追问为什么会发生这种情况。他们的回答是，他们只顾往单子上添新项目，以为员工自己会明白哪些项目是优先的。于是，在大家的默许下，一条潜规则形成了："我不反对你往单子上加项目，你也别追问我为什么没有完成项目。"在这种情形下，个人承诺根本不可能实现。最终，这些公司都用当责步骤取代了受害者循环。

随着当责的态度一步步落实到企业的每个角落，大家开始更投入地工作，未完成项目的数量也在逐渐减少。

在当责的企业中，人们必须对工作进展进行报告。一位领导者曾经说过："只有衡量每一点进展，才可能继续前进。如果对进展进行衡量和汇报，就会加速前进的步伐。"可是，你如何以积极而非惩戒性的方法做到这一点呢？我们设计了三个步骤，可以帮助人们当责，不是惩罚他们，而是鼓舞他们保持在当责线上。下图是这三步的示例。

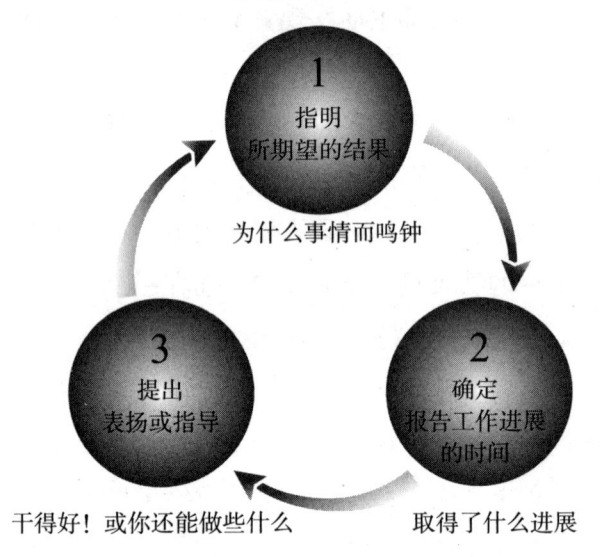

通过奥兹法则让人们当责

1 指明所期望的结果

为什么事情而鸣钟

3 提出表扬或指导

2 确定报告工作进展的时间

干得好！或你还能做些什么　　取得了什么进展

第一步：指明所期望的结果

我们已经说过，如果不说明结果是什么，就不可能明确责任。如果连球门线都看不到，怎么可能进球呢？在这一步，你应该着重强调结果，而非行动。很多人常常把工作过程和工作结果弄混，当目标很难达到时尤其如此。你必须毫不含糊地说明成功以什么为标志，才能让大家明确所期望的结果。在进行过有关结果的谈话后，让下属给你写一份便条，说清他们所期望实现的结果到底是什么。

第九章　翡翠城：帮助企业达到当责线上

第二步：确定报告工作进展的时间

当尊重别人的意见时，我们实际上也是为他们减轻了一点负担。在很多情况下，领导者总是承担了报告制度的主要责任，也就是说，只有他提出要求，下属才会向他报告。但如果领导者鼓励下属自己提出一个时间对工作进展进行报告，报告就成了当责人士的行为。

在典型的做出承诺和遵守承诺的循环中，人们总是认为报告是在工作完成之后进行的。可是，这种迟到的报告显然不能对结果产生任何积极影响。它只会带来表扬或批评。你是不是也曾把工作分派下去，想着"看看他们做得怎么样吧"。如果他们办好了，这就显示了你的英明；如果他们办砸了，只能说明他们太笨。相比之下，我们建议你让对方自主决定，随时对工作进展进行报告，以便你们调整下一步的工作，这样，你就将他们引到了成功之路上。当他们获得成功时，大家都是赢家。

第三步：提出表扬或指导

这时，如果对方取得了显著的进步和成果，你就要给予表扬，热情地说一声："干得好！"如果结果不如预期，你也可以对他们进行指导。在指导时，你可以利用当责步骤的图示，使讨论尽可能形象具体。注意，你一定要成为问"你还能做些什么"的专家，鼓励他继续努力。如果领导者自己提出解决办法甚至把问题解决了，就把责任从指导对象的肩上卸下来了。请千万别这么做，你要尽可能地提供一些提示和指导，帮助你的指导对象自己找出他们还能做些什么。

现在我们再举一个例子，看看让人们当责的过程创造了什么奇迹。这是个真实的故事。想象一下，某家大医院的主管正在帮助一位经常落到当责线下的护士长。经过一次奥兹法则的培训后，主管鼓励这位护士长采取一种新的工作态度。他们约定，每天在她交接班后报告取得的进步。这是这位护士长给主管写的一封电子邮件：

我决心不被他人的负面意见所左右，而要用提问的方式转移注意力。

星期六晚上11点，一位新来的护士抱怨说这是她有生以来最糟糕的一个晚上，并说她觉得指导医师对她没有任何帮助。我有一种落到当责线下的冲动，很想冲过去告诉她我和指导医师都和她交流过。但我克制住了自己，冷静地待了20分钟——厘清我的思绪，然后再去找她。我请她讲讲她当时有什么感觉，为什么这是她最糟糕的晚上，为什么她会觉得自己没有指导医师。我们谈了20分钟，怒气平息了，感觉好多了。

后来，我又问一位护士："最近怎么样？"她回答说她已经烦透了，不想干了。她是当着很多人的面说的。我并不想知道发生了什么事。过了几小时，我又去找她："你似乎心情不好，能告诉我发生了什么事吗？"我们聊了一会儿。原来她是在为家里的事烦心，与工作和我并没有任何关系。

的确，我发现自己时常落到当责线下，现在我知道我该做些什么了。例如，我以前经常把一些事情留给接班医生去做。现在，我开始承担责任，在下班前完成一切工作。

任务——我能够带领其他医生问护士"任务是不是很困难"，而不只是听她们抱怨。

我与一位护士谈了话，她对我本人和我的工作表示不满。我的第一反应是为自己辩解。但后来，我让自己回到当责线上，主动听取她的意见，找出问题所在。我认识到当一位护士忙得不可开交时，我没有主动提出帮忙。经过反省后，我决定让自己达到当责线上，主动提出帮忙。

当责意识和奥兹法则的巨大魔力让我们发现，其实每个人内心都隐藏着实现我们所期望的结果的力量。如果运用得当，当责意识可以帮助个人和企业达到前所未有的高度。

每个企业内部都有很多培训、指导、提问、奖励以及让人们当责的机会。我们建议你挑选一个正在困扰你的公司的问题。集中于一个问题，有利于更突出地体现当责意识的效果。

第一步，列出企业正面临的、至少让一部分人滑落到当责线下的全部问题。如总体质量管理、产品缺陷、新产品开发、生产计划、人力开发、客户

第九章　翡翠城：帮助企业达到当责线上

满意度、客户投诉、预算、销售限额、公司声誉等。请列出与你和你最密切的工作伙伴有关的问题。

第二步，从所列的事件中选出一件，想想你自己、你的小组或你的公司目前是在当责步骤中还是在受害者循环中。与你的上司、同事和下属进行讨论，确定大家必须面对哪些现实（发现它），必须承担哪些责任（承担它），可以采取哪些解决方案（解决它），以及每个人究竟要采取哪些行动（实施它）。

第三步，一旦对企业在这一事件上的状况有所了解，你就可以在建立当责文化的六项手段中选择几项结合运用，解决这个问题。

第四步，评估一下你的努力获得了哪些成功，成功既是指实际的成果，也是指人们在行为和态度上的转变。经过你的努力，你觉得企业内部在当责线上进行思考和行动的人增加了吗？

完成这四步以后，你可以选择另一个问题或选择一种涉及范围更广的方式，来推动企业达到当责线上。不论采取哪些步骤，你一定要寻找各种机会，在企业内进一步推行当责的做法。

回想一下黄砖路上的旅程。当稻草人、铁皮人和狮子学会如何当责后，马上就有人向他们讨教。同样，当你和他人达到当责线上后，你也会有更多的机会运用奥兹法则来解决企业内部最棘手的问题。这就是下一章将要讨论的主题。

第十章

在彩虹上：
将奥兹法则运用于当今最棘手
的商业问题

***

  接着，女巫看着毛茸茸的大狮子问道："当多萝茜回家以后，你会怎么办？"

  "越过棒槌头人的山，"狮子回答说，"有一片古老的大森林，那里的动物都让我做他们的国王。如果我能回到那里，我将快乐地度过我的一生。"

  "我给飞猴的第三个命令，"甘林达说，"就是带你回森林。然后，用完了金帽子的所有魔力后，我会把它交给猴王，这样他和他的部下就可以永远自由了。"

——《绿野仙踪》
莱曼·弗兰克·鲍姆

第十章　在彩虹上：将奥兹法则运用于当今最棘手的商业问题

狮子是勇气的象征，而对勇气的最大考验莫过于危难。当然，要迎接并战胜危难，你必须有敢于冒险的勇气。虽然是有备之险，它仍然会考验你追求安全舒适的本能，以及成为工作环境的受害者的习惯。在《技术风险》一书中，加州大学教授兼风险顾问哈罗德·刘易斯指出，现代人已经开始变得畏惧风险了，而这种畏惧心理正是阻碍国家和社会进步的最主要因素。"促使我们发展到今天的乐于冒险的精神难道已经开始消退了吗？"他问道。虽然刘易斯的结论主要针对的是科技领域，但我们认为他的观点同样适用于当今困扰商界的诸多难题。

在我们接触到的几百个公司中（有的是刚刚起步的小公司，有的则是全球性的大企业），大多数公司或多或少都会因为害怕某种风险，而迟迟不愿解决某些造成巨大损失的痼疾。想想你自己的公司一直未能解决的心头大患吧。你会想到哪些事情？它们困扰你多久了？你采取了哪些步骤来解决它们？

拉丁语中有个短语，est factum vitae，意思是"这就是现实"。言外之意就是："现实就是如此，既然改变不了现实，你就接受它吧。"est factum vitae是进行变革的大敌，也是当责态度的最大对手。遗憾的是，许多企业都把est factum vitae奉为真理，并抱着这种心态来看待那些困扰他们已久的严峻问题。然而，只有面对并解决这些问题，你才可能提高利润、改善业绩、加速发展，你的公司才可能变成一个生机勃勃、气氛愉快的工作场所。

以下是我们总结出的威胁最大而未得到解决的十大企业问题。

1．沟通不畅。
2．人员发展。
3．赋权。
4．定位不清。
5．权利。
6．工作与个人生活失调。
7．业绩不佳。

8. 高管层发展。

9. 部门间不和。

10. 方案热。

这些悬而未决的问题正困扰着各种类型的组织，不论是核电站、金融机构、零售商店、保险公司、医疗机构、时装公司、建筑承包商、电脑制造商、高级珠宝店、学校、医院、律师事务所，还是会计师事务所。有些人将这些问题看成当今组织生活中不可避免的一部分。有些人认为，在当责线下造成的损失是微乎其微的。我们认为，这些问题实实在在地影响了组织提高竞争力，获得更多的利润，更好地实现员工的理想，以及在国际上获得成功。

在本章中，我们将结合当责和奥兹法则来分析这些问题。我们虽然可以提供一些意见，但最终鼓起勇气解决问题的还是你自己。

问题一：沟通不畅

沟通不畅一直是阻碍人们实现结果的一大路障。我们合作过的所有公司几乎都把"沟通不畅"列为公司面临的最大问题之一。由于员工和经理之间、不同职能部门之间、小组成员之间、高层和中层之间缺乏沟通而阻碍工作进展的问题，每天都会发生。《诚实坦率：行得通的业绩沟通》的作者帕特里夏·麦克拉根指出，对当责的重视进一步突显了在企业内部进行有效沟通的重要性。正如麦克拉根所说："当你要对自己和团队的工作负责时，你必须保证所有沟通渠道是畅通无阻的。你必须随时获得信息，了解哪些事做了，哪些事还没做。"反之，如果沟通不畅，当责必然无法贯彻下去。

沟通不畅的问题似乎随处可见。即使在同一幢大楼内，人们也会觉得第2层与第11层之间的沟通很不方便。如果公司总部与工厂相距甚远，他们就更觉得联系起来麻烦。不少人把沟通上的问题归咎于自然条件，例如，他们在不同的楼层，在一楼层的两头，甚至只是被一堵墙隔开。但在这些自然障碍的掩盖下，我们还是听到了受害者循环的声音。人们越抱怨在沟通上存在问题，就越说明他们把自己当成自然障碍的受害者。他们总是说，没人听取我

第十章　在彩虹上：将奥兹法则运用于当今最棘手的商业问题

们的意见，没人承认我们的工作，没人请我们参与，我们唯一能做的就是指责，别人都不理解我们，他们任由我们逃避责任。"我没有责任，因为我根本不知道这件事"和"他们根本就不听我的"成了这群人的口头禅。

　　具有讽刺意味的是，在这个拥有高速网络、精密通信系统和电话会议的所谓"信息时代"，仍然有很多人认为沟通不畅是一个无法改变的现实。与此同时，他们也在抱怨沟通不畅造成的代价太高。一个必须接受的事实是，他们必须冒一些风险，才能改变这种状况。否则，他们的企业将继续忍受由工作延期、产品推迟、发货错误、设计出错和销售额不足带来的后果。在担任一家著名时装公司的顾问时，我们就很难让他们认识到这一点。员工不是正面对待现实，而是坐等事情朝好的方向发展。最后，我们只好请一些负责人自己算算，他们由于与管理层的沟通不畅造成的损失到底有多少。他们的答案是，更好的沟通在过去六个月中至少能为公司省下300万美元。这个数字太能说明问题了。经过"发现它"这一步，他们现在终于能着手"解决它"了。

　　值得称赞的是，这家公司最终采取了行动。但在很多企业，大家在沟通的问题上总是说得多，做得少。一家客户公司的首席执行官已经烦透了他的管理团队成天谈论一个看不见摸不着的沟通问题。他规定，以后大家都不许再说"沟通问题"这个词。显然，这种规定是毫无意义的，因为缄口不言并不会让问题自动消失。他其实可以采取一种更加明智的做法，让大家不要只是空谈，而要做点实际的事情来解决问题。沟通问题也许是现代企业与生俱来的问题，但这并不意味着你不能解决它。事实上，如果你一直对沟通问题视而不见，它就会引发习惯性的当责线下的行为，员工会认为自己是受害者，在通往当责的道路上也多了一块巨大的拦路石。

　　达到当责线上并解决这个问题究竟有什么好处？当辉瑞公司收购华纳-兰伯特时，如何将两家公司的运作过程进行整合成了一个大问题。在销售部门，很多问题冒了出来：我怎么处理电子邮件和语音邮件？谁负责我的开销报告？我怎么报销开支？销售报告怎么办？的确，公司合并后的氛围很容易滋生当责线下的行为。常见的抱怨有："我们早就应该有这个了。""早该想到这一点嘛。""这么干不行。""我的新经理根本不了解情况！"公司每个级别的员工，包括销售代表、地区经理、大区经理，都被赶上了沟通的战场。早就学习过奥兹法则的辉瑞公司高管意识到，只有当责线上的方法才能让每个人对沟通负起责任。当大家再问合并后该怎么办时，高管鼓励他们问一些别的问题，例如，"在这件事上我还能做些什么？"或者"我还能从谁那儿获得我需要的信息？"通过让提出问题的人承担责任，管理人员让每个人开始解决问题，而不是怨声载道。通过频繁讨论公司合并后如何运作，双方所要做的调整反而减少了，因为他们都表达出了自己的想法。当辉瑞公司和华纳-兰伯特公司的销售部分别采纳了对方的某些做法后，双方都愉快地接受了最终达成的最佳做法。之所以能有这样的结果，全是因为辉瑞公司管理层要求大家进行积极的对话，避免了因沟通不畅和混乱造成的人人不知所措的情况。据估计，通过加强沟通，辉瑞公司挽留下的员工比不解决问题时多了25%。由于人员变动不大，销售区域基本保持不变，公司节省了一大笔开支。

在沟通问题上达到当责线上意味着，你要对如何与他人加强沟通负起责任。首先，你必须发现它，找出沟通失败的原因；其次，你必须承担它，确定你做了哪些事或没做哪些事而导致了现在的问题；再次，你必须解决它，想想你还能做些什么来加强沟通；最后，你必须实施它，将想法付诸实施。这种办法看似简单，但确实有效。我们并不能保证它是万能钥匙，但只要开始这么做了，就会引起一系列连锁反应，最后让大家都加入当责线上的队伍。

问题二：人员发展

人才是企业最重要的资产，这一点相信大多数高管都会同意。但是，他们肯定不会相信，人才自己可不这么想。如果将沟通问题列为阻碍企业进步的头号大敌，那么，如何将资源和时间用于人员发展的问题就当之无愧地紧随其后了。更为严重的是，沟通问题解决不好也许只会引起员工的不满，但

第十章 在彩虹上：将奥兹法则运用于当今最棘手的商业问题

如果人员得不到很好的发展，就会引起他们的愤怒了。

在这个问题上，人们往往不是从自身去找原因，而是把事业停滞不前归咎于企业没有提供必要的提升机制。这种指责往往还包括批评企业没有建立及时全面的业绩评估机制。除此之外，人们还经常把矛头指向上司，认为他们总是高高在上，而自己得不到反馈意见，所以才会止步不前。此外，不公正的上岗选拔制度和没有效率的人力资源支持也被人们看成阻碍自己发展的因素。由于认为自己无力改变现状，很多人选择了坐等，盼望某一天好运会从天而降，让自己如愿以偿地获得提升。

另外，我们也看到不少人在个人发展问题上达到了当责线上。其中就包括一位出类拔萃的工业工程师斯图亚特。在公司，管理层一直对斯图亚特的突出表现表示赞赏。但他总是没有机会承担更重要的管理工作。他苦等了数年，始终没等到提升的机会。他觉得自己是个受害者，决心到当责线上积极争取一个机会。于是，斯图亚特主动请缨，向管理层表示自己愿意承担更大的管理责任，并就生产督导如何提高产品质量、增进效率和改进管理技术提出了一套新的办法。在与生产经理交换过意见后，他开始着手实施这套办法。到了年底，生产经理被调到另一个工作岗位，斯图亚特终于获得了他期盼已久、但最近才开始争取的职位。而管理层事后透露，他们以前一直不知道斯图亚特的想法。

每个企业都有责任让自己的员工获得发展，也会从了解员工的事业愿望中获益。但是，如果员工一味认为自己被某种不完备的体制束缚了手脚，他们必然无法前进。对于他们来说，在个人发展问题上陷在当责线下，只会让他们错失发展、前进和获得提升的良机。即使在不太注重人员发展的企业，有才华、有当责意识的人仍然会获得提升，只要他们对个人的前途当责。

毫无疑问，人员发展是个人和企业的共同责任。但我们认为，不论个人在企业中处于哪个级别，他们都要对自己的前途当责。通过采取当责线上的做法，他们会积极寻找其他途径来创造个人发展机会。他们可以参加各种培训课程，为下一步的发展做好准备，或者提高目前的工作效率，向前辈请教,随时征求他人对自己表现的意见,以此衡量所取得的进步,并不断问自己还能做些什么以实现自己的事业目标。在大环境上,他们也会促使企业建立良好的提升机制。最终,这种源自基层的积极态度一定会形成一股强大的推动力,促使整个企业达到当责线上,克服一切阻碍其发展"人才"这一宝贵资源的惰性。

问题三:赋权

近年来,有关员工赋权的问题受到了不少关注。虽然关于这一主题的讨论和著述颇多,但员工赋权不足的问题似乎仍在困扰着企业。例如,我们经常听到高管抱怨:"部门主管怎么什么事都不管啊?"或者"他们难道不会自己做个决定,分分工,把事情完成吗?"另外,我们又时常听到部门主管、经理和员工抱怨高管不听取他们的意见,不放手让他们自己干。他们认为,自己承担了实现目标的责任,却从来没得到实现目标的自主权。在有关赋权问题的讨论中,一个核心问题还是概念不清。"赋权到底是什么意思?"一位首席执行官问道,"我老是听员工抱怨没有自主权。他们还想要什么呢?人人都想要这个东西,但又不知道它到底是什么,只是觉得自己没有。如果他们觉得缺少一点完成工作所必需的东西,他们为什么不争取一下呢?如果总是等着别人赋予你权力,你怎么可能获得真正的权力呢?"这种情绪在许多管理者和领导者中引起了共鸣。

另外,员工则非常不满管理层这种高高在上的轻蔑态度,认为管理层理应认识到,他们经常剥夺员工分配资源的权力,这从根本上使得员工赋权成为不可能的事。赋权到底是管理层发出的邀请,还是员工主动争取的?有关这个问题的讨论仍在继续,赋权问题也因此变得愈加复杂。与此同时,企业仍然困在当责线下,员工和管理层继续认为自己是对方的受害者,而大家所期望的结果也继续成为犹豫不决和懒惰无为的牺牲品。

马克是一家中等规模的高科技公司的主管。他刚刚承担了一项任务,负责开发一项重要的新产品。管理层信任他的能力,所以才把这项重任交给他。公司的其他人都认为马克得到了一个绝佳的表现机会,纷纷猜想他可能

第十章　在彩虹上：将奥兹法则运用于当今最棘手的商业问题

很快就要当上副总裁了。

然而，当马克正式投入这项需要团队合作的工作后，他却遭受了重大的挫折，因为工作根本不如他想象得那么顺利。没过多久，同事们开始对马克颇有微词，因为他总是让别人按他的想法行事。在马克看来，既然管理层把权力交给了他，他就可以随心所欲地做他认为有必要的事。就这样，他成了一个独裁者。由于公司交给他的权力、资源超过了其他项目，马克认为自己可以理直气壮地对手下说："如果周五前你不能完成，后果我不负责。"但这位掌权的独裁者对自己网开一面。说穿了，当马克把工作分派给别人时，他就把责任从自己的肩上卸下了。他对赋权的狭义理解使整个公司都受到了影响。最后，因为工作进展缓慢，马克被炒了鱿鱼。他留下的产品比预订计划推迟了两年才上市。

我们认为，获得权力来实现结果和为结果当责是相辅相成的。如果不明白赋权的意义，就会阻止你达到当责线上。赋权可以被视为别人为你做的事。我们认为，当责是你为自己做的事。为什么不用"我还能做些什么来实现结果"来取代所谓的赋权呢？的确，管理层有责任将必要的权力赋予下面的员工，但大家也应意识到，最终，你还是要给自己赋权。不要总是想别人应该为你做什么，要多想想你自己必须做什么。不要总是嚷着"给我权力"，要问问自己"我还能做些什么来实现结果"，并开始发现它、承担它、解决它和实施它。

如果大家都这么做，效果将是非常明显的。最终，它将使公司成为一个充满力量的组织。和幸福一样，赋权是一种行为，更是一个结果。它来自当责的人。有人会在有关赋权含义的讨论中迷失方向，也有人会通过当责的态度使它成为现实。

问题四：定位不清

每个企业都要有一个明确的关注点，有一套指导其市场行为的策略。然而，在我们接触到的绝大多数公司中，总是有不同的人，特别是高管，对公司总体走向的理解不一致，造成一种在公司各个级别都存在的"定位不清"

的现象。许多公司花费大量时间讨论一些战略性问题："我们处于哪个行业领域？"和"我们下一步的发展方向是什么？"但又给不出一个明确的答案。每位高管和他的手下各有一套想法，在战场上各行其是，完全忘记了最后的成功还是取决于大家朝同一个方向努力。于是，团队合作成了暂时性的，成功完成项目所需要的凝聚力也无法形成。最后，越来越多的项目无法完成，定位不清的问题愈发严重，落到当责线下的人也越来越多。

在采用奥兹法则前，江森自控公司的大西洋中部地区分部就遇上了定位不清的问题。虽然每个部门都在全力以赴地完成自己的目标，公司的整体业绩却没有提高。当公司为一些大型建筑的气候控制项目进行投标时，还是会出现同样的问题：每个部门拿出各自的方案，集中一下，就提交给招标单位了。就这样，公司一再败给了竞争对手。地区经理艾伦·马丁说："我们只注重过程，所以形成了一种默认的工作模式，每次都这么做。但所有部门都不愿改变。"就这样，公司的市场份额不断下降，发展停滞不前，员工士气低落，客户也对公司的表现越来越不满意。马丁回忆说："每个部门的人都想保全自己，每做一件事都要记录下来，以证明他们的清白。这确实妨碍了公司的整体创造力和战略。大家缺乏振兴公司的合作精神。"这时，他们开始学习奥兹法则。通过学习如何围绕三项战略核心目标（增长率达到15%、市场占有率实现第一、改变公司的价值理念）建立当责，几个月后，令人欣喜的变化出现了。"15、1和改变"成为每个部门的口头禅。分管销售、操作、装配和服务的各部门开始合作，以和谐的步调开展工作。"大家都开始重新思考自己的角色和责任，他们开始进行交流，逐步找准了自己的位置，"马丁说，"培训结束后，大家都说：'是的，我们再也不能按老一套行事了。'"随着大家找准了自己的位置，对其他部门的信心也提高了，原来的一盘散沙终于有了凝聚力。大家的注意力从老一套的借口和指责转移到："我们还能做些什么来实现结果？""我们做到了我们在奥兹培训中学到的所有东西，"马丁告诉我们，"首先我们必须发现它，看看哪些因素阻碍了我们采取行动。我们必须按照奥兹法则，一步步来处理问题——发现

第十章 在彩虹上：将奥兹法则运用于当今最棘手的商业问题

它、承担它、解决它、实施它。当责计划就是这样一步步扎根的。每个人都认识到，只有这样，我们才能翻身——我们必须让公司从整体上达到当责线上。"采用奥兹培训三年后，艾伦·马丁负责的大西洋中部地区的销售额翻了一番，利润增长了两倍，客户满意度直线上升，员工更替人数也降到了数年来的最低水平。现在，他们的目标是"25、1和改变"。

确定相同的方向并集中力量完成同一个目标对每个人都有好处，但这并不意味着找准定位只是高层的责任。这些挑战会延伸到集体的方方面面。除了高管，主管和经理也会清楚地看到定位不清的影响。他们总是抱怨同事和他们对着干，还能举出一个又一个例子来证明上司给他们的指示本身就是自相矛盾的。这样，由定位不清引起的混乱就一步步传到公司的基层。这种混乱往往是当责线下态度的标志。如果作为榜样的管理人员自己没有明确的定位，他们实际上就是允许下属也如法效仿。他们任由大家在公司发展方向的问题上存在混淆，实际上就让员工丧失了对管理层的尊敬，大家自然也会形成依赖心理，每件事都要等着上级下命令。最后，他们制造了受害者。有分析显示，许多公司之所以倒闭，往往是因为管理层在公司定位问题上认识不一致，最后蔓延到整个公司。在国际农机公司破产前，我们的一位好朋友在那里工作过。至今，他仍然清楚地记得公司管理层定位不清的问题如何愈演愈烈，使得员工从不支持公司政策发展到极度不满，最终导致整个公司被迫申请破产。

即使管理层有了清晰的定位，很多领导者却不能明确地将想法传达下去，以为大家会自然而然地理解并接受他们制定的政策。因此，即使有了明确的定位，管理层有时也是被动地等待事情朝着理想的方向发展。

每个人都应承担起确定并保持企业定位的责任，第一步就是认识到如果不这么做，企业就会落到当责线下，造成效率低下、士气低落、压力增加、互相指责和迷茫徘徊。要达到当责线上，你必须全面考虑每一项决策方方面面的影响，在做出最后决定前让所有相关者都参与讨论。通过吸纳多方面的意见、建议和角度，用开放式的决策过程来确定行动，将前后一致的信息明确传达下去，使决策成为一个集思广益的过程，去除任何定位不清的疑虑，你就可以确保企业上下采取一致连贯的行动。

问题五：权利

一段时间后，很多人就自然而然地习惯了企业的奖励机制、福利和传统。从年终分红到不定期的奖金，人们期待着这种做法一直持续下去。本来是有意义的奖励，久而久之也被他们当成了应得的权利。

随着各大公司纷纷通过改变工作方式来提高竞争力，拉近与客户的距离，提高效率、生产率和利润，他们发现，某些植根于企业文化的权利其实弊大于利。在过去，年终分红、逐年看涨的奖金、8小时5天工作制、定期召开的奖励大会、与业绩脱钩的终身工作保障及其他一些根深蒂固的传统和做法也许还有一些作用。但到了现在，如果人们还认为不论自己的表现或能力如何，这些好处都少不了的话，这只会毁了公司的未来。最终，每个企业都会被迫重新考虑这些权利的作用。遗憾的是，一旦他们开始这么做，员工马上就会掉到当责线下，认为公司侵害了自己的利益。于是，员工士气一落千丈，对公司的归属感也受到了挑战。

不久前，我们目睹了一家发展迅速的新公司遭遇了发展瓶颈。我们就称它为新科技公司。在巨大的竞争压力下，公司的增长速度放缓，利润前景也不容乐观。在成立初期，公司的发展十分迅速。它的产品拥有最大的市场份额，利润率在同行企业中独占鳌头。在员工眼中，公司简直就是个天堂。这里有最先进的设备、最高级的电脑（人手一台）、最优厚的待遇、最精彩的舞会，什么东西都是最好的。主管人员出差住的是最豪华的酒店，在最高级的餐厅用餐。在整个行业内，新科技公司的优厚待遇吸引了一大批最优秀的人才前来求职。

好景不长，新科技公司很快就遭到了强有力的挑战。在竞争环境的压力下公司被迫大幅调整某些被员工认为是应得权利的福利。很快，整个公司落到了当责线下。每当管理层质疑或取消一项权利，就产生了一批新的受害者。他们满腹牢骚，认为管理层剥夺了他们应得的利益。当优秀业绩来得如

第十章 在彩虹上：将奥兹法则运用于当今最棘手的商业问题

此轻松时，从来没人想过要把福利和业绩挂钩。如今，对业绩的重视从根本上动摇了固有的企业文化。最后，在大幅裁员和市场份额陡降的压力下，新科技公司的员工不得不面对这个现实：只有付出，才有所得。

在每天的商业新闻中，你都会看到某家曾采用终身雇佣制的公司被迫开始减员，如柯达、IBM和美国电话电报。对于早已习惯把工作看成一种终身权利的雇员来说，要接受他们的工作取决于公司是否有钱养活他们的观念是非常难的。为了帮助他们实现转变，越来越多的公司正试图将员工当责意识纳入企业文化。如果员工对现实当责，他们就会更投入地解决问题，以确保自己不会丢掉饭碗。在如今这个无情的社会中，企业必须学会将个人当责与企业成果结合起来。他们应该认识到，他们给予员工的一切（不包括一些最基本的价值理念，如公正、诚实和尊重）都源自个人和企业的表现。

如果员工能够改变观念，把企业提供的一切奖励和福利都看成对优异表现的回报，而非自己本来应得的权利，他们就能摆脱受害者的心理。只要努力工作争取回报，并提高公司的生产率，让公司有能力提供这种回报，你就可以达到当责线上。借用美邦的一句广告词："我用最传统的方式获得回报，回报是我靠努力工作争取来的。"

问题六：工作与个人生活失调

数以百计的公司的经验证明，几乎每一家公司都在费尽心思处理好不同的关注焦点之间的矛盾。这些矛盾包括：在保证质量的同时，还要注意产量；在达到短期数字目标的同时，还要考虑长期战略；在把时间和精力用于职场上打拼的同时，还要花时间陪伴家人。我们坚信，未来的成功必然属于那些有能力处理好这些不同优先事项的人。为了做到这一点，大家必须把这些矛盾看成成长过程中的挑战，而非一堆杂乱无章的烦心事。在这诸多矛盾中，最困难的也许就是如何在工作和个人生活之间达到平衡了。

世界卫生组织表示，工作压力已经成为全球性的健康问题。如何调节工作和生活已经成为众多企业和新一代求职者所关注的热门话题。刚刚进入职场的年轻一代显然不愿为了钱而牺牲生活。尽管如此，还是有许多人正面临着个人生活与工作失调的威胁。在Mooster.com、MSN职业网等网站上，比尔·德拉诺创建了一项网络服务，通过电子邮件向正承受着巨大工作压力的人们提供完全保密的个人咨询。在他提供的许多建议中，有几条与奥兹法则是完全一致的。

发现它。到底是什么让你感到如此大的压力？工作？家庭生活？人际关系？如果不找到问题的根源，你就不可能解决它。如果你自己找不出导致压力的原因，不妨向员工帮助小组和心理专家寻求帮助。

承担它。不要把任何批评往心里去。将批评意见看成对你改进工作的积极帮助。但如果批评是带有污辱性的，例如，你的上司冲你大吼大叫或出口伤人，你就可以把这个问题报告给经理和人力资源部。

解决它。找出在工作和家庭生活中的可控制因素和不可控制因素之间的区别。分别列出这两类因素。从今天开始，下定决心再也不去想那些工作中无法控制的方面。只要有可能，把这些工作交给他人或与他人共同承担。不要以为只有你才能做好这件事。如果你自己这么想，你的同事和老板也会这么想。

实施它。记录下你完成得很出色的工作，给自己加分。设定短期目标，完成目标后就奖励自己一下。虽然你很想挑战自己，尝试一下如何应对繁重的工作压力，但在有些情况下，放弃才是最明智的选择。那么，在哪些情况下你应该选择放弃呢？

- 你已经尝试过一切渠道和办法来解决它，但仍然徒劳无功（或者根本没有可以尝试的办法）。
- 你的老板对你不怀好意、缺乏尊重或者有失风度。
- 你对这份工作已经失去了兴趣，每天下班都感到精疲力竭。如果这份工作没有发展空间，也不能提高你的职业水平，你也许该考虑找一份更有乐趣的工作。

随着越来越多的公司为了提高生产率和利润率而开始裁员、精简层级和平行安排多项工作，重组后留下来的员工感受到了更大的压力，因为他们要

第十章 在彩虹上：将奥兹法则运用于当今最棘手的商业问题

用更少的投入完成更多的工作。在为数十家此类公司担任顾问的过程中，有不少人向我们倾诉了巨变带来的巨大压力，主要集中于工作前途与个人生活之前的平衡问题。苹果公司前任首席执行官约翰·斯卡利对《今日美国》的记者说："踏实的睡眠是农业时代和工业时代的残留物。在全球通信更加快捷、获取数据更加方便的信息时代，一夜好梦已经成了过去的事。现在的工作是一天24小时，而不是一天8小时，一周5天。"对此，《今日美国》的记者凯文·梅尼评论说："有不少管理人员采取了斯卡利这种精力旺盛的工作方式。美国前总统克林顿经常一天只睡一两小时。金宝汤公司的首席执行官戴维·约翰逊则24小时不合眼地监视公司在全球的业务。"在这篇文章中，梅尼问道："斯卡利的生活习惯到底是新时代管理人员的代表，还是一种个别现象？他也许是个极端的例子，但当前确实存在着一种工作时间越来越长、自由支配时间越来越少的趋势。如果你的公司为节省资源而减小了规模，你的工作时间可能会延长，每周的平均工作天数也会增加，几乎没有时间来陪伴家人、朋友和进行娱乐活动。"

繁忙的工作可能将你的家庭和个人生活搅得一团糟，久而久之，你曾如此热爱并全心投入的公司会让你产生憎恶心理，觉得自己受到了剥削。在整个美国，许多公司正逐步要求员工将越来越多的时间投入工作上，而用于陪伴家人的时间越来越少。如何在两者之间达到平衡？解决这个问题所需的时间和投入丝毫不逊于其他任何重大业务问题。

我们的一家客户公司就正面一个类似的问题。当几种新产品即将推向市场时，员工一定承受了巨大的工作压力，对于这一点公司管理层完全了解。他们没有被动地等待员工自己调整心态，而是决定采取某些措施。意识到员工在为公司的前途而牺牲个人生活，管理层请员工坦率地提出意见，让他们了解大家的想法。接着，管理层就工作压力问题与员工进行了长时间的座谈。经过仔细斟酌，他们最终决定将平衡个人生活与工作列入指导企业文化的六条企业信条中。自此以后，员工可以拒绝深夜开会，而不必担心受到处罚。如果某位员工还有所顾虑，管理者会拍拍他的背，告诉他现在就可以下班。事实上，公司承诺，只要员工对自己决定做或者不做的事情当责，公司就会对他们给予支持。对于他们的处理方式，我们非常钦佩。这家由一群志向远大、精通专业的年轻人组成的公司不仅获得了巨大的增长和利润，还培养了一种对企业目标和个人目标都当责的企业文化。

资源的约束将继续主宰着商业生活。没有任何一家企业能回避这样一个现实，即他们必须用更少的投入完成更多的工作。为了避免在这个问题上落到当责线下，管理层必须了解他们让员工付出了多大的个人代价，并帮助员工纠正任何工作与个人生活失调的现象。

同样，员工也必须达到当责线上，为自己的处境当责。变革的风暴不会消退，每周平均工作时间仍会继续增加，每个人都要付出更多。了解这一现实有助于你进行调整，达到最有利于你自己的生活与工作的平衡。

问题七：业绩不佳

在本书中我们反复强调，反馈意见对于在企业内部建立更高的当责水平有很大作用。然而，能够创造这种环境并让大家自由发表意见的公司却寥寥可数。显然，在这种情况下，你将无法有效应对业绩不佳的问题。这样，一些表现平平却没有自知之明的人就会和那些不得不拾起别人扔下的烂摊子的人一样，都认为自己是受害者。不尽如人意的业绩必然会导致令人失望的结果，令人失望的结果则会让整个企业落到当责线下。

当我们劝说高管、经理和主管面对这个问题时，他们总是能找出一堆理由为自己辩解。例如，公司正面临无理解聘的指控；他们不愿伤害员工的感情；公司很难建立一套公正有效的评审机制；他们不愿花时间进行文案工作；害怕因解决业绩不佳的问题而导致的风险。有些人将对同事的忠诚看成一种至高无上的文化准则，这是一种对《圣经》中为人准则的歪曲（如果你想人家对你好，你也要对人家好）。还有人声称他们没有受过培训，不知道如何处理这种情形，他们自己也不喜欢对抗。有些财大气粗的企业甚至说，他们实力雄厚，养几个闲人没关系，反正这些人的工作对大局没有任何影响。但即便如此，这些公司最后也是会付出代价的。

第十章　在彩虹上：将奥兹法则运用于当今最棘手的商业问题

　　大家肯定都听过这样的故事，某某被炒鱿鱼后痛不欲生，但几个月后又找到一份更称心的工作。一位年轻的MBA就有过类似的经历，我们就叫他特德。雄心勃勃的特德一心想在短期内获得一份销售管理职务。只要有项目，他就会积极地接下来，夜以继日地完成工作，而且做得比谁都出色。为了完成工作，他给一起工作的伙伴们施加了巨大的压力，对待他人的态度也有失礼貌。更过分的是，他为了迅速完成目标，一向只让自己的项目小组单干，丝毫不考虑公司其他部门的需求。由于特德负责的项目总是能按时按预算完成，他也成了公司有史以来最有效率的销售项目组长。

　　然而，在辉煌成绩的背后，隐藏着公司高层的担忧。特德的老板和好几位高级经理都对特德的真实表现表示忧虑。管理层感到，特德对待同事的无礼态度及其与同事的紧张关系最终将影响他的工作。但他们没有正面提醒特德，而是让他自己从事实中吸取教训（此外，他们也担心节外生枝会影响特德目前的工作）。他们有意避开了与特德当面讨论其工作作风和帮助他克服缺点的尴尬场面，而是放任自流，希望有一天他能自动认识自己的错误。

　　然而，时间一天天过去，特德的行为越来越过分，为了完成任务常常把同事们逼入绝境。最后，部门经理私下找到特德的老板，请她出面处理一下。当老板终于与特德面对面坐下来，把某些反馈意见告诉他时，特德勃然大怒："我还以为在这儿只要完成任务就行了呢！"现在，他觉得又委屈，又迷茫。"你为什么不早点告诉我呢？"他问。事实是，这些反馈意见来得太晚了。特德觉得自己在这家公司再也不可能愉快地待下去了，他辞职了。但在下一份工作中，他开始注意自己对待同事的态度。过了几年，他不仅保持了很高的工作效率，而且成了一位受同事尊敬的合作伙伴。特德最后取得了胜利。但他的第一家公司却付出了代价，因为他们失去了特德获得的培训和经验。如果他们及时以恰当的方式解决了问题，他们省下的就不仅仅是金钱。

　　我们坚信，管理层必须学会如何以明确的、有建设性和鼓励性的方式解决业绩不佳的问题。通过正面应对这个具有普遍性的问题，你就更有把握达到当责线上，改善结果，同时让员工心情更愉快。很简单，一旦发现业绩不佳的问题，你就应该及时处理，虚心接受意见，并建立一个促使其他人也这么做的工作文化。如果你一直假装对问题视而不见，或者坐等问题自行解决，那么请马上停止这种做法。要让面对业绩问题成为一个日常习惯。千万不要让问题一天天累积，在管理者手中代代相传。

问题八：高管层发展

谁会告诉皇帝他的新衣是虚幻的呢？许多首席执行官和高管都在哀叹：做领导竟然如此孤独！他们中的大多数都承认，很少有人对他们的工作效率、工作方式和对公司的贡献发表任何意见。但是，如果高管认为他们无力让别人提供意见，这种观点就真的反映了一种当责线下的态度。我们经常听到各种企业的领导者感叹："不论我怎么鼓励他们给我提意见，他们就是没有勇气当面对我说。"鉴于员工在这个问题上也很容易落到当责线下，以为给高管提意见无异于自毁前程，所以高管最好能迈出第一步，采取开放的态度，欢迎大家给他提意见。如果他们不在这种关键时刻学会这一点，他们迟早会失去他们来之不易的一切。这种事就在史蒂夫·乔布斯身上发生了两次。几年前，《华尔街日报》报道说："乔布斯一手创办的NeXT公司已经停止生产电脑了。（1993年）3月，他的公司总裁和首席财务官同时辞职。接着，几家大型电脑制造商（乔布斯曾经希望他们使用NeXT的软件）组成了一个软件联盟，把NeXT撇在了一边。"史蒂夫·乔布斯是苹果公司的创始人，最后却把公司拱手让给了约翰·斯卡利。现在，悲剧又重演了。乔布斯不虚心听取意见的弱点再次毁掉了他重振雄风的一切机会。"例如，1989年，他坚持一手负责与IBM的一个项目，最后合约没签成，使NeXT软件失去了蓝色巨人的支持。顾问们一再建议，NeXT在硬件上毫无竞争力，应该全面转向软件业。他却把这些忠告当成耳边风，浪费了宝贵的时间。"史蒂夫·乔布斯不虚心听取别人意见的后果就是"导致他从顶峰摔到了谷底"。这篇文章的作者继续写道："他的NeXT工作站注定要成为一个陈列在高科技博物馆的遗迹。他自己也在苦苦挣扎，以证明他在电脑业还有一席之地。"而《电脑信函》杂志编辑理查德·谢弗对此的评论是："大家已经不再关注他了，这真是不幸。"

第十章 在彩虹上：将奥兹法则运用于当今最棘手的商业问题

然而，乔布斯的故事并未到此结束。在《史蒂夫·乔布斯卷土重来》一书中，艾伦·多伊士曼完整地讲述了整个故事。就在《华尔街日报》发表那篇为时过早的总结两年后，史蒂夫·乔布斯东山再起，"以胜利者的姿态出现，一雪前耻，而且比以前富有得多"。他已经学会如何听取批评，并从中吸取教训。"在令人惊诧的大翻身的背后，原因是大家都没猜到的：原来他拥有的另一家公司皮克斯工作室已经默默奋斗了10年。1995年11月，皮克斯推出了第一部电脑制作的大型动画电影《玩具总动员》。"乔布斯在皮克斯拥有的资产价值超过10亿美元。一年后，乔布斯回到了苹果公司。紧接着，"1997年夏天，他再次出任苹果公司首席执行官，并出人意料地成了苹果的救世主。他使苹果的股价从每股13美元涨到了每股118美元"。通过史蒂夫·乔布斯的经历，大家都应该看到了，坦率的反馈意见对每个人都是有用的，特别是位高权重的人。

员工和高管都要认识到，反馈意见可以形成责任。高管的每一项行为都会对公司产生影响，而作为普通人，每位高管既有优点，也有弱点。只有高管成长了，公司才能成长。首席执行官也不例外，他们也必须不断成长，否则只有两种结局：要么公司失败，要么他跟不上公司发展的步伐。最优秀的高管不仅要想方设法地提高自己的业绩，还要鼓励身边的同事把事实真相告诉他们，不论这些真相多么残酷。

大多数领导者真诚地希望员工给他们提意见。想想这个事例。金杰·格雷厄姆是吉丹公司下属的高级心血管设备公司的总裁兼首席执行官。从她上任起，她一直鼓励员工对她本人和公司的未来发展发表意见。很多本不愿冒险给新上任的首席执行官提意见的人大着胆子说了。根据每条意见，格雷厄姆尽可能地采取某些举措，以此向员工表示她非常重视这些意见，并告诉他们她将如何运用这些意见来改变她自己和公司的工作。她确实做到了这一点。事实上，格雷厄姆本人曾在《哈佛商业评论》上发表过一篇文章，标题是《如果想得到诚实，请打破规则》。在文中，她描述了我们为她设计的提意见过程。每位小组成员轮流坐到一张高凳上，听取别人对他的表现提出的表扬或建议。而这位坐立不安的成员只能虚心听着。格雷厄姆说:"高凳训练听起来似乎有点残酷,但事实恰恰相反。这是我知道的建立相互当责和诚实沟通的最有效的工具……当我坐在高凳上时,我发现我的管理者原来如此关心我,如此热切地希望我成功。"格雷厄姆获得了反馈意见,因为她承担起了吸取意见和提出意见的责任。

我们鼓励其他首席执行官以格雷厄姆为榜样,承担起吸取意见的个人责任,让大家知道他们希望听到并非常珍惜别人的意见。公开感谢向他们提出"不中听的"意见的人会让其他人也受到鼓励。至于员工,他们应该摆脱畏惧心理,勇敢地告诉高管他们所希望听到的一切。

问题九:部门间不和

销售部与生产部、生产部与研发部、研发部与销售部、销售部与整个世界。这样的对手组合听起来有点熟悉吧?事实上,部门间不和的现象已经无处不在。虽然这种明争暗斗是当今商业生活中最缺乏远见的行为之一,但它们似乎已经成了企业生活的传统。企业内部的不同职能部门为什么不能达到当责线上,最终认识到"我们遇到了敌人,敌人不是我们自己"呢?

我们曾经接触过这样一家企业,由于研发部与销售部长期不和,公司几乎陷于瘫痪状态。与两部门之间的深仇大恨相比,海特菲尔德和麦考伊两家的世仇几乎不值一提。(海特菲尔德和麦考伊是19世纪后半期生活在美国东部阿巴拉契亚山脉地区的两个家族,世代争执不休,流血冲突不断。)两部门都把对方看成不共戴天的仇敌。主管两个部门的副总裁相互憎恶,并在部门内公开表示对对方工作方式和能力的鄙视。于是,这家曾经以产品创新在业内居于领先地位的公司在整整一年中没有推出任何突破性产品。那些已经打入市场的产品开始超支,而且不能准时交货。我们清楚地看到,公司的未来完全取决于这两个部门能否达到当责线上,立即停止这种责任推诿的游戏。在采用奥兹法则整整一年后(经过不少压力和努力),两部门终于开始重新建立合作和同事情谊。"我们过去太蠢了,"其中一位副总裁事后告诉我们,"我们在同一条船上,却想方设法把对方掀到海里去。现在,我们仍然会

第十章　在彩虹上：将奥兹法则运用于当今最棘手的商业问题

为项目孰轻孰重的问题争吵，但至少我们已经在朝同一个方向努力了。"

类似的故事每天都会在数以千计的公司内上演。但要解决部门之间不和的问题，其实远比你想象得简单。只要随时提醒大家，公司的敌人不是走道那头的乔或莎莉，而是你认为乔或莎莉不是你们自己人的错误想法。当责线上的领导者会要求员工和各部门认清一个现实，即由于部门矛盾引起的损失是不会被市场所原谅的。如果员工和部门之间还心存芥蒂，最好先相信对方是善意的，并以适当的方式给对方提些意见，帮助大家共同提高业绩。他们必须走出本部门的"地窖"，通过一种积极的、互信互让的态度，统一各部门的行动，齐心协力为公司做贡献。还是套用那句话："我们遇到了敌人，敌人就是我们的内部分裂。"

还记得ALARIS医疗器械公司和他们不可思议的大翻身吗？公司已经积压了9000套仪器，却有5000件零配件的订购单需要交货，24小时内成功发货率不足85%，整体收入也面临下降。公司之所以能扭转颓势，减少存货，迅速提高产品质量并保证24小时内成功发货率达到99.8%，关键在于营运部、销售部、客服部、质量和服务部等不同部门之间举行了一系列会议，让大家各抒己见，畅所欲言。这些会议帮助每个人正视现实并加强了合作。ALARIS的副总裁莎莉·格里戈瑞夫说："这些会议就是让双方都'穿着别人的鞋走1英里（约1.6千米）'。"就这样，营运部和客服部之间的对立消失了。用莎莉的话说："现在，只要有什么事，大家马上拿起电话互相通气。以前他们从来不打电话，因为大家互不相识。自从那次会议之后，我们让客服部的员工到工厂去参观，他们以前从没去过。现在，他们了解了工作流程，知道工作是怎么开展的，也能把名字和人对上号了。"现在，公司每天都要记录订单完成了多少，并通过电子邮件通知大家。这份记录就代表过去24小时的工作业绩，一目了然。以前，每天几百份延误的订单从来没有人过问。自从这种跨部门的坦诚公开的会议后，只要出现一份延误的订单，每个部门的人都会想办法，共同解决问题。说到这儿，莎莉加了一句："这是我们见到的最伟大的转变。"

一旦人们跨越了部门专长和优先事项的天然障碍，联合起来为共同的利益努力，他们就拥有了一种可以对业绩产生显著影响的巨大力量。达到当责线上并争取这些回报，应该成为每位领导者和每个小组的关注重点。

问题十：方案热

全美的企业都被一种我们称为"方案热"的疾病传染了。这种疾病的症状包括层出不穷的各种解决方案和热潮。如果把过去20年出现的所有管理热潮一一列举出来，恐怕就和曼哈顿的电话号码簿一样厚了。精简一下，最主要的几种有战略规划、全方位质量管理、准时生产、目标管理、客户满意度、学习型组织、核心能力、业务重组、零基预算、水平型组织、扁平型组织、自我管理、团体驱动型组织、谦虚领导和创造性破坏。《斯隆管理评论》曾登过一篇现在已成为经典的文章，题目是《咨询：解决方案是否已经成为问题？》。作者夏皮罗、埃克尔斯和索斯克发表了这样的看法："在狂热中冲浪（从最新的灵丹妙药的浪头跳到另一个浪头）在过去20年中已经成为一项大产业……每一个理念携着早已打包好的一套工具而来，很多工具其实早就存在了，这次不过是再包装一下，旧瓶装新酒，就成了提高竞争力的'唯一解决方案'。"多年来，我们看着一波波的狂热浪潮涨涨落落，过后却什么也没留下。例如，美国电话电报公司下属的一家生产电话、有线电视硬件等传输设备仪器的公司曾经获得美国国家质量大奖（Malcolm Baldrige National Quality Award）。在销售增长缓慢、技术停滞的压力下，公司被迫从6600名员工中解聘了1000名，而同样获得质量大奖的华莱士公司在两年后申请破产。不论你对此有什么看法，很显然，仅仅依靠全方位质量管理保不住1000名员工的工作，阻止不了工厂销售额下降的势头，也不能解决技术进步中的人为因素。

当美国公司还在向日本公司学习时，《华尔街日报》就有过这样的报道："某些美国制造商已经放弃了在20世纪80年代照搬日本的生产理念时做出的十亿美元的投资。他们还不确定日本的生产系统是不是真的没用。但他们已经意识到，有些系统也许能在日本大幅提高生产力，但在他们的工厂发

第十章 在彩虹上：将奥兹法则运用于当今最棘手的商业问题

挥不了作用。"既然日本热没能给美国制造商带来持久的收益，下一步我们该去求助于谁呢？这篇文章接着说："菲特尔莫古公司认定本公司的自动化程度过高，于是决定在下属的一家汽车零部件工厂停止使用大部分高级设备。通用汽车公司现在更依靠'人力'。惠而浦公司已经没有兴趣用日本流行的'质量环'来激发员工，通用电气和康宁公司已经在想别的办法来鼓励员工集思广益。许多公司也开始抛弃日本式的'准时生产'系统，即让供货商一次只送来所需要的零部件，以减少库存，降低成本。"

在瞬息万变的电脑技术领域，最近的一次热潮是裁员。专栏作家和产业观察家威廉·扎克曼是第一个使用"downsizing"（缩小规模）这个词的人，他在发表在《华尔街日报》的一篇早期文章中写道："大家在一时激动下，走上了极端。就像一个从没见过电的人，乍一见到电，忍不住把手指伸到插座里探个究竟。这成了一种盲目的狂热。"就连一些在管理技术方面颇有经验的公司，也犯了一味追求缩小规模和调整规模的愚蠢错误，最后不但没收到实际成效，反而引起了混乱。在我们看来，任何一种管理哲学和技术都是有效果的，问题在于企业总是试图在最流行的东西中寻找魔力。事实上，只有在公司上下形成责任共识，才可能取得成果。我们非常希望企业能治愈这种方案热，特别要注意，只要达到当责线上并开动脑筋，那么任何一种方案都是有用的。不论是想"回到堪萨斯"，还是让新产品尽快上市，抑或是满足客户的实际需求，只要带着勇气和决心，牢牢盯准你的首要目标，结果一定是会让你充满喜悦的。

从当责线上获益

在旅程即将结束时，我们还希望向读者介绍一些达到并保持在当责线上并从中获益的事例。必确公司是美国最大的健身器材制造商之一，它因新颖的产品和优质的服务而享誉全球。尽管公司在历史上取得了辉煌的成就，但公司员工从不满足于现状。相反，他们不断努力，朝着更高的目标前进，希望取得更加优异的成果。公司的企业文化在朝着重视当责的方向改进，同时

奥兹法则

更加注重创新、成果和产品开发。在必确公司2003年度首次全体员工大会上，公司总裁保罗·伯恩说："世界局势不稳，经济不景气，气候恶劣（因为公司位于西雅图）。我们现在再也不愿听到这种老生常谈的借口了。"

公司上下开始协调步伐，转变公司文化，培养每个人的当责意识并改善企业运作。15个月后，公司取得了历史上前所未有的佳绩：一年之内，他们的收入增加了13%，盈利增加了66%，同时还大大提高了服务水准。之所以出现如此显著的业绩增长，并不是因为公司刚刚经历过低潮。恰恰相反，这一切正表明，只要积极地运用奥兹法则，我们就可以做得更好。

位于印第安纳州的礼来制药公司一直被认为不支持美国少数民族在本州开办的企业。为此，公司高管一直在为自己申辩："我们一直试图参与少数民族企业的业务，我们发出了商业计划书，我们准备好了所有文件，只等有人来找我们。"后来，公司决定在这个问题上达到当责线上，不再等着别人上门，而是主动采取行动。公司的投资方案小组开始与一家长期合作的供货商雅各布斯工程公司接洽，商讨如何扶持一家少数民族掌管的企业。他们认识到，这家小企业能很快成长起来，不仅可以为礼来制药公司服务，也可以为其他公司服务。雅各布斯工程公司的首席执行官对礼来制药公司的投资项目给予了全力支持，表示愿意提供工艺流程，并协助在印第安纳波利斯市动员投资者，共同建立一家新公司。礼来制药公司则表示，他们可以打破常规，将对新公司的付款期从30日缩短到15日。在短短的时间内，他们筹集了一笔投资，建立了一家小型的由少数民族所有的工程公司。成立第一年，这家公司就在印第安纳波利斯市赚到了350万美元的工程服务费。这里，我们再一次看到了一家表现优异的公司如何从当责意识中获益。他们付出了期望之外的努力，也获得了意料之外的成果。达到当责线上为你开启了一扇门，让你做到一些在当责线下永远无法做到的事。

最后一个例子来自生产医药的美源伯根公司。不久前，公司遇到了一个在工商界常见的问题，他们失去了很大一部分市场份额。和大家每天所经历的一样，公司员工也面临着一个艰难的选择：是落到当责线下，用忽视问

第十章 在彩虹上：将奥兹法则运用于当今最棘手的商业问题

题、否认错误、指责他人来为自己辩解；还是达到当责线上，承认现实并找到在挫折面前实现成果的办法。美源伯根公司的管理层用一种主人翁意识和当责意识把公司员工团结到一起，使公司上下树立起"解决它"的心态。各个部门的员工，不论他们的工作与销售多么搭不上边，都开始问自己还能做些什么来实现目标。通过这种心态，有人找到了节约成本的办法，有人找到了增加收入的办法。

更了不起的是，这家公司在他们预计将要而还没有失去市场份额之前就开始调整业务。通过问"我还能做些什么"，他们在预计市场份额下降前的短短三个月中，增加了67个新账目，并替换了预计损失中的70%。当责的起点就是明确的目标、在当责线上的员工和持续加强当责文化的领导者，这三个故事有不同的背景和结果，但它们有一个共同的主题：只要当责的人共同努力，就没有什么事是做不到的。

没有终点的旅程

终于，我们读到了最后一页。狮子找到了勇气，铁皮人找到了决心，稻草人找到了头脑，多萝茜一觉醒来，也平安回到了爱玛婶婶的身边。如果我们也完成了任务，那么读者现在应该已经踏上了当责之路，开始将奥兹法则运用于工作和生活的方方面面了。

记住，只有对自己的思想、感受、行为和结果当责时，你才能改变自己的命运；否则，你的命运就会被别人或其他的事物所左右。

在德瑞图书公司出版的《绿野仙踪》的一本续集的封面上印着这样一段话："当我们向一些小时候不怎么读书的人提到《绿野仙踪》时，他们总是点点头，讲起了朱迪·嘉兰（曾在1939年米高梅公司出品的《绿野仙踪》电影中扮演多萝茜并演唱主题曲《在彩虹上》），以为这就是《绿野仙踪》的全部了。他们真是大错特错了！"在本书的结尾，我们对此表示赞同。奥兹国中还有许多东西值得我们学习。好好享受这伴随你一生的旅程吧。

开始……

附录A

《绿野仙踪》

［美］莱曼·弗兰克·鲍姆　著
郭萍萍　译

第一章　旋风来临

多萝茜和亨利叔叔、爱玛婶婶住在堪萨斯大草原的中部，叔叔是农民，婶婶是农民的妻子。他们的房子很小，因为盖房子用的木材得用马车从很远的地方运过来。屋顶、地面、四面墙壁，这便是一间房；房子里摆了一只生锈的烧饭炉、一个碗橱、一张桌子、三四把椅子，还有床。亨利叔叔和爱玛婶婶的大床放在屋子的一个角落，而另一个角落里摆着多萝茜的小床。屋子里没有阁楼，也没有地下室——除了在地上挖的一个用来躲避旋风的小洞，因为强烈的旋风来临时，所有的房子都会被吹倒。地板中间有一扇活门，通过梯子他们可以下到那个又小又黑的洞里。

站在门口，多萝茜向四处看，除了一望无际的灰色大草原，其他什么也看不见。没有树，没有人家，绵亘的乡野草原直达天的尽头。被太阳炙烤成一片茫茫灰色的耕田上夹杂着一些裂缝。就连草也不是绿色的，因为在阳光的炙烤下，长长的叶身早已变成了和周围环境一样的灰色。他们曾经粉刷过房子，但是油漆很快就被炙热的阳光晒得起了泡，然后在雨水的冲刷下，现在房子已经变得和周围一样灰暗。

爱玛婶婶刚来这里住的时候还是个年轻漂亮的妻子。然而，阳光和风也改变了她。它们夺走了她眼中的光芒，只留下一片暗淡的灰色；脸颊及唇边的红润也消失殆尽，变成了灰色。她枯瘦憔悴，现在已经见不到她的笑容了。多萝茜是个孤儿，在她刚来的时候，她的笑声曾让爱玛婶婶震惊，只要听到多萝茜欢快的笑声，她就会一边尖叫一边用手按住胸口；她还会望着这个小丫头，想知道究竟有什么值得笑的。

亨利叔叔从来不笑。他从早到晚辛苦地工作，不知道欢乐是什么。从长长的胡须到粗糙的靴子，他也是浑身上下一片灰色，而且他看上去极其严肃，沉默寡言。

是托托让多萝茜笑，让她没有变成和周围一般的灰色。托托不是灰色的，它是一只小黑狗，一身光亮的长毛，可爱的小鼻子上两只小小的黑眼睛里总是闪着快乐的光芒。托托整天都在玩，多萝茜非常喜欢它，也天天和它玩耍。

但是今天他们没有一起玩耍。亨利叔叔坐在门口，焦虑地望着比往常要灰暗很多的天空。多萝茜抱着托托站在门口，也望着天空。爱玛婶婶在洗碗。

从遥远的北方传来阵阵低号的风声，亨利叔叔和多萝茜都看得见暴风雨来临前在风浪中摇摆的高草。这时从南边传来一阵尖厉的风啸声，他们转身去看，发现草原从那个方向同样掀起阵阵波浪。

亨利叔叔突然站了起来。

"有旋风来了，爱玛，"他对妻子说，"我去看一下牲畜。"接着，他便往饲养牛和马的畜棚跑去。

爱玛婶婶放下手上的活，走到门口。只看了一眼，她便知危险已触手可及。

"快，多萝茜！"她尖叫着，"快跑到地窖去！"

托托挣脱了多萝茜的双臂，躲到了床下，小女孩接着就去捉它。爱玛婶婶非常害怕，她打开地上的活门，顺着梯子爬到了那个又小又黑的洞里。多萝茜终于捉到了托托，然后往婶婶那边跑去。当她跑到中途时，风中传来一声尖啸，屋子开始摇晃起来，她无法站立，一屁股坐到了地上。

接着奇怪的事情发生了。

房子在旋转了两三圈后慢慢地升到了空中。多萝茜感觉自己好像乘上了气球。

北风和南风相遇的地方恰恰就是他们的房子的位置，因而房子也就成了旋风的中心。在旋风的中心，空气是静止的，但是来自房子周围的风的巨大压力将它越升越高，直到旋风的最高峰。房子被带到了千万里之外，轻易得像带走一根羽毛。

四周一片漆黑，身边的风令人恐怖地号叫着，但是多萝茜发现自己却行进得如此轻松。在最初的几次旋转和仅有的一次屋子被剧烈地翻转过来后，她感觉自己就像是摇篮中的婴儿被温柔地摇着。

托托不喜欢这样。他在屋子里跑来跑去，一会儿这里，一会儿那里，大声地叫着；不过多萝茜静静地坐在地上，等待将发生的一切。

曾有一次，当托托跑得离那扇打开的活板门很近时便摔倒了。起初小女孩还以为它不见了。不过她很快就看到了它竖在洞口的一只耳朵，有了空气的强大压力支撑，它才没跌下去。她缓缓地爬到洞门口。抓住托托的耳朵，然后再把它拖到房子里，之后她关上了那扇活板门。这样一来就再没意外发生了。

几小时过去了，渐渐地多萝茜不再害怕，但是她感到非常孤独，而且身边尖厉的风声几乎把她变聋了。刚开始她还想知道如果房子再次落下去时自己会不会被摔成碎片，不过随着时间的过去，并没有什么可怕的事情发生，她也就不再担心了，决定平静地等下去，看将来会发生什么。最后，她沿着摇摆不定的地面慢慢地爬到自己的床上，躺了下来，而托托也跟着在她身边躺下。

尽管屋子在摇摇晃晃，大风在咆哮，多萝茜还是很快便合上眼睡着了。

第二章　会见芒奇金人

多萝茜被一声剧烈的突如其来的震动惊醒，如果不是躺在床上，她也许早就被弄伤了。这声震动让多萝茜屏住呼吸想知道发生了什么。托托也把它冰冷的小鼻子凑近她的脸，伤心地呜呜叫起来。多萝茜坐起来，发现屋子并没有移动，而且房间里也不再昏暗，明媚的阳光透过窗户直射进来，洒在小小的房间里。她从床上跳起来，托托则紧跟着她，一同跑到门口，打开了门。

环顾四周，小女孩吃惊地大叫了一声，望着周围神奇的景象，她的双眼越睁越大。

旋风将这栋房子轻轻地放在了一个美得不可思议的国度中。这里到处是一块块绿色的草地，还有结着丰硕甜美果实的大树。触手可及之处都是色彩烂漫的鲜花，鸟儿披着罕见的亮丽羽毛在树丛和灌木中拍动着翅膀，唱着歌。不远处是一条小溪，两岸是绿色的青草，小溪波光粼粼，湍急地流着，对着一个长期住在干枯灰色大草原上的小女孩，欢快地轻声低语。

当她站着急切地望着周围陌生而美丽的景象时，一群她从未见过的奇怪的人向她走来。他们不像她见惯了的那些大人一样大，但也不是非常小。事实上，他们看上去和多萝茜一般高，多萝茜的身高和实际年龄相符，而他们显得老很多。

他们是三个男人和一个女人，全都打扮得很古怪。他们戴着高出头顶足足一英尺的尖顶圆帽，帽子边上系着铃，走起路来叮当作响。男人戴的帽子是蓝色的；女人戴着白帽子，穿着白袍子，衣服从肩膀上垂下很多褶子。衣服上到处是小星星，在阳光下像钻石般闪着光。男人穿着和帽子颜色一般蓝的衣服，脚上是擦得雪亮的靴子，靴子最上面翻卷出一道深深的蓝色。多萝茜觉得这些男人应该和亨利叔叔年纪相仿，因为其中的两个留着胡子。不过，那个女人无疑更老些。她的脸上布满皱纹，头发也差不多全白了，走起路来也不太灵活。

当这些人慢慢靠近多萝茜站在门口的房子时，他们停了下来，窃窃私语，好像害怕再走近。不过那个小老太婆走向多萝茜，深深地鞠了一躬，然后用柔和的声音说道：

"尊贵的女巫，欢迎来到芒奇金人的地方。我们非常感谢你除掉了东方恶女巫，将我们的人民解放出来。"

多萝茜好奇地听她说着。这个小老太婆称她女巫，还说她除掉了东方恶女巫，究竟是什么意思呢？多萝茜只是一个天真无邪的小女孩，被旋风从几百里以外的家吹到了这里，而她在这一生中也从未杀过任何东西。

不过，小老太婆很明显在期待她的回答，所以多萝茜迟疑了一下说道："你们都是好人，不过这其中一定有一些误会。我从未杀过什么人。"

"不管怎么说，你的房子帮了我们，"小老太婆笑着答道，"所以是同一回事。看！"她指着房子的一角继续说道，"那里有她的两只脚，从一堆木头中伸出来。"

多萝茜看了看，惊得尖叫了一声。果真在房子横梁的角落下，伸出两只穿着尖头银鞋子的脚。

"哦，天哪！哦，天哪！"多萝茜一边惊慌地拍着手，一边喊道，"这房子一定压到了她。我们现在该怎么办？"

"没有什么要做的。"小老太婆平静地说。

"但是，她是谁？"多萝茜问道。

"她就是我所说的东方恶女巫，"小老太婆回答说，"她奴役了芒奇金人很多年，把他们日日夜夜当作她的奴隶。不过，现在大家都自由了。所以他们非常感谢你的恩惠。"

"谁是芒奇金人？"多萝茜问道。

"他们就是住在东方这片土地上、被恶女巫奴役的那些人。"

"你是芒奇金人吗？"多萝茜问道。

"不是，不过我是他们的朋友，我住在北边。当芒奇金人看到东方恶女巫死掉后，给我送了一封快信，所以我就立刻赶来了。我是北方的女巫。"

"天哪！"多萝茜叫道，"你是真的女巫？"

"是的，不过，"小老太婆答道，"我是一个善良的女巫，人们都很爱戴我。我没有那个以前统治这里的恶女巫有力量，否则我早就让大家获得自由了。"

"但是，我以为所有的女巫都是坏的。"小女孩说道，面对一个真女巫，她颇为害怕。"哦，不，那是一个很大的误解。在奥兹这块土地上，总共只有四个女巫，其中住在北部和南部的两个都是好女巫。我知道这是事实，因为我就是其中一个，这绝对错不了。住在东部和西部的都是恶女巫，但是现在你已经除掉了其中的一个，所以目前只剩下那个住在西部的恶女巫了。"

"可是，"多萝茜思考片刻后问道，"爱玛婶婶曾经告诉我，很多很多年前所有的女巫都死了。"

"谁是爱玛婶婶？"小老太婆询问道。

"她是我住在堪萨斯的婶婶，我就是从那儿来的。"

北方女巫垂下头望着地面沉思了片刻，接着她抬起头说："我不知道堪萨斯在哪里，因为我没有听过这个国家。不过，请告诉我，那是一个文明国家吗？"

"哦，是的。"多萝茜回答说。

"这就难怪了。在文明国家中，我相信是没有女巫留下的，当然也没有男巫，没有魔法师的。但是，你看，奥兹这片土地还没有开化，因为我们和世界的其他地方是分割开的。所以我们仍然留有女巫和魔法师。"

"谁是魔法师？"多萝茜问。

"奥兹自己就是一个大魔法师，"女巫压低嗓音小声答道，"他的法力比我们所有的人加起来还要大。他住在翡翠城。"

多萝茜还想继续问其他的问题，但是一直默默站在一边的芒奇金人中突然发出一阵很响的叫声，他们一齐指向压着恶女巫的房子一角。

"这是什么？"小老太婆一边看一边问道，接着发出笑声。死女巫的双脚完全消失了，只剩下她那双银色的鞋子。

"她太老了，"北方女巫解释道，"她很快便被阳光蒸发了。那就是她的结局。但是这双银鞋子就是你的了，你应该穿上它们。"她低下身捡起鞋子，抖落掉上面的灰尘，然后递给多萝茜。

"东方女巫曾经为这双银鞋无比自豪，"一个芒奇金人说，"上面挂了些坠子，不过究竟是什么，我们也不知道。"

多萝茜将鞋子拿到屋子里，放到了桌上。接着，她又跑出来对芒奇金人说道：

"我很想回去找我的叔叔和婶婶，因为我确信他们一定非常担心我。你们能帮我找到回家的路吗？"

芒奇金人和女巫互相望了望，接着又看了看多萝茜，最后他们摇了摇头。

"在东边，离这里不远，"其中一个说，"有一片大沙漠，没有人能活着穿过它。"

"南边也一样，"另一个说道，"因为我以前去那里看过。南边是桂特林人的国家。"

"我也听说过，"第三个人说道，"西边也是同样的大沙漠。而且西方女巫统治着温基人的国家，如果你路过那里，她就会抓你做她的奴隶。"

"北边是我的家，"小老太婆说，"它的边缘地带和奥兹的四周一样，是大沙漠。亲爱的，我想你恐怕还是得和我们住在一起。"

多萝茜开始呜咽起来，和这些奇怪的人待在一起，她感到很孤独。她的眼泪似乎使芒奇金人也悲伤起来，很快他们便拿出手帕开始擦拭眼泪。至于那个小老太婆，她一边摘下帽子，放到鼻子边，一边用沉重的声音数着"一、二、三"。瞬间帽子变成了一块石板，上面有几个巨大的白粉笔字：

"让多萝茜去翡翠城。"

小老太婆从她鼻子上拿下石板，看过上面的字后问道："亲爱的，你的名字叫多萝茜？"

"是的。"女孩抬起未干的泪眼答道。

"那么你得去翡翠城。也许奥兹可以帮助你。"

"这座城市在哪里？"多萝茜问。

"在这个国家的正中心，由奥兹统治，就是我告诉你的那个大魔法师。"

"他是好人吗？"女孩急切地问。

"他是个好魔法师。他是不是男的，这我不好说，因为我从没见过他。"

"我怎么才能到那儿呢？"多萝茜问。

"你必须走着去。这是一段漫长的旅程，你得穿越这个国家，有时很顺利，有时却很黑暗，充满险情。不过，我会用我知晓的魔力让你免受伤害。"

"你不和我一起去吗？"女孩恳求着说，她已经把这个小老太婆当作她唯一的朋友。

"不，我不能那么做，"她答道，"但是我吻你，因为没有人敢伤害一个被北方女巫吻过的人。"

她走近多萝茜，在她额头上轻轻地吻了一下。当她的唇碰到女孩时，留下了一个圆圆的、闪闪发光的印子，多萝茜很快便看到了这个印子。

"通往翡翠城的道路都铺着黄砖，"女巫说，"所以你不会迷路的。当你见到奥兹时，别害怕，把你的故事告诉他，然后请求他帮助你。亲爱的，再见。"

那三个芒奇金人对她深深地鞠了一躬，祝她旅途顺利，然后他们便穿过树林走了。女巫友好地对多萝茜点了点头，踮着左脚转了三圈，然后便迅速消失了，蹲在她旁边的小托托很是吃惊，在她走后大声地叫着，因为当她站在那里的那会儿，小托托吓得根本不敢吠叫。

然而，多萝茜知道她是个女巫，料到她会这么消失的，所以一点儿也不吃惊。

第三章　多萝茜救了稻草人

当多萝茜一个人留下来时，她开始感到饿。她走到碗橱边，给自己切了一些面包，并涂上黄油。她给了托托一些，然后从碗橱里拿了一只桶，提到小溪边，往里面盛满清澈的水。托托跑到树下，开始对着树上的鸟儿吠叫起来。多萝茜走过去捉住它，接着她看到有很多诱人的水果从树枝上垂挂下来，于是便采摘了一些，正好当作早餐。

她回到屋子里，和托托痛痛快快地喝了冰凉清澈的溪水，为去翡翠城的旅程做好准备。

多萝茜还剩下一条裙子，恰巧是干净的，挂在床边的架子上。那是条棉布裙，上面印着白色和蓝色的方格。虽然因为洗的次数太多，蓝色已经有点褪了，但仍然是条漂亮的罩裙。小女孩很仔细地把自己收拾干净，穿上那条整洁的棉布裙，然后在头上戴上粉红色的太阳帽。她拿出一个小篮子，用它装满从碗橱里拿出的面包，在上面盖了一层白布。接着，她低头望了望自己的脚，发现脚上的鞋已经又旧又破。

"它们准应付不了这次漫长的旅途，托托。"她说。托托抬起头张着它那对黑黑的小眼睛望望她的脸，然后摇摇尾巴，表示明白了她的意思。

这时，多萝茜看到了桌上曾经属于东方恶女巫的银色鞋子。

"不知道它们的尺寸是不是适合我，"她对托托说，"穿它们去长途旅行最合适不过，因为它们不会磨损。"

她脱下自己的旧皮鞋，穿上银色的鞋子，新鞋非常合脚，就像专门为她定做的。

最后她拎起了篮子。

"走吧，托托，"她说，"我们去翡翠城问问了不起的奥兹怎样才能回到堪萨斯。"

她关上门，锁好门后把钥匙小心地放进衣袋里。托托安静地小跑着跟在她身

奥兹法则

后，就这样她开始了旅程。

附近有好几条路，不过她很快便找到了那条铺满黄砖的路。她轻快地向翡翠城走去，她那双银色的鞋子在硬硬的黄砖路上发出欢快的叮当声。阳光明媚，小鸟甜美地唱着歌，你也许会认为一个突然离开自己的国家，被带到一片陌生土地上的小女孩会感到孤独害怕，但其实多萝茜几乎没有这样的感觉。

她一路走着，惊讶地发现自己所置身的国度是这样的美丽。路两旁是整齐的栅栏，被刷成优雅的蓝色，而栅栏后面是大片的稻田和菜园。很明显，芒奇金人都是能干的农夫，能种出这样大片的庄稼。每当她路过一栋房子，人们就会出来看着她，并向她深深地鞠躬。因为所有人都知道她就是那个除掉恶魔、把大家从奴役中解放出来的人。芒奇金人的房子看上去都很陈旧，屋顶是圆的。所有的房子都被刷成了蓝色，因为在东方的这个国度，蓝色是大家最喜欢的颜色。

接近黄昏，多萝茜走了很久，觉得累了，她开始考虑自己应该到哪里过夜，这时她来到一栋很大的房子前。房子前的绿草坪上有很多男人和女人在跳舞。五个小提琴手竭尽全力把琴拉响，人们笑着，唱着，旁边的一张大桌子上摆满了可口的水果、坚果、馅饼和蛋糕，还有其他很多好吃的东西。

人们友好地向多萝茜打招呼，还邀请她参加晚餐，和他们共度这个夜晚。这栋房子里住着一位当地最富有的芒奇金人，他的朋友都聚集在这里庆祝他们摆脱恶女巫的奴役，重获自由。

多萝茜吃了一顿丰盛的晚餐，那位富有的芒奇金人亲自在一旁招待她，他的名字叫伯奎。接着她在长椅上坐下，看人们跳舞。

伯奎看到她的银色鞋子，说道："你一定是个大魔法师。"

"为什么？"女孩问。

"因为你穿着这双银鞋，而且还杀死了恶女巫。另外，你还穿着白袍子，只有女巫和魔法师才穿白的。"

"我的裙子是蓝色和白色的方格。"多萝茜一边说，一边在抹平上面的褶皱。

"我们很喜欢你穿这条裙子，"伯奎说，"蓝色是芒奇金人的颜色，而白色是女巫的颜色，所以我们知道你是一个善良的女巫。"

多萝茜不知对此该说什么，所有的人似乎都认为她是女巫，而她很清楚自己仅仅是一个被旋风偶然带到这片陌生的土地上来的普通女孩。

她看跳舞看得倦了,伯奎就领她进了屋,给了她一间摆着漂亮的床的房间。床上铺着蓝色的床单,多萝茜在上面沉沉地一直睡到早晨,而托托也一直蜷缩在她身边的蓝色毛毯里。

她吃了一顿丰盛的早餐,望着一个婴儿拉着托托的尾巴和它玩耍,他们又叫又笑,多萝茜看得津津有味。对于所有的人来说,托托都是很稀奇的,因为他们从没见过狗。

"这里离翡翠城有多远?"她问道。

"我不知道,"伯奎严肃地回答,"因为我从来没有去过那里。人们最好远离奥兹,除非和他有生意往来。不过,这里到翡翠城很远,你得花很多天。这里很富有,也很美丽,但是你要到那里就必须穿越很多难行和危险的地方。"

这让多萝茜有点担心,但是她知道只有了不起的奥兹才可以帮助她回到堪萨斯,所以勇敢地决定不再折返。

她和朋友们道别,然后又踏上了黄砖之路。走了几里后,她觉得自己应该停下来休息一会儿,于是便爬到路边的栅栏上坐了下来。栅栏后是一大片麦田,在不远处她看见一个稻草人被插在高高的竿子上,不让鸟儿飞近成熟的麦子。

多萝茜用手撑住下巴,若有所思地望着稻草人。他的头是一个用稻草塞满的小袋子,上面画着眼睛、鼻子和嘴巴,表示这是一张脸。一顶曾经属于某个芒奇金人的旧的蓝色尖顶帽盖在他的头上,塞满稻草的身体外套着一件褪了色的蓝衣服。他脚上穿的和这个国家中所有男人一样,是一双蓝色的长筒马靴,而背后有一根细竿子支撑着他,令他高高地立在麦田里。

多萝茜认真地望着稻草人被描画过的奇怪面孔,突然吃惊地发现他正慢慢地朝自己眨眼。最初她以为一定是自己弄错了,因为在堪萨斯没有稻草人会眨眼。不过,很快这个稻草人又友好地向她点了点头。随即她越过栅栏向他走去,托托在草秆旁吠叫着跑来跑去。

"你好。"稻草人用嘶哑的嗓音说道。

"是你在说话?"女孩好奇地问。

"当然,"稻草人答道,"你好吗?"

"我很好，谢谢，"多萝茜礼貌地回答，"你好吗？"

"我不太好，"稻草人微笑着说，"因为日日夜夜地站在这里，吓跑那些乌鸦，实在是太闷了。"

"你不能下来吗？"多萝茜问。

"不可以，因为竿子撑着我的后背。如果你可以把竿子拿走，我将非常感激。"

多萝茜用双臂把他从竿子上抱了下来。他里面填充的是稻草，所以非常轻。

"非常感谢你，"当稻草人被放到地上后说道，"我觉得自己像一个新生的人。"

多萝茜对此感到很迷惑，因为听见稻草人说话，看到他弯着身走在自己身边，这一切听起来都太奇怪了。

"你是谁？"稻草人伸着懒腰、打着哈欠问，"你要去哪儿？"

"我叫多萝茜，"小女孩回答，"我要去翡翠城，求了不起的奥兹送我回堪萨斯。"

"翡翠城在哪儿？"稻草人问，"奥兹是谁？"

"怎么，你不知道吗？"多萝茜惊讶地反问。

"确实不知道，我什么也不知道。你瞧，我是由稻草填起来的，根本没有大脑。"他沮丧地说。

"噢，"多萝茜说，"我真为你难过。"

"你说，"稻草人问，"如果我和你一同去翡翠城，奥兹会赐给我一些智慧吗？"

"我不知道，"她答道，"不过要是你愿意，我很乐意你和我一起去。就算奥兹不赐给你智慧，你的情形也不会比现在更糟吧。"

"你说得对。"稻草人说。"你看，"他很信任地对她说道，"我不介意我的腿、手臂和身体是稻草，因为这样我不会受伤。如果有人踩我的脚，或者用针戳我，这都没关系，因为我感觉不到。但是我不想人们叫我傻瓜，而且如果我的头里塞满稻草，而不是像你那样真正的智慧，我怎么可以了解周围的事情呢？"

"我了解你的感受。"小女孩说，她真的为他感到难过，"如果你和我一起去，我请奥兹尽他所能帮你。"

"谢谢。"他感激地说。

他们向大路上走去。多萝茜帮他越过栅栏，接着他们开始沿着黄砖路往翡翠城走去。

托托刚开始并不喜欢有人加入他们的队伍中。它围着稻草人不停地嗅着，好像怀疑稻草里有一窝老鼠似的，接着它不断地对着稻草人不友好地咆哮。

"别介意托托，"多萝茜对她的新朋友说，"它从来不咬人。"

"哦，我不害怕，"稻草人答道，"它伤不了稻草。让我帮你提这个篮子。我不在乎，因为我不会感到累。告诉你一个秘密，"他一边走一边继续说道，"这世界上只有一件事情让我害怕。"

"是什么？"多萝茜问，"是制造你的芒奇金人农夫吗？"

"不是，"稻草人说，"是点燃的火柴。"

第四章　穿过森林的路

几小时过后，道路开始崎岖起来，行走也越来越艰难，稻草人在不平的黄砖路上被绊倒了好几次。有的地方黄砖碎了或不见了。在路面上留下大坑，托托就从上面跳过去，多萝茜则绕着走。而没有大脑的稻草人还是向前直行，于是跨到了坑里，重重地摔在硬砖上。不过，这没让他受一点儿伤。多萝茜扶起他，重新让他站立起来，而他对自己的不幸只是快活地大笑。

当他们越走越远时，农田开始变得没有那么整齐。这里的房子和果树都很少，他们走得越远，景色便越荒凉。

中午时分，他们在靠近小溪的路边坐了下来，多萝茜打开篮子，拿了一些面包出来。她递给稻草人一个，不过他拒绝了。

"我从不会饿，"他说，"这是一件幸运的事，因为我的嘴巴是画上去的。如果切开一个口子让我能吃的话，里面填充的稻草就会跑出来，而这会破坏我脑袋的形状。"

多萝茜立刻意识到这是真的，于是她点点头，继续吃面包。

"告诉我一些关于你自己和你国家的事情。"她吃完之后,稻草人说。于是她跟他说了关于堪萨斯的所有事情,告诉他那里的一切都是灰色的,以及自己是如何被旋风带到奥兹这片奇怪的土地上来的。

稻草人仔细地听着,接着他说道:"我无法理解为什么你想要离开这个美丽的国家,回到那个又干又灰叫堪萨斯的地方。"

"那是因为你没有大脑,"女孩回答说,"不管我们的家乡如何沉闷、灰暗,我们这些人宁愿住在那里,也不愿到其他国家去,就算别的地方再美丽,任何地方都比不上家。"

稻草人叹了口气。

"我当然无法理解。"他说,"如果你的脑袋像我的一样,塞满了稻草,你也许会愿意住在美丽的地方,而堪萨斯也许就根本不会有人了。堪萨斯真走运,有你们这些有头脑的人。"

"我们休息的时候,你能给我讲个故事吗?"女孩说。

稻草人用责备的眼光望着她,答道:

"我的生命很短,所以我真的一无所知。我是前天才被扎好的。在那之前发生的一切事情,我都不知道。幸运的是,那个农夫做我头的时候,他做的第一件事就是画我的耳朵,所以我听到了那时发生的事。当时还有一个芒奇金人和他在一起,我听到的第一句话是农夫说的:

"'你觉得这耳朵画得怎么样?'

"'不太直。'另一个人回答说。

"'别在意,'农夫说,'它们就是耳朵,没什么不同。'这倒是真的。

"'现在我要画眼睛了。'农夫说。于是他画了我的右眼,他刚画完我就发现自己可以看他了,对于周围的一切我充满了好奇,因为这是我看到世界的第一眼。

"'那是只非常漂亮的眼睛,'那个芒奇金人看着农夫画,评论道。'蓝色正是眼睛的颜色。'

"'我想把另一只画大点儿。'农夫说。当第二只眼睛画好时,我看得比之前清楚多了。接着他又帮我画了鼻子和嘴巴。但是我没说话。因为那个时候我不知道嘴巴是做什么用的。看他们做出我的身子、胳膊和腿,真的很有趣。最后当他们把头和其他部分扎在一起的时候,我感觉非常自豪,因为我认为自己就和所有人一样完好。

"'这家伙总能吓走乌鸦了,'农夫说,'他看上去就像一个人。'

"'什么,他就是个人。'另一个说,而我很同意他的说法。农夫用胳膊夹着我来到麦田,然后把我插在一个高高的竿子上,就是你发现我的地方。很快他和他的朋友就走开了,留下我一人在那里。

"我不喜欢这种被遗弃的方式。所以我试图跟着他们,但是我的脚够不到地,只好被迫待在竿子上。那种生活很孤独,没什么事情让我考虑,我只不过是刚刚被做好。很多乌鸦和其他鸟飞进麦田,可是每当它们看见我,就立刻飞走了,它们以为我是芒奇金人。这让我很高兴,觉得自己是个很重要的人。不久,一只老乌鸦飞近我,他仔细地打量我后,停在我的肩膀上说:

"'我想知道,是不是那个农夫想用这种笨拙的方法来愚弄我。任何有判断能力的乌鸦都看得出你只不过是一个填满稻草的家伙。'接着他跳到我的脚上,任意吃他想吃的麦子。其他鸟看见他没有遭到我的攻击,于是也过来吃庄稼,很快一大群鸟便停在了我身边。

"我对此感到很伤心,这毕竟说明我不是一个好的稻草人。不过,那只老乌鸦安慰我说:'只要你有了智慧,就会和其他人一样有用了,而且还会比一些人更有用。智慧是这个世界上唯一值得拥有的东西,不管对于乌鸦还是人来说。'

"乌鸦飞走后,我反反复复思考他说的话,接着我决定自己一定要获得智慧。幸运的是,你走了过来把我从竿子上放了下来,根据你所说的,我相信当我们到达翡翠城时,了不起的奥兹一定会给我智慧的。"

"我希望如此,"多萝茜郑重地说,"你是如此迫切地想得到它。"

"噢,是的。我非常迫切。"稻草人答道,"知道自己是个傻瓜,这种感觉让人很不舒服。"

"好吧,"女孩说,"我们走吧。"接着她把篮子递给了稻草人。

现在路两旁根本没有栅栏,路也非常崎岖不平。傍晚来临前他们来到了一片森林前,那里的树很大,密密地长在一起,树枝遮盖了黄砖路。树枝挡住了光线,树丛下很昏暗。不过他们没有停下脚步,继续向树林中走去。

"如果有路走进去，就必定有路出来，"稻草人说，"翡翠城坐落在路的尽头，所以我们必须沿着这条路走下去。"

"任何人都知道这一点。"多萝茜说。

"当然，所以我也知道，"稻草人答道，"如果只是有头脑的人才可以了解这点，那我就不可能说出来了。"

大约一小时后，光线渐渐暗淡下去，他们发觉自己正蹒跚地在黑暗中行进。多萝茜一点都看不见，不过托托还能看得见，因为有些狗在黑暗中仍可以看得很清楚。稻草人说他看得同白天时一样清楚。所以她搀住他的胳膊向前行走。

"如果你看到任何房子，或者什么可以让我们过夜的地方，"她说。"一定要告诉我，在黑暗中行走实在是太不方便了。"

很快稻草人便停了下来。

"在我们的右边有一个小农舍，"他说，"是由圆木和树枝搭成的。我们要进去吗？"

"是的，不错，"女孩子回答说，"我已经精疲力竭了。"

于是稻草人领着她穿过树林来到了农舍里，多萝茜走进去在角落里发现了一张用干树叶铺成的床。她立刻躺了下来，托托躺在她身边，很快他们便睡熟了。从不知疲倦的稻草人站在另一个角落，耐心地等待黎明的来临。

第五章　拯救铁皮人

多萝茜醒来时，阳光已经洒在树林中，托托正在追逐围在它身边的鸟儿和松鼠。她坐起来环顾四周。稻草人依然耐心地站在角落里等着她。

"我们必须去找点水。"她对他说。

"为什么你需要水？"他问。

"一路的风尘过后，我需要洗脸，还有要喝点水，这样干面包就不会卡住我的喉咙了。"

"肉做的身体一定不方便，"稻草人若有所思地说，"因为你们要睡觉，要吃饭和喝水。然而，你们有头脑，能够正确地思考，所以有这么多麻烦还是值得的。"

他们离开了农舍向树林中走去,不久他们找到了一个盛满清水的小泉,多萝茜喝了水,洗了脸,然后吃完早餐。她发现篮子里所剩的面包不多了,小女孩非常欣慰稻草人不需要吃任何东西,因为剩下的这些面包几乎不够她和托托一天吃的。

吃过早餐后,当她准备往黄砖路走去时,吃惊地听见附近传来一声低沉的呻吟。

"那是什么?"她害怕地问道。

"我猜不出来,"稻草人回答说,"不过我们可以走过去看看。"

就在那时,另一声呻吟传到了他们的耳边,这声音似乎是从他们后面传过来的。他们转过身向丛林中走了几步,接着多萝茜发现有一些东西倒在树丛间,在阳光的照射下闪闪发光。她跑过去,很快便尖叫着停住脚步。

一棵大树被拦腰砍下,站在他旁边的是一个手中高举着斧头、浑身用铁皮做成的人。他的头、手臂和腿都是用关节装在身体上,不过他一动不动地站在那儿,好像根本就不能动似的。

多萝茜惊愕地望着他,稻草人对此也很吃惊,而托托对着他尖叫,还咬了一口他的铁皮腿,却伤了自己的牙。

"是你在叫?"多萝茜问。

"是的,"铁皮人说,"是我在叫。我已经叫了一年多了,在此之前没有人听见,也没人过来帮我。"

"我可以为你做点什么?"她轻轻地问,因为她被这个男人说话时悲伤的语气感动了。

"找一个油罐来,给我的关节上油。"他回答说,"它们已经锈得很厉害了,我根本无法移动。给我上了油后,我很快就会好的。在我农舍里的柜子中,你可以找到一罐油。"

多萝茜立刻跑到农舍找到了那罐油,接着她又跑回去急切地问:"你的关节在哪里?"

"首先,给我的脖子上油。"铁皮人说。她按照他说的做了,由于关节生锈得很严重,稻草人托住他的头轻轻地来回移动,直到他能自由转动,接着铁皮人

奥兹法则

自己可以转头了。

"现在给我的胳膊上油。"他说。于是多萝茜给胳膊也上了油,稻草人小心地将它们弯曲,直到胳膊上的锈完全被清除干净,如同新的一般。

铁皮人满意地叹了口气,接着放下他的斧头靠在了大树旁。

"太舒服了,"他说,"自从生锈后,我就一直握着这把斧头,我真高兴终于能把它放下来。现在,如果你给我的腿上些油,我就完全复原了。"

接着他们就给他的腿上油,直到他可以自如地挪动。他再三感谢他们让他重获解放,他看上去像是一个非常有礼貌、令人愉快的家伙。

"如果你们不来,我可能会在这儿一直站下去,"铁皮人说,"所以你们都是我的救命恩人。你们怎么会到这里来的呢?"

"我们要去翡翠城,求见了不起的奥兹魔法师,"多萝茜答道,"我们路过你的小屋,在那儿住了一夜。"

"你们为什么想见奥兹?"铁皮人问。

"我想请魔法师送我回堪萨斯,而稻草人想请魔法师赐予他一些智慧。"多萝茜回答说。

铁皮人沉思了片刻,接着他问道:

"你们说,奥兹能给我一颗心吗?"

"嗯,我猜他可以,"多萝茜说,"这和给稻草人智慧一样简单。"

"这倒是真话,"铁皮人说,"所以,如果你们同意我加入你们的队伍,我也想去翡翠城请求奥兹的帮助。"

"来吧。"稻草人热情地说。多萝茜补充说她也对他的加入很高兴。所以铁皮人扛上斧头,接着大家穿过树林,来到了铺满黄砖的大路上,

铁皮人请多萝茜把油罐放进她的篮子中。"因为,"他说,"如果我淋了雨,就会再生锈,非常需要这罐油。"

新成员的加入对他们是一件很幸运的事,因为他们开始旅程不久后便来到了一个长满茂密大树的地方,厚密的树枝挡住了行人的脚步。不过铁皮人用斧头劈掉那些树枝,很快就为大家开辟出了一条路。

在行进中,多萝茜一直在认真地思考,所以当稻草人被一个坑绊倒滚到路边

的时候，她没有注意到。他只好喊她帮忙，请她再次把他扶起来。

"你为什么不绕过这个坑？"铁皮人问。

"我懂的事情不多，"稻草人开心地说，"我的脑袋里塞满了稻草，你知道，那就是我为什么要去奥兹那里请他给我一些智慧的原因。"

"哦，我知道了，"铁皮人说，"不过，毕竟智慧并不是这世界上最好的东西。"

"你有吗？"稻草人问。

"没有，我的脑袋很空，"铁皮人回答说，"不过，我曾经拥有过智慧，也有过一颗心。在试过这两样东西之后，我宁愿想要一颗心。"

"那是为什么？"稻草人问。

"听过我的故事后，你就会明白了。"

于是在他们走过树林的途中，铁皮人讲述了以下的故事：

"我是一个伐木工人的儿子，我父亲在森林里砍伐树木，然后把木材拿出去卖，以此为生。我长大后也成了一名伐木人，父亲去世后，我一直照料母亲直到她也去世。然后我决定不再一个人生活，我要结婚，这样就不会孤独了。

"有一个芒奇金女孩，她长得非常漂亮，我很快便深深地爱上了她。她答应只要我挣到足够的钱为她盖一栋好房子就嫁给我，因此我开始更加努力工作。但是那个女孩和一个老妇住在一起，她不愿意女孩嫁给任何人。老妇非常懒惰，她希望女孩可以一直留在她身边，为她煮饭、做家务。因此那个老妇去找东方恶女巫，许诺如果她可以阻止这场婚姻的话，就送给她两只羊和一头牛。于是恶女巫对我的斧头施了魔法，我迫切地想尽早得到新房子和妻子，所以有一天当我很卖力地砍树时，斧头突然滑落了下来，砍断了我的左腿。

"最初这对我来说是一个很大的不幸，因为我知道只有一条腿的人是无法做好伐木人的。所以我去找了铁匠让他用铁皮给我做了一条新腿。那条腿用起来很好，我很快就适应了。但是我的行为触怒了恶女巫，因为她向老妇承诺我不会和美丽的芒奇金女孩结婚。当我再次砍树时，斧头又掉下来砍断了我的右腿。我再次找到铁匠，于是他又给我用铁皮做了一条腿。在此之后，被施了魔法的斧头陆续砍断了我的两只胳膊。然而，我毫不气馁，我又用铁皮替代了它们。接着，恶女巫让斧头滑下来砍断了我的头,最初我以为自己完了。但是铁匠刚好路过。他用铁皮给我做了一个新的头。

"我以为击败了恶女巫,于是比过去更加努力工作,但是我根本不了解我的敌人有多残忍。她想出了一个新的办法扼杀我对美丽的芒奇金女孩的爱,她让我的斧头再次滑落,正好砍断了我的身体,把我劈成两半。铁匠又一次帮了我,为我用铁皮做了身体,并把铁皮手臂、腿和头用关节和身体接在了一起,这样一来我就可以和从前一样活动了。但是,唉!现在我没有了心,所以我失去了对芒奇金女孩的爱,而且也不在乎是否和她结婚。我猜她仍然和那个老妇住在一起,等我去接她。

"我的身体在阳光下闪闪发光,对此我非常自豪:现在就算斧头滑落,也没关系,因为这伤不了我。只有一种危险,那就是我的关节生锈。不过我在农舍里留了一罐油,当我需要时就给自己上些油。然而,有一天我忘了上油,在我想起来之前遇上了暴雨,我的关节开始生锈。被迫待在树林里,直到你们过来救我。那是一次痛苦的经历,不过在我站在那儿的一年里我一直在思考,觉得最大的损失便是我失去了我的心。当我恋爱时,我是世界上最幸福的人,但是一个没有心的人是不能恋爱的,所以我决定请求奥兹给我一颗心。如果他同意的话,我会回到芒奇金女孩身边,娶她做妻子。"

多萝茜和稻草人被铁皮人的故事深深吸引了,现在他们知道了为什么他那样迫切地想得到一颗心。

"都一样,"稻草人说,"我要的是智慧,而不是心,因为一个有心的傻瓜不会知道心是用来做什么的。"

"我想要心,"铁皮人说,"因为智慧不能使人快乐,而快乐是这世界上最好的东西。"

多萝茜什么也没有说,因为她不知道她的这两个伙伴中谁是对的,而且她认为只要她回到堪萨斯和爱玛婶婶身边,铁皮人有没有智慧,稻草人有没有心,或者他们都得到自己想要的东西,这都无关紧要。

最令她担心的是,面包快吃完了,她和托托再吃一顿,篮子就要空了。铁皮人和稻草人确实什么也没吃,不过她不是铁皮或稻草做的,如果不吃饭就活不下去。

第六章　胆小的狮子

多萝茜和她的伙伴一直行进在茂密的树林里。路上仍旧铺着黄砖，但是上面积了很多从树上落下的干树枝和树叶，因而行走也变得愈发困难起来。

树林的这边没有太多的鸟，因为鸟儿都喜欢阳光明媚的开放空间。但是树林间不时地传来一两声低沉的发自某个野生动物的怒吼声。这些声音让小女孩心跳加速，因为她不知道声音来自哪里。不过托托很清楚，所以它紧紧地跟在多萝茜身边，而且也不用吠声回答。

"还要走多久，"女孩问铁皮人，"我们才能走出森林？"

"我不知道，"他回答说，"我从来没去过翡翠城。不过在我童年时，我父亲曾去过那里一次，他说那是一次穿越危险地带的长途跋涉，尽管奥兹居住城市附近的乡村风光非常美丽。但是只要有了油罐，我就不害怕，而且任何人都伤害不了稻草人，而你的额头上有好女巫留下的吻，那道痕迹会保护你不受伤害。"

"但是托托呢？"女孩焦急地问，"什么可以保护它呢？"

"如果它有危险，我们必须保护它。"铁皮人回答说。

正当他说话的时候，树林里传来一声巨大的咆哮声，紧接着一头狮子跳到了路上。他一掌就让稻草人滚到了路边，然后他又用锋利的爪子击中了铁皮人。不过，让狮子吃惊的是，尽管铁皮人摔到了路上，一动不动地躺在了那儿，狮子却没能在他的铁皮上留下痕迹。

小托托现在面临着一个敌人，它吼叫着跑向狮子，而这只巨大的野兽张开嘴准备咬这只狗，多萝茜害怕托托会被吃掉，于是不顾一切地冲上去搧狮子的鼻子，大叫道：

"你怎么敢咬托托！你应该感到惭愧，像你这样巨大的动物，居然去欺负一只可怜的小狗！"

"我没有咬它。"狮子一边说着，一边用爪子擦着被多萝茜击中的鼻子。

"不，你想咬的，"她反驳道，"你只是一个巨大的胆小鬼。"

"我知道，"狮子羞愧地垂下了头，"我一直知道。但是我怎么才能改变呢？"

"这我当然不知道。你居然攻击一个用稻草填充起来的人,可怜的稻草人!"

"他是用稻草填充起来的?"狮子吃惊地问,望着多萝茜将稻草人扶起来,帮他摆好腿,轻轻拍着他,让他恢复到原状。

"他当然是用稻草填充起来的。"多萝茜回答说,仍然很生气。

"所以他才会那么容易摔倒,"狮子说,"看到他旋转成那样还真让我吓了一跳。另外一个是不是也是用稻草填的?"

"不,"多萝茜说,"他是用铁皮罐做的。"接着她又把铁皮人扶起来。

"所以他差点把我的爪子弄钝,"狮子说,"我的爪子抓这些铁皮的时候,我的背脊打了一个寒战。那个你精心照料的小动物是谁?"

"它是我的狗,托托。"多萝茜回答说。

"它是用铁皮还是稻草做的?"狮子问。

"都不是。它就是一只活生生的狗。"女孩说。

"噢!它是个很稀奇的东西,看上去是那么小,现在让我看看。没人会想要咬那样小的东西,除了像我这样的胆小鬼。"狮子沮丧地继续说道

"你怎么会变成这样胆小的?"多萝茜好奇地看着眼前壮如一头小马的野兽问道。

"这是一个难解之谜,"狮子答道,"我猜我出生时就是这样。森林里的所有动物都很自然地希望我能变得勇猛,因为狮子向来被认为是兽中之王。我知道如果我很大声地吼叫,所有有生命的东西都会很害怕,给我让路。只要我遇见人,我就会无比恐惧。但是当我对他吼一下时,他就会迅速地逃走。如果大象、老虎和熊试图袭击我,我会逃开——我是这样的一个胆小鬼。不过它们一听见我的怒吼,全都会想从我身边逃走,我当然会让它们走。"

"但那是不对的。百兽之王不应该是个胆小鬼。"稻草人说。

"我知道,"狮子答道,用尾巴擦拭眼角的泪,"这是我的悲哀。这让我活得非常不快乐。但是只要危险一出现,我的心跳就会加速。"

"也许你有心脏病。"铁皮人说。

"或许是吧。"狮子说。

"如果你有心脏病，"铁皮人继续说，"你应该感到高兴，因为这证明你有一颗心。而我就没有心，所以我不会有心脏病。"

"也许，"狮子若有所思地说，"如果我没有心，我就不会是个胆小鬼。"

"你有智慧吗？"稻草人问。

"我想有吧。我从没想了解过。"狮子回答说。

"我要去找了不起的奥兹，让他给我一些智慧，"稻草人说，"因为我的头是用稻草塞满的。"

"我会找他请他给我一颗心。"铁皮人说。

"我去找他请他将我和托托送回堪萨斯。"多萝茜补充说。

"你们说，奥兹能给我勇气吗？"胆小的狮子问。

"就像他给我智慧一样容易。"稻草人说。

"就像他给我一颗心一样容易。"铁皮人说。

"就像他送我回堪萨斯一样容易。"多萝茜说。

"那么，你们不介意的话，我想和你们一起去，"狮子说，"因为没有勇气的生活实在让我无法容忍。"

"我们很欢迎你，"多萝茜回答说，"因为你可以帮助我们免受那些野兽的袭击。在我看来，它们一定比你胆小多了，你可以很容易地就吓跑它们。"

"它们确实很害怕，"狮子说，"不过那一点也没有让我变得勇敢起来，而且只要我一想到自己是个胆小鬼，我就快乐不起来。"

很快这群人就出发了，狮子威严地大步行走在多萝茜的旁边。托托刚开始并不喜欢这个新伙伴，因为它忘不了自己差一点就被狮子的巨爪抓伤。不过很快它就放松起来，现在托托和胆小的狮子变成了好朋友。

接下来的时间里没有其他惊险的事发生而打断旅程的平静。其实，有一回铁皮人踩到蜷缩在路边的一只甲壳虫，踩死了这个可怜的小东西。这让铁皮人很不高兴，因为他总是很小心地不去伤害任何有生命的东西。他一边走，一边擦拭伤心的眼泪。这些眼泪慢慢地顺着他的脸颊流下来，流过他的下巴，很快那里就生锈了。不久多萝茜问他一个问题，铁皮人无法张开嘴，因为他的下巴全都锈到了一起。他对此感到非常害怕，做了很多动作试图让多萝茜帮他，但是她不明白。

狮子也很困惑，想知道究竟出了什么问题。不过稻草人从多萝茜的篮子里找出了油罐，给他的下巴上了油，很快他就可以像之前一样说话了。

"这给了我一个教训，"他说，"要看好脚下的路。因为如果我再踩死一只虫子或甲壳虫，我一定会再哭，而哭泣会让我的下巴生锈，这样一来我又不能说话了。"

接下来他走得非常小心，眼睛一直盯着路面，当他看到一只小蚂蚁爬过时，他都会跨过去，不伤害它。铁皮人非常清楚自己没有心，所以他异常小心，从不会残忍地对待任何东西。

"你们有心的人，"他说，"有东西可以指引你们，不会做错事，而我没有心，所以必须非常小心。等奥兹给了我一颗心之后，就不用那么小心了。"

第七章　通往了不起的奥兹之旅

那天晚上他们不得不在森林里的一棵大树下扎营，因为附近没有房子。大树是一个又好又厚的屏障，为他们挡住露水，铁皮人用他的斧头砍了一堆木头，多萝茜生了火，熊熊的火光温暖了她，让她感到不再那么孤单。她和托托吃完了最后的面包，现在她不知道该如何对付第二天的早餐。

"如果你想的话，"狮子说，"我可以到森林里为你杀一只鹿。你可以用火烤它，因为你们的口味很特别，喜欢吃煮熟的食物，这样你们就有了一顿丰盛的早餐。"

"不要！请不要那样做，"铁皮人恳求道，"如果你杀死一只鹿，我一定会哭泣，那样的话我的下巴又会生锈。"

但狮子还是走进森林里，吃了晚餐，没有人知道他吃了什么，因为他没有提起。稻草人找到了一棵结满坚果的树，然后将多萝茜的篮子里都装满果子，这样一来她很长一段时间内都不会饿了。她觉得稻草人真的很善良，很会体贴人，不过她对他采摘果子的方式感到十分好笑。他那用稻草填充的双手实在太笨拙，而果子是那么小，所以他放到篮子里的果子几乎和掉落到地上的一样多。但是稻草人一点也不在意自己花了这么长的时间才填满篮子，因为这让他远离火堆，他很害怕火星会溅落到自己身上，把他烧着。他和火堆保持一段距离，只是在多萝茜躺下睡觉的时候，走近给她盖了一些干树叶。那些树叶让她感到很温暖舒适，一直熟睡到天亮。

早上的时候，女孩在一条流淌的小溪里洗了脸，然后很快他们便向翡翠城赶去。

这一天对于他们来说充满了变故。他们刚走了不到一小时，便看到路中央横着一条大沟，延伸到远处，将森林分成了两半。那是一条很宽的沟，当他们慢慢爬到边上往下看去，发现里面非常深，沟底堆满了又大又尖的岩石。沟的两边非常陡峭，没人可以爬过去，那一刻对于大家来说旅程似乎到了尽头。

"我们该怎么办？"多萝茜绝望地问。

"我一点主意也没有。"铁皮人说。狮子则抖了抖身上粗乱的鬃毛，看上去若有所思。

稻草人说："我们不会飞，这一点毫无疑问。而且我们无法爬到沟的底部。因此，如果不能跳过去的话，我们就必须停在这里了。"

"我想我能跳过去。"胆小的狮子在心里仔细地量过距离后说道。

"那我们全都没问题了，"稻草人说，"因为你可以把我们背在你后背上，一次背一个。"

"好，让我试试，"狮子说，"谁是第一个？"

"我来，"稻草人郑重地说，"因为，如果你发现自己跳不过去的话。多萝茜就会死掉，而铁皮人会被下面的岩石撞凹。但是如果我坐在你背上的话，问题就不会太大，因为就算跌下去也根本伤不了我。"

"我自己非常害怕会摔下去，"胆小的狮子说，"不过我想没有其他办法，我们只能试一试。坐到我背上来，我们试一下。"

稻草人坐到了狮子的背上，这个巨大的猛兽走到深沟的边上蹲了下来。

"你为什么不跑着跳过去？"稻草人问。

"因为那不是狮子做这些事的方式。"他回答说。接着他用力一跳，越过空中，安全地落在了另一边。他们都很高兴看到他这么轻易就做到了，随后稻草人从他背上跳下来，接着狮子又跳过了深沟。

多萝茜认为自己应该是下一个。于是，她一只手紧紧地拽住他的鬃毛，另一只手抱起托托爬到了狮子的背上。接下去的那一刻她觉得自己在空中飞。很快，在她还没时间细细考虑之前，她已经安全到达了另一边。第三趟狮子背着铁皮人跳了过去，接着他们一起坐下来，让狮子休息片刻，因为这几跳让他的呼吸急促起来，他坐在那儿像一只跑了很久的大狗一样喘着粗气。

他们发现这一边的森林非常茂密，又黑又暗。狮子休息片刻后，他们便开始沿着黄砖路向前走，大家都默不作声，每个人都在心里想他们是不是能走出这片林子，重新见到灿烂的阳光。不久森林深处传来阵阵奇怪的叫声，这更增加了他们的不安，狮子小声地告诉他们这里是开力大居住的地方。

"什么是开力大？"女孩问。

"它们是一群凶猛的野兽，身子长得像熊，脑袋像老虎，"狮子回答说，"它们的爪子又长又尖利，可以轻易地将我一撕两半，就像我杀托托一样。我非常害怕开力大。"

"我一点也不惊讶你会害怕，"多萝茜说，"它们一定异常凶猛。"

狮子正准备回答，他们突然又见到了另一条深沟。不过这条沟又宽又深，狮子立刻意识到自己没法跳过去。

因此他们坐下来考虑该怎么办，沉思片刻后，稻草人说：

"这里有一棵大树，就紧挨着沟。如果铁皮人可以把它砍倒，那它就会落到另一边，这样我们就可以轻松地从上面走过去了。"

"这个想法绝对聪明，"狮子说，"别人几乎要怀疑你的头里装的就是智慧，而不是稻草。"

铁皮人立刻开始了工作，他的斧头那样锐利，很快树差不多就被砍断了。接着狮子用强壮的前腿猛推大树，慢慢地大树便倾斜下来横在了沟上，树顶压在另外一边。

他们刚开始跨上这座不寻常的桥，耳边的一阵怒吼声让他们全都抬头看过去，令他们恐惧的是，两只身子长得像熊、头长得像老虎的巨大野兽向他们跑来。

"它们就是开力大！"胆小的狮子说道，他开始发抖。

附录A 《绿野仙踪》

"快!"稻草人叫道,"我们赶快跨过去。"

于是多萝茜抱着托托先走了过去,铁皮人紧跟其后,随后是稻草人。狮子虽然很害怕,但还是直面开力大,发出一声响亮的吼声,吼声让多萝茜尖叫,让稻草人仰天摔倒,甚至让凶猛的野兽停了下来惊奇地望着狮子。

不过,当它们看到自己个头比狮子要大,而且它们是两个,狮子却孤军奋战时,于是开力大再次向前冲过来。狮子跨过树,回头望去,看它们下一步想做什么。凶猛的野兽一刻也未停留,随即跨过了大树。狮子对多萝茜说:

"我们输了,它们一定会用锋利的爪子将我们撕成两半。不过你紧紧站在我身后,只要我活着,我就和它们拼到底。"

"等一下!"稻草人喊。他一直在考虑究竟什么是最好的办法,现在他叫铁皮人将横在沟上的大树砍断。铁皮人立刻开始用斧头砍,就在开力大快要跨过来的时候,大树被砍断,连同咆哮着的巨兽掉进了深沟里。它们落在沟底锋利的岩石上,摔成了碎片。

"嗯,"胆小的狮子一边说,一边深深地松了口气,"我觉得我们会活得长一些了,我很高兴,因为死亡一定是件不舒服的事。那些野兽把我吓得够呛,现在我的心还在跳。"

"啊,"铁皮人伤心地说,"我希望自己有颗心能跳。"

这次历险让大家更迫切地想要走出这片森林,他们大步疾行,这让多萝茜很疲乏,只好骑在狮子背上。令大家高兴的是,树林开始变得稀疏起来,下午时分他们突然来到了一条宽阔的河边,河水在他们面前急流着。河的另一边,他们看见黄砖路延伸向一片美丽的国度,满是青草的地里夹杂着色彩绚烂的花朵,路边的大树形成了一道屏障,上面结满了丰硕的果实。

"我们怎么跨过这条河?"多萝茜问。

"这很容易,"稻草人答道,"铁皮人得给我们搭一条木筏,这样就可以划到对岸了。"

于是铁皮人拿出斧头开始砍一些小树做木筏。当他正忙着时,稻草人发现岸边的一棵树上结满了诱人的果实。这让多萝茜很高兴,她一整天除了坚果还没吃过其他什么东西,于是美美地享用了一餐成熟的水果。

不过做一条木筏很费时间，即使像铁皮人这样勤劳不知疲倦的人也不例外。当夜晚来临时，木筏还没有做好。所以他们在树下找了一块舒适的地方躺了下来，一直睡到第二天早上。多萝茜梦到了翡翠城，善良的魔法师奥兹把她送回了家。

第八章　致命的罂粟地

第二天早上这一小群旅行者醒来后，全部恢复了精神，充满了希望，多萝茜像公主般享用了河边树上的桃子和李子，作为早餐。在他们身后是已经安全穿越的茂密森林，尽管大家都曾遭受挫折，不过迎接他们的是一个美丽充满阳光的国度，它似乎在召唤他们来到翡翠城。

可以肯定的是，大河阻断了他们通往这片美丽土地的路。但是木筏就快做好了，铁皮人又去砍了一些圆木，将它们用木钉钉在一起。这样他们准备就绪可以出发了。多萝茜抱着托托坐在木筏的中央。当胆小的狮子跨上去的时候，木筏深深地陷进了水里，因为狮子太大太重了。不过稻草人和铁皮人站在另一头稳住了木筏，他们手中握住长竿，将木筏撑在水面上。

刚开始时大家划得还不错，但是当他们到达河中央的时候，湍急的水流将木筏冲向下游，离黄砖路越来越远。而河水也变得越来越深，长竿已经无法触到水底了。

"这太糟了，"铁皮人说，"因为如果我们上不了岸的话，我们就会被带回西方恶女巫那里，而她会对我们施魔法，把我们变成她的奴隶。"

"那样我就得不到智慧了。"稻草人说。

"我将无法获得勇气。"胆小的狮子说。

"我将无法获得心。"铁皮人说。

"我将无法回到堪萨斯。"多萝茜说。

"无论如何我们必须到达翡翠城。"稻草人一边继续说，一边用力地推长竿，以致竿子迅速地陷入了河底的泥浆里。接着，在他重新将竿子拔出来之前，木筏被急流冲走了，可怜的稻草人抱着竿子被留在了河中央。

附录A 《绿野仙踪》

"再见!"他在他们身后叫道,大家感到很难过。真的,铁皮人开始哭了,不过幸亏他记得自己可能会生锈,所以用多萝茜的围裙擦干了眼泪。

当然,这对稻草人来说是件很糟糕的事。

"现在比我最初遇到多萝茜时还要糟糕,"他想,"那个时候,我被插在田野的竿子上,在那里不管怎么说,我自认为还可以吓跑那些乌鸦。但是插在河中央竹竿上的稻草人显然毫无作用。我想我得不到智慧了!"

木筏顺着溪流向下漂去,可怜的稻草人被远远地留在了那里。狮子说:

"我们必须着手拯救我们自己。我想我可以拉着木筏游到岸边,只要你们紧紧拽着我的尾巴。"

接着,他跳进了水里,铁皮人紧紧地抓住他的尾巴。狮子开始竭尽全力向岸边游去。尽管他很庞大,但游得还是很辛苦。不过渐渐他们开始游离激流,接着多萝茜抓到了铁皮人的长竹竿,一齐用力将木筏往岸上推。

当他们最终到达陆地,踏上美丽的青草地时,大家都累得精疲力竭,他们也知道流水将他们冲离了那条通往翡翠城的黄砖路。

"我们现在该怎么办?"当狮子躺到草地上晒干自己时,铁皮人问道。

"我们必须回到那条路上。"多萝茜说。

"最好的办法是沿着河边走,直到我们重新找到那条路。"狮子说。

于是,在休息过后,多萝茜提起篮子,大家开始沿着铺满青草的河堤向原先的那条路走去。这里景色很美,百花盛开,果实累累,阳光明媚,如果他们不是因为可怜的稻草人感到难过,现在大家应该都很开心。

他们大步疾行,多萝茜只停下来摘了一朵漂亮的花。过了一会儿,铁皮人叫道:"看!"

于是大家向河那边望去,只见稻草人抱着竹竿竖立在河中央,看上去沮丧而孤单。

"我们怎么做才能救他?"多萝茜问。

狮子和铁皮人都摇了摇头,因为他们不知道该怎么做。于是大家在岸边坐了下来,愁闷地望着稻草人,这时飞过一只鹳,她看见了这群人,于是在河边停了下来。

"你们是谁，要去哪里？"鹳问。

"我是多萝茜，"女孩回答说，"他们是我的朋友，铁皮人和胆小的狮子。我们准备去翡翠城。"

"不是这条路。"鹳说，她扭了扭长颈子，严肃地看着这群奇怪的家伙。

"我知道，"多萝茜答道，"但是我们和稻草人走散了，正在想办法怎样才能救回他。"

"他在哪里？"鹳问。

"在河那边。"小女孩说。

"他如果不是太大太重的话，我可以带他过来。"鹳说道。

"他一点也不重，"多萝茜焦急地说，"因为他是用稻草填起来的。如果你能把他带过来，我们会永远永远感激你。"

"好的，我试试，"鹳说，"不过，如果我觉得他太重、带不动的话，我只有把他再放到河里了。"

于是，大鸟迅速地穿过河水向稻草人抱着竹竿竖立的地方飞去。接着，鹳用她臂膀下的大爪子抓住稻草人向岸边飞了回来，多萝茜、狮子和铁皮人还有托托都坐在那里。

稻草人发现自己又重新回到了朋友的身边，高兴地和大家一一拥抱，连狮子和托托也不例外。他们一边走着，一边唱着"Tol-de-ri-de-oh！"。稻草人非常兴奋。

"我以为自己会永远待在河里了，"他说，"不过善良的大鹳救了我。如果我能得到智慧的话，我会去找鹳，为她做一些事作为报答。"

"没关系，"鹳飞在他们身边说道，"我一直喜欢帮助有困难的人。不过我得走了，我的孩子还在巢中等我呢。希望你们找到翡翠城，奥兹能帮上你们的忙。"

"谢谢。"多萝茜说。接着，善良的鹳便飞入云霄，很快就不见了。

他们一边听着色彩斑斓的鸟儿唱着歌，望着铺满大路的美丽花朵，一边向前走着。除了鲜红的罂粟，还有黄色、白色、蓝色和紫色的大花，亮丽的颜色让多萝茜看得眼花缭乱。

"真的太美了！"女孩一边说，一边嗅着美丽花朵发出的香味。

"我也这么认为，"稻草人回答道，"等我有了智慧，我可能会更喜欢它们。"

"如果我有了心，我会爱上它们。"铁皮人补充说。

"我一直都很喜欢花，"狮子说，"它们看上去无助又娇弱。不过森林里没有任何花像这里的绚烂。"

罂粟花越来越多，而其他的花越来越少。很快他们就发现自己身处一片罂粟丛中。当很多罂粟聚集在一起的时候，强烈的香味让任何一个呼吸的人昏昏欲睡。如果没有人将昏睡者从花香中挪走，那么他将永远沉睡下去。但是多萝茜不知道这个，而且她也无法摆脱这些鲜红的花朵，因为到处都是它们。所以很快她的眼皮越来越重，她觉得自己必须坐下来休息睡觉。

不过，铁皮人不让她这么做。

"我们必须快点赶在天黑前走回黄砖路。"他说。稻草人同意他的观点。所以他们继续向前行进，直到多萝茜再也站立不住。她闭上了眼，而这次她无法控制，忘记了自己身在何处，在罂粟丛中躺了下来。

"我们该怎么办？"铁皮人问。

"如果我们把她留在这里，她就会死掉。"狮子说，"这些花的香味会杀掉我们所有的人。我自己的眼睛已睁得很困难了，这条狗已经睡着了。"

这是真的，托托已经在它的小主人身旁躺了下来。不过，稻草人和铁皮人因为不是血肉之躯，所以没有被这些花的香味所迷倒。

"快点跑，"稻草人对狮子说，"尽快跑出这片致命的花海。我们可以背着她，不过如果你昏睡下来的话，我们就无法背动你了，你实在太大了。"

狮子将自己唤醒，尽其所能迅速向前跑，很快就不见了。

"我们用手做一把椅子架着她走。"稻草人说。于是他们提起托托将它放在多萝茜的腿上，然后他们用手架起一把椅子托着沉睡的女孩穿越花丛。

他们不停地走啊走啊，但是这片包围着他们的致命的花丛似乎没有尽头。他们沿着河堤向前走，最后终于赶上了他们的狮子朋友，他已经躺在罂粟花中睡熟了。对于这头庞大的野兽来说，花香实在太浓，他最终还是放弃了，在离罂粟丛尽头只有一点距离的地方倒了下来，不远处就是美丽的青草地。

"对他，我们无能为力，"铁皮人沮丧地说，"他实在太重了，我们抬不动。我们只能把他留在这里永远地沉睡下去了，或许他会梦见自己最终找到了勇气。"

"我很遗憾，"稻草人说，"这只胆小的狮子确实是一个很好的旅伴。我们走吧。"

他们把沉睡的女孩抬到河边一个漂亮的地方，那里远离罂粟地，这样她就不会呼吸到那些有毒的香味了，他们把她轻轻地放到松软的草地上，等着清新的微风将她唤醒。

第九章　田鼠皇后

"现在，我们离黄砖路一定不太远了，"稻草人站在女孩身边说道，"因为我们差不多已经走到原先河水将我们冲走的地方。"

正当铁皮人想回答的时候，听到一声低沉的叫声，他转过头去（关节活动很自如）看到一只奇怪的动物穿过草地向他们跑来。实际上，这是一只黄色的野猫。铁皮人以为它正在捉什么东西，因为它的耳朵竖着，嘴巴张得大大的，露出两排难看的牙齿，而它的双眼红得像燃烧的火球。当它跑近时，铁皮人发现一只灰色的田鼠正跑在它前面。虽然他没有心，但是他知道野猫试图去捕杀这样一只可怜无辜的动物是完全错误的。

于是铁皮人举起斧头，当野猫穿过时，迅速砍下了它的脑袋，脑袋滚落到他的脚边摔成了两半。

没了敌人的追逐，田鼠很快停了下来，接着慢慢地走向铁皮人，以短促而尖锐的声音小声说：

"啊，谢谢你！真的感谢你救了我的命。"

"千万别这么说，"铁皮人答道，"我没有心，你知道，所以我认真地帮助所有可能需要帮助的人，就算那只是一只老鼠。"

"只是一只老鼠！"小动物愤愤不平地叫道，"什么！我是皇后——田鼠皇后！"

"哦。是嘛。"铁皮人一边说，一边鞠了一躬。

"所以你做了一件了不起的勇敢的事——救了我的命。"田鼠皇后补充道。

就在那一刻，几只老鼠矫健地迅速跑来，当他们见到田鼠皇后时惊叫道：

"啊，尊贵的陛下，我们以为您被杀掉了！您怎么摆脱那只大野猫的？"他们对着田鼠皇后低下头深深地鞠躬，几乎触到了地。

"是这位有趣的铁罐先生，"她回答说，"杀死了野猫救了我的命。所以从今以后你们必须伺候他，服从他的任何命令。"

"我们会的！"所有的老鼠一齐尖声叫道。接着他们向各处奔窜，托托已从沉睡中醒来，看到身旁围着的这些老鼠，发出一声快乐的叫声，然后迅速地跑进了他们的队伍。托托住在堪萨斯的时候就很喜欢追老鼠，而对此也毫无恶意。

不过，铁皮人将狗捉住放入怀里紧紧抱着，对老鼠叫道："回来！回来！托托不会伤害你们！"

听到这句话，田鼠皇后将头从一堆草丛中钻出来，胆怯地问："你确定它不会咬我们？"

"我不会让它那么做的，所以别害怕。"铁皮人说。

老鼠们一个接一个慢慢地走了回来，托托也不再吠叫，尽管它试图挣脱铁皮人的臂膀，甚至还想咬他，它并不知道他是用铁皮做成的。最后，其中一只最大的老鼠说话了。

"有什么我们可以做的，"他问，"来报答你们救了我们的皇后？"

"我想没有。"铁皮人答道。稻草人一直在试图思考，由于他的脑袋是用稻草填充的，所以还是无法思考，不过他迅速地说："噢，是的。你们可以救我们的朋友，胆小的狮子，他正沉睡在罂粟地里。"

"狮子！"田鼠皇后叫道，"啊，他会把我们全部吃掉！"

"噢，不！"稻草人断言，"这只狮子是个胆小鬼。"

"真的？"田鼠皇后问。

"他这么称呼他自己，"稻草人说，"他不会伤害我们的任何一个朋友。如果你可以帮助我们救他，我保证他会非常友好地对待你们。"

奥兹法则

"非常好，"田鼠皇后说，"我们相信你。但是我们该怎么做？"

"有很多老鼠称呼你为皇后，愿意服从你？"

"噢，是的。有几千只。"她答道。

"那么赶快让他们到这里来，而且让他们每人都带一根长绳。"

田鼠皇后请那些赶来的老鼠立刻回去把她的臣民带来。他们接到指示后立刻迅速地向各个方向跑去。

"现在，"稻草人对铁皮人说，"你得去河边用那些树做一个能够抬得起狮子的大车。"

于是铁皮人立刻跑到了树旁，开始工作。他砍掉大树枝上的枝叶，很快就做成了一辆大车。他用木钉将它上紧，然后把树干切成短片，做成了四个轮子。他干得又快又好，当老鼠们开始到达时，车已经做好了。

老鼠从四面八方赶来，有好几千只：大的，中等的，还有小的；每只老鼠嘴里都含了一根绳子。就在此时，多萝茜从长眠中醒了过来，睁开双眼。她吃惊地发现自己正躺在草地上，而几千只老鼠正围在她身旁，羞怯地望着她。稻草人告诉她所有的事，接着转过身指着尊贵的田鼠皇后说道：

"请允许我向你介绍皇后陛下。"

多萝茜严肃地点了点头，行了屈膝礼，之后田鼠皇后和小女孩变得很友好。

稻草人和铁皮人开始用老鼠带来的绳子将他们捆在大车上。绳的一端系在老鼠的脖子上，另一端系在车上。当然，车比任何一只老鼠都要大得多得多，不过当所有老鼠被套上去时，他们就可以很容易地拉车了。就连稻草人和铁皮人都可以坐在上面，这辆奇怪的马车很快被拉向狮子沉睡的地方。

狮子实在是太沉了，他们费了好大的劲才将他拉上车。接着，田鼠皇后赶忙命令她的臣民开始工作，因为她担心老鼠如果待在罂粟地里太久，也会陷入沉睡。

虽然他们人数众多，但是刚开始这些小家伙几乎无法移动沉甸甸的车。不过，铁皮人和稻草人都在后面推，于是渐渐地车可以移动了。很快他们将狮子推离了罂粟地，推到了绿草地，在这里他又可以呼吸清新香甜的空气，而不是有毒的花香。

多萝茜赶过来衷心地感谢老鼠们把她的朋友从死亡中救了出来。她是那么喜欢这只大狮子，所以很高兴他能被救出来。

接着，老鼠们从车上被放了下来，他们穿过草地向家的方向跑去。田鼠皇后最后才走。

"如果你们还需要我们，"她说，"就走到草地中大声叫，我们听见就会来帮助你们。再见！"

"再见！"他们一起答道，接着田鼠皇后便跑开了，多萝茜紧紧抱住托托以防它跟在后面吓着她。

之后，他们在狮子旁边坐了下来，等他醒来。稻草人从附近的树上摘了一些水果给多萝茜当晚饭吃。

第十章　守卫城门的人

胆小的狮子好一会儿才醒过来，因为他在罂粟地里躺了很久，吸进了致命的香味。不过当他睁开双眼，从手推车上滚下来的时候，非常高兴地发现自己还活着。

"我竭尽全力地快跑，"他一边打着呵欠，一边坐在地上说，"不过那些花的香味实在太浓了。你们怎么把我抬出来的？"

接着，大家告诉了他关于老鼠的事，以及大家是怎样勇敢地将他从死亡线上拉了回来。胆小的狮子笑着说：

"我一直认为自己又大又威猛，然而像鲜花那么小的东西都差一点将我杀死，而像老鼠那么小的动物又救了我的性命。这一切是多么奇怪！不过，朋友们，我们现在该做什么？"

"我们必须继续前进直到找到黄砖路，"多萝茜说，"然后我们就可以继续往翡翠城走了。"

于是在狮子重新振作精神后，大家非常愉快地走在松软新鲜的草地上，开始了旅程。不久他们就来到了黄砖路，便往了不起的奥兹居住的翡翠城走去。

路面非常平整，周围的景色也很美丽，因此对于离开远方的森林，离开在昏暗的树林中遇到的种种危险，大家显得都非常高兴。他们又一次看到了建在路边的栅栏,不过这些栅栏都被刷成了绿色。他们来到一栋明显是农民住的小房子前,这栋房子也被刷成了绿色。那天下午他们路过了好几栋这样的房子,有时人们会走到门口望着他们,好像想问他们一些问题。但是没有人走近他们,也没有人和他们说话,因为他们都很害怕这头大狮子。这些人都穿着翠绿色的衣服,头上的尖顶帽子和芒奇金人戴的差不多。

"这一定是奥兹的地方了,"多萝茜说,"我们一定离翡翠城不远了。"

"是的,"稻草人回答说,"这里所有的东西都是绿色的,而在芒奇金人住的地方,蓝色是最普遍的颜色。但是这里的人看上去似乎不像芒奇金人那么友好,我担心我们找不到地方过夜。"

"除了水果,我还想吃点别的东西,"女孩说,"我相信托托也饿极了。到下一栋房子的时候,我们停下来和他们说说话。"

于是他们来到了一栋很大的农舍前,多萝茜大胆地走到门口敲了敲门。

一个妇人开了门,站在离门口很远的地方往外看,说道:"你想要什么,孩子?为什么一头狮子跟着你?"

"如果你允许的话,我们想在这里借宿一晚,"多萝茜说,"这头狮子是我的朋友,他是绝不会伤害你们的。"

"他很温顺吗?"妇人一边问,一边将门开大了一点。

"啊,是的,"女孩说,"他还是个很胆小的家伙。他更害怕你。"

"是吗?"妇人说道,想了一会儿后又偷偷看了一眼狮子,"如果是这样的话,你们可以进来,我给你们一些晚饭吃,找个地方给你们睡觉。"

于是大家一起进了房子,里面除了妇人外,还有两个孩子和一个男人。男人的腿摔伤了,正躺在角落里的一张沙发上。见到这群奇怪的人,他们似乎都很吃惊。当妇人在忙着摆桌子时,男人问道:

"你们去哪里?"

"去翡翠城,"多萝茜说,"去见了不起的奥兹。"

"哦,真的吗?"男人叫道,"你确定奥兹会见你们吗?"

"为什么不呢?"她问。

"噢,听说他从不让任何人见他。我去过翡翠城很多次,那是个美丽神奇的地方，不过我从未被允许去见了不起的奥兹，而且我认识的人中也没有人见过他。"

"他从不出门吗？"稻草人问。

"从不。他整天待在皇宫的觐见室中，就连那些等待召见的人也未曾亲眼见过他。"

"他长得什么样子？"女孩问。

"这很难说清。"男人若有所思地说，"你看，奥兹是一个大魔法师，可以成为任何他希望的样子。所以有人说他长得像鸟儿，有人说他长得像大象，有人说他长得像猫。在另外一些人面前他变成美丽的天使，或精灵，或任何让他自己高兴的样子。不过真正的奥兹是什么样子，什么时候是他的本来面目，没有人知道。"

"这真奇怪，"多萝茜说，"不过我们一定要试试，去见他，否则我们的旅程一无所获。"

"你们为什么想去见可怕的奥兹？"男人问。

"我想让他给我一些智慧。"稻草人急切地说。

"哦，奥兹可以很容易地做到，"男人说道，"他拥有的智慧比他需要的多。"

"我想让他给我一颗心。"铁皮人说。

"这也难不倒他，"男人继续说，"因为奥兹收集了很多心，各种尺寸和形状。"

"我想让他给我勇气。"胆小的狮子说。

"在奥兹的皇宫里保存了一大罐的勇气，"男人说，"他用金色的盘子盖住它，防止它跑掉。他会很高兴地给你一些的。"

"我想让他送我回堪萨斯。"多萝茜说。

"堪萨斯在哪里？"男人吃惊地问。

"我不知道。"多萝茜悲伤地答道，"不过那里是我的家，而且我确信一定在某个地方。"

"很可能。嗯，奥兹无所不能，所以我猜他会为你找到堪萨斯。不过首先你

奥兹法则

得去见他,这将是个很难的任务,因为了不起的奥兹不喜欢见任何人,他总按照自己的方式行事。你想要什么?"他继续问托托。托托只是摇了摇尾巴,因为它不能说话。就在此时妇人招呼大家晚饭准备好了,于是他们一起坐到了桌子前。多萝茜吃了一些可口的麦片粥,一碟炒蛋,一盘白面包,开心地享用了晚餐。狮子吃了一些麦片粥,但是不太喜欢。他说这些粥是燕麦做的。而燕麦通常是马的食物,狮子不吃这些。稻草人和铁皮人什么也没吃。托托每样都吃了一点儿,能再次吃到这么丰盛的晚餐,它很高兴。

接着妇人给了多萝茜一张床睡觉,托托就躺在她身边,狮子守卫在她房门口,这样一来她就不会被打搅了。稻草人和铁皮人站在角落里,整夜都很安静,当然他们是不会睡觉的。

第二天清晨,当太阳刚刚升起时,他们就出发了,很快天边出现了一道美丽的绿色。

"那一定是翡翠城。"多萝茜说。

当他们向前走的时候,绿色的光越变越强烈,他们的旅程似乎就要到尽头了。下午时分,他们来到了城墙下。城墙又高又牢固,也是明亮的绿色。

黄砖路的尽头呈现在他们面前的是一堵大门,门上镶满了绿色的宝石,在阳光的照射下闪闪发光,就连稻草人画出来的眼睛也被它们的璀璨光芒刺得眼花。

大门旁边有一个门铃,多萝茜按了一下门铃,里面传来一声清脆的叮当声。接着大门缓缓地打开了,大家穿过大门,发现自己置身于一间很高的拱形房间里,四周的墙壁上镶满了无数的绿宝石。

站在他们面前的是一个和芒奇金人差不多尺寸的小男人。他从头到脚都穿着绿色,就连他的皮肤也显现出一丝绿色。在他身旁有一个很大的绿盒子。

当男人看到多萝茜和她的朋友时,问道:"你们到翡翠城来做什么?"

"我们来见了不起的奥兹。"多萝茜说。

男人对此感到非常惊讶,他坐下来开始认真考虑。

"很多年前就有人请我带他去见奥兹。"他一边困惑地摇着头,一边说道,"他很强大,令人恐怖,如果你们见他的目的没有价值,或很愚蠢,这会影响了不起的魔法师智慧的思考，他会非常生气，可能瞬间将你们毁灭。"

"但是我们来此的目的并不愚蠢，也不是没有价值，"稻草人答道，"而且据我们所知，奥兹是一位善良的魔法师。"

"他确实是的，"绿衣人说，"他把翡翠城管理得井井有条。不过对于那些不诚实的人，还有那些出于好奇而接近他的人，他是极其可怕的，几乎没有人敢看他的脸。我是城墙的护卫，既然你们要求见了不起的奥兹，那我必须带你们去他的宫殿。不过，你们首先得戴上这些护目镜。"

"为什么？"多萝茜问。

"因为你们如果不戴护目镜，翡翠城的绚烂和强光会刺瞎你们的眼睛。就连住在城里的人也必须日夜戴着护目镜。眼镜都是用钥匙锁上的，因为在这座城刚建好时，奥兹就这么命令的，仅有的一把可以打开它们的钥匙由我保管。"

他打开一个大盒子，多萝茜看到里面装满了各种尺寸和形状的护目镜。所有的眼镜都是绿色的镜片。护卫找了一副尺寸适合多萝茜的护目镜给她戴上。眼镜上有两条金色的带子可以将眼镜系紧，它们被系在多萝茜的脑后，一把小钥匙将带子锁在一起，而钥匙就挂在护卫颈项的链子末端。当戴上护目镜时，多萝茜是不能将它们摘下来的。不过，她当然不希望自己被翡翠城的强光刺瞎眼睛。

接着绿衣人为稻草人、铁皮人、狮子，还有小托托戴上了护目镜，然后用钥匙将它们锁紧。

接着护卫戴上自己的眼镜，同时告诉大家马上就会带他们去宫殿。他从墙上的钉子上取下一把金色的大钥匙，打开另一扇门，接着大家跟着他穿过正门走上了翡翠城的街道。

第十一章 神奇的翡翠城

尽管眼睛被绿色的护目镜保护，多萝茜和她的朋友最初还是对这座城市的光芒感到目眩。街道两旁是一排排由绿色大理石建成的房子，上面镶满了闪闪发光的绿宝石。他们走在由相同的绿色大理石铺成的人行道上，路面的接缝处密密地铺满一排排的绿宝石，在阳光的耀眼照射下闪闪发光。窗户上的玻璃也是绿色的，就连城市上空的天空也泛着绿光，太阳的光线也是绿色的。

很多人（男人、女人、小孩）在走着，他们全都穿着绿色的衣服，肤色也泛着绿色。他们用好奇的眼光看着多萝茜和她奇怪的、各式各样的朋友们，孩子们一看到狮子就跑开躲到了他们母亲的身后。不过，没有人和他们说话。街上有很多商店，多萝茜发现里面的所有东西也全都是绿色的。绿色的糖果，绿色的爆米花，还有绿色的鞋子，绿色的帽子，以及各种各样的绿衣服。在一个商店里，有个男人在卖绿色的柠檬水，当孩子们买的时候，多萝茜发现他们付的都是绿色的便士。

这里好像没有马或其他种类的动物。男人们用小小的两轮车装东西，然后自己推车。所有人看上去都很快乐、满意和富足。

护卫带他们穿过街道来到一座很大的建筑物前，这就是城市的正中心，也是神奇的魔法师奥兹的宫殿。有一个士兵站在门前，他穿着绿色的制服，留着长长的绿胡子。

"这些就是异国人，"护卫对他说，"他们请求见了不起的奥兹。"

"往里走，"士兵回答道，"我把你的口信带给他。"

于是，大家穿过宫殿的大门被带到了一间铺着绿地毯的大房间，里面摆放着镶嵌着漂亮的绿宝石的家具。士兵让大家进门前在门口的绿垫子上擦净他们的鞋，然后当大家坐下后，他礼貌地说：

"大家请自便，我现在去觐见室告诉奥兹你们来了。"

大家等了很久，士兵才回来。最后当他返回时，多萝茜问："你见过奥兹吗？"

"啊，没有，"士兵答道，"我从来没有见过他。不过我和他说话时他就坐在帘子后面，我把你们的口信带给了他。他说如果你们确实很想的话，他同意见你们。不过，每个人必须单独进去见他，而且他每天只允许见一个。因此，你们得在城堡里待上几天，我会带你们去看你们的房间，长途旅行后你们可以在里面舒服地休息一下了。"

"谢谢，"女孩回答说，"奥兹真的很好。"

士兵拿出一个绿哨子吹了一下，一个穿着漂亮的绿色丝绸袍子的年轻女孩立刻走进了房间。她长着好看的绿头发和绿眼睛，她一边向多萝茜鞠躬，一边说："跟我来，我带你去看你的房间。"

于是除了托托，多萝茜向她所有的朋友告别，然后双臂抱着托托跟着绿衣女孩穿过七个走廊，走上三段台阶，来到了宫殿前的一间房间。这真是世界上最可爱的小房间，里面摆了一张柔软而舒适的床，上面铺了绿色的丝制床单和绿色的天鹅绒床罩。房间中央有一个小喷泉，往空中喷洒着绿色的香水，水花回落进一个雕刻得极其美丽的绿色大理石水池里。窗台上摆着漂亮的绿色鲜花，房间里还有一个放着一排绿色书本的书架。当多萝茜翻开这些书时，她发现里面全是奇怪的绿色图片，有趣的图片让她笑个不停。

衣橱里有很多绿衣裳，全都是丝绸、缎子和天鹅绒的，所有衣服都非常适合多萝茜。

"就把这里当作你自己的家，"绿衣女孩说，"如果你想要任何东西，就按这个铃。明天早上奥兹会派人来叫你的。"

她留下多萝茜后，接着回到了其他人身边。她也把他们带到了房间，每个人都发现自己在宫中的住处非常舒适。当然，这种礼节对于稻草人来说是浪费，因为当他发现只有自己一人在房间时，他呆呆地站在门口，等待天明。他不能躺下来休息，也无法合上眼睛，所以整晚他都在望着在房间的一个角落里织网的一只小蜘蛛，就好像这房间并不是世界上最好的之一。由于习惯的力量，铁皮人躺到了床上，因为他还记得自己曾是血肉之躯时的情况，但他无法睡觉，整晚他都在上上下下地挪动他的关节，以确保它们的状况良好。狮子比较中意森林里铺满干树叶的床，而且也不喜欢被关在房间里。不过，这并没让他太担忧，他跳上床，像一只猫一样滚来滚去，片刻便熟睡过去。

第二天早上早餐后，绿衣女孩来到多萝茜房间，给她穿上用绿色锦缎做成的最漂亮的一条裙子。多萝茜给托托穿上一条丝制的绿围裙，并在颈后系了一个绿蝴蝶结，然后他们往了不起的奥兹的觐见室出发。

刚开始他们来到了一个很大的厅，里面有很多宫廷里的女士和男士，全都穿着华丽的衣服。这些人除了互相说话之外无所事事，不过他们每天早上都会在觐见室外等待，尽管他们从未被获准见奥兹。当多萝茜进来时，他们好奇地望着

奥兹法则

她，其中一个人小声说：

"你真的打算抬着头去看看那可怕的奥兹吗？"

"当然，"女孩回答说，"如果他愿意见我的话。"

"噢，他会见你的，"为她传口信的士兵说，"虽然他不喜欢别人请求见他。实际上，刚开始他很生气，而且说我应该把你们送回你们原来的地方。接着他问我你们长得什么样子，然后我提到了你的银鞋子，他对此很感兴趣。最后我告诉了他你额头上的印记，接着他决定准许你们去见他。"

就在那时，铃响了，绿衣女孩对多萝茜说："那是信号。你必须单独前往觐见室。"

她打开一扇小门，多萝茜勇敢地穿过去，发现自己置身于一个神奇的地方。这是一间有着很高拱形顶的又大又圆的房间，墙壁、屋顶和地板上都密密麻麻地镶嵌着大粒的绿宝石。屋顶中央是一盏大灯，光线好似太阳一样强烈，绿宝石在它的照射下闪闪发光。

不过，最让多萝茜感兴趣的还是房间中央竖立的那张巨大的绿色大理石做成的宝座。它的形状像一把椅子，和其他东西一样镶满闪光的宝石。椅子中央是一个巨大的头，下面没有身体支撑着它，也没有胳膊或腿什么的。这个头上没有头发，不过却有眼睛、鼻子和嘴巴，而且这个头比最庞大的巨人头还要大得多。

当多萝茜好奇而害怕地望着它时，上面的眼睛慢慢地转过来，尖锐地一动不动地盯着她。接着嘴巴也在移动，多萝茜听到一个声音在说：

"我是奥兹，神奇而可怕的奥兹。你是谁，你为什么来找我？"

这个声音并不像她预料的从大头上发出的那么可怕，因此她鼓起勇气回答说：

"我是多萝茜，弱小而温顺。我来寻求你的帮助。"

眼睛若有所思地足足看了她一分钟。接着说道：

"你从哪里弄到这双银鞋子的？"

"我从东方恶女巫那里得到的，我家的房子压死了她。"她答道。

"你额头上的印记是哪里来的？"声音继续说道。

"那是北方的好女巫给我的，她和我告别时吻了我，让我来找你。"女孩说。

眼睛又锐利地望了望她，接着它们觉得她是在说实话。然后问："你希望我做什么？"

"送我回堪萨斯，我的爱玛婶婶和亨利叔叔住在那里，"她急切地回答说，"我不喜欢你的国家，虽然它是那么美丽。我离开了这么久，我相信爱玛婶婶一定担心极了。"

眼睛眨了三下，然后它们朝屋顶转去，往地板望去，接着又奇怪地转了转，似乎它们可以看到房间里的每个角落。最后它们又朝多萝茜看去。

"我为什么要为你做这些？"奥兹问。

"因为你强大，而我弱小；因为你是了不起的魔法师，而我只是一个小女孩。"

"但是你很强壮，杀掉了东方的恶女巫。"

"那只是凑巧发生的，"多萝茜立刻回答说，"我也无法控制。"

"哦，"奥兹说，"我会给你我的答案。你无权要求我送你回堪萨斯，除非你为我做一些事。在这个国家里，每个人都必须为他得到的东西付出代价。如果你希望我用魔力把你送回家，那么你首先必须为我做一些事。帮助我，然后我才会帮助你。"

"我要做什么？"多萝茜问。

"杀掉西方的恶女巫。"奥兹回答说。

"但是我做不到！"多萝茜非常惊讶地叫道。

"你杀掉了东方的恶女巫，而且穿着这双拥有巨大法力的银鞋。在这片陆地上目前只剩下一个邪恶的女巫，当你告诉我她已经死掉时，我就会把你送回堪萨斯。"

多萝茜开始哭了起来，她好失望。眼睛又眨了眨，急切地望着她，好像神奇的奥兹觉得，如果她愿意就可以帮助他似的。

"我从来没有主动地杀过任何东西。"她呜咽道，"就算我想，我怎么才能杀掉恶女巫？如果你是了不起的魔法师，为什么你不能亲自杀掉她，为什么指望我来做这个？"

"我不知道，"头说，"不过那就是我的回答，直到恶女巫死了，你才能再见到你的叔叔和婶婶。记住那个女巫是邪恶的,而且极其邪恶,所以应该被消灭。现在去吧,不要再来找我,除非你完成了你的任务。"

多萝茜伤心地离开了觐见室,回到了狮子、稻草人和铁皮人等她的地方,他们都等在那里想知道奥兹对她说了些什么。"我没有希望了,"她沮丧地说,"因为奥兹不会送我回家,除非我杀掉西方的恶女巫,而那是我根本无法完成的。"

她的朋友都很难过,不过对此也无能为力,所以多萝茜回到了自己的房间,躺在床上,哭着哭着便睡着了。

第二天早上,长着绿胡子的士兵来到稻草人那里,对他说:

"跟我来,奥兹派我来叫你去。"

因此稻草人跟着他获准进了觐见室,他看到一位非常美丽的女子坐在绿宝石宝座上。她穿着绿色的丝制纱裙,戴着绿色的珠宝王冠。她的双肩后是色彩艳丽的翅膀,双翅很轻,就好像最轻的一阵风都可以吹动它们似的。

稻草人向美丽的女子鞠了一躬,在那些稻草填充物的允许范围内,他尽量将姿势摆得很美,女子甜甜地看了他一眼说道:

"我是奥兹,神奇而可怕的奥兹。你是谁?你为什么来找我?"

稻草人原以为会见到多萝茜说的那个大头,对此感到非常吃惊。不过,他勇敢地回答说:

"我只是一个稻草人,里面填满草秆,因此我没有智慧。我来找你是祈求你能放一些智慧到我的脑中,而不是稻草,这样一来我就可以像你统治国家中的所有人一样了。"

"我为什么要为你做这些?"女子问。

"因为你有智慧而且很有能量,其他人都无法帮我。"稻草人说。

"没有回报,我是从不会为人做事的,"女子说,"不过我会答应你。如果你为我杀掉西方的恶女巫,我会放很多智慧到你的脑中,多到会让你成为奥兹这片土地上最聪明的人。"

"我以为你让多萝茜去杀掉女巫。"稻草人吃惊地说。

"是的,我是这么说的。我不在乎谁杀掉她。不过直到她死掉,我才会满足你的愿望。现在就走吧,别再来找我,除非你有能力赢得自己如此想要的智慧。"

稻草人伤心地回到他的朋友身边，告诉了他们奥兹对他说的话。多萝茜惊讶地发现神奇的魔法师并不是一个她之前见到的头，而是一位美丽的女子。

"全都一样，"稻草人说，"她和铁皮人一样需要一颗心。"

第二天早上，长着绿胡子的士兵来到铁皮人身边，对他说：

"奥兹派我来找你。跟我来。"

于是，铁皮人跟他走进了神奇的觐见室。他不知道自己见到的奥兹会是位美丽的女子还是一个头，不过他希望是位美丽的女子。"因为，"他自言自语道，"如果他是个头，我相信我一定不会得到一颗心，头自己也没有心，因此无法体会我的感受。不过，如果她是位美丽的女子，我一定会苦苦恳求她给我一颗心，因为据说所有的女人都有颗善良的心。"

不过，当铁皮人走进神奇的觐见室时，他发现奥兹既不是头也不是女子，而变成了一头无比恐怖的野兽。他和大象差不多大小，绿宝座似乎都难以承受住他的重量。野兽的头长得同犀牛头一般，脸上有五只眼睛。他的身体上长着五条长长的臂膀，还有五条又长又细的腿。

厚重毛茸茸的头发遮住了身体的所有部位，难以想象还有比他更恐怖的野兽。铁皮人很幸运，那时候还没有心，因为如果有的话，那一定会因为害怕而剧烈快速地跳动。由于是用铁皮罐做的，铁皮人一点儿都不害怕，尽管他非常失望。

"我是奥兹，神奇而恐怖的奥兹，"野兽用咆哮着的嗓音说，"你是谁？你为什么来找我？"

"我是一个伐木人，是用铁皮做成的。因此我没有心脏，不能爱。我请求你给我一颗心，这样我就可以和其他人一样。"

"为什么我要做这些？"野兽问。

"因为我请求，而且你能够满足我的要求。"铁皮人答道。

野兽发出一声低低的咆哮，粗暴地说："如果你确实想得到一颗心，你必须去赢得它。"

"怎么做？"铁皮人问。

"帮多萝茜杀掉西方的恶女巫。"野兽答道，"等女巫死了，再来找我，到时候我会给你一颗奥兹领地上最大、最善良、最有爱的心。"

于是铁皮人不得不沮丧地回到了朋友们的身边，将他见到的恐怖的野兽告诉大家。他们对神奇的魔法师可以变成这么多的样子都感到很好奇，狮子说：

"如果我去见他时，他是野兽，我会最大声地向他咆哮，吓得他答应我的请求。如果她是位美丽的女子，我会跳到她身上，强迫她答应我的要求。如果他是一只大头，那他会任由我摆布，因为我会把这个头在房间里滚来滚去直到他答应给我们想要的东西。所以为我加油，朋友们，大家都会得偿所愿。"

第二天早上，长着绿胡子的士兵领狮子进了觐见室，然后吩咐他去见奥兹。

狮子立刻越过大门，往四周环顾，令他吃惊的是，宝座前是一团火球，熊熊燃烧的火焰几乎让他睁不开眼。他的最初想法是奥兹意外碰到了火，被火烧化了，不过当他试图靠近时，强烈的火光烧焦了他的发须，他战栗地向后退到了门口。

接着从火球中传来一个低低的声音，他说了这些话：

"我是奥兹，神奇而恐怖的奥兹。你是谁？你为什么来找我？"

狮子回答道："我是胆小的狮子，害怕所有的东西。我来找你是请求你给我勇气，这样一来我就可以真正成为百兽之王，就像人们称呼我的那样。"

"我为什么要给你勇气？"火球问。

"因为在所有魔法师中，你是最了不起的，有能力满足我的要求。"狮子回答道。

火球猛烈地燃烧了一会儿，接着说："给我恶女巫已死的证据，那一刻我就会给你勇气。不过只要那个女巫还活着，你就只能是个胆小鬼。"

狮子对这番话感到很生气，不过他什么也没说，当他静静地站在那里注视着火球时，火光越来越强烈，热得他摆动尾巴冲出了房间。他高兴地发现朋友们还在等他，于是把和魔法师见面的可怕情况告诉了大家。

"我们现在应该怎么办？"多萝茜沮丧地问。

"我们只能做一件事，"狮子回答道，"那就是去温基人那里找到恶女巫，然后除掉她。"

"但是，如果我们做不到怎么办？"女孩说。

"那我就永远得不到勇气。"狮子说。

"我永远不会拥有智慧。"稻草人补充说。

"我永远不会拥有一颗心。"铁皮人说。

"而我永远也见不到爱玛婶婶和亨利叔叔。"多萝茜说着哭了起来。

"小心!"绿衣女孩叫道,"眼泪会落到你的绿丝袍上留下污点。"

于是,多萝茜擦干眼泪说:"我想我们必须试一试。不过就算为了再见到爱玛婶婶,我也不想杀任何人。"

"我和你一起去。不过我太胆小,一定无法杀掉女巫。"狮子说。

"我也去,"稻草人表示说,"不过我帮不了你什么忙,我是一个很蠢的家伙。"

"我没有心,所以就算是一个女巫也难以被我伤害,"铁皮人说,"不过如果你们去,我一定和你们一起。"

因此,大家决定第二天就出发。铁皮人用一块绿色的磨刀石将斧头磨亮,然后给所有关节加好油。稻草人给自己填充了一些新鲜的稻草,多萝茜给他的眼睛涂上新的颜料,这样他可以看得更清楚些。一直对他们非常友善的绿衣女孩给多萝茜的篮子装满了好吃的东西,并且用一条绿丝带在托托的颈项系了一个小铃铛。

他们很早便上床了,大家睡得很沉,直到天明时分被王宫后院的一只绿公鸡的啼鸣声叫醒,而咯咯叫的母鸡生了一只绿色的蛋。

第十二章　寻找恶女巫

留着绿胡子的士兵带他们穿过翡翠城的街道来到了护卫的房间。护卫把他们的护目镜取了下来放回他的大盒子里,然后礼貌地为多萝茜和她的朋友们打开了城门。

"哪条路通往西方恶女巫的地方?"多萝茜问。

"没有路,"护卫回答说,"从来没有人想过要走那条路。"

"那么我们怎么找她?"女孩问。

"那很简单,"护卫说,"当她知道你们来到温基国时,她自然会来找你们，让你们做她的奴隶。"

"也许不会，"稻草人说，"因为我们打算消灭她。"

"噢，那不一样，"护卫说，"之前从来没有人消灭过她，所以我想她会让你们做奴隶，因为其他人都成了她的奴隶。不过小心，因为她既邪恶又凶狠，或许你们消灭不了她。一直往西边走，在太阳落下的地方，你们一定可以找到她。"

他们对他表示了感谢，并挥手告别，接着越过长满金凤花和黄雏菊的松软草地向西边走去。多萝茜仍旧穿着在宫中穿上的漂亮的丝绸裙。不过让她感到吃惊的是，她发现颜色不再是绿色，而变成了纯白色。套在托托颈上的丝带也失去了原先的绿色，变成了和多萝茜裙子一样的白色。

很快他们就离开了翡翠城。当他们向前方行进时，路面变得越来越坎坷，斜坡越来越多，由于西边的这个国家没有农场也没有房子，所以土地都没有被开垦。

下午时，由于周围没有树，他们找不到树荫，阳光照得他们的脸颊发烫。夜晚来临前，多萝茜、托托和狮子都很疲倦，他们躺在草地上熟睡过去，铁皮人和稻草人继续站岗。

西方恶女巫尽管只有一只眼睛，但那只眼睛却和望远镜一样厉害，可以看见任何地方。所以当她坐在她的城堡门口，四处张望时，她发现了多萝茜躺在地上睡觉，周围是她的朋友。他们离她很远，但是恶女巫看到他们在她的国家里感到非常生气，因此吹响了挂在脖子上的银口哨。

立刻，一群狼从四面八方跑到了她身边。它们的腿很长，目光凶狠，牙齿锋利。

"到那些人那边去，"女巫说，"把他们撕成碎片。"

"你不把他们变成你的奴隶？"领头的狼问。

"不，"她回答道，"一个是铁皮做的，一个是稻草做的，一个是女孩，另外一个是头狮子。没有一个适合干活，所以你把他们撕成碎片。"

"好的。"这只狼一边说，一边跟着其他狼迅速跑过去。

幸运的是，稻草人和铁皮人都醒着，他们听到恶狼在逼近。

附录A 《绿野仙踪》

"这是我的战斗,"铁皮人说,"站到我身后,他们来临时我来对付他们。"

他抓起磨得很锋利的斧头,当领头狼走近时,铁皮人挥动臂膀砍下了它的头,所以很快它就死了。当他刚举起斧头时,另一只狼又靠近了,同样也倒在了铁皮人锋利的武器下。总共有40只狼,每次一只狼被砍死,他一共杀了40次,所以最后铁皮人面前躺倒了一大片被杀死的狼。

接着,他放下斧头,在稻草人旁边坐了下来,说:"这真是一场大战,朋友。"

他们一直等到第二天早上多萝茜醒来。小女孩看到这么一大堆毛茸茸的恶狼,感到非常害怕,不过铁皮人把发生的一切告诉了她。她感谢他救了大家,然后坐下来吃早餐,接着他们又开始了旅程。

同一天早上,恶女巫来到她的城堡门口,用可以看得很远的独眼向四周望去。她看到她的狼全都死了,躺在地上,而陌生人仍旧向她的国家行进过来。这让她更加生气,于是吹了两下银口哨。

很快一大群野乌鸦向她飞过来,遮住了天空。

恶女巫对乌鸦王说:"立刻飞到那些陌生人那里去,啄瞎他们的眼睛,将他们撕成碎片。"

野乌鸦集成一大群向多萝茜和她的朋友飞去。当看到它们飞来时,多萝茜感到很害怕。

但是稻草人说:"这是我的战斗,所以请躺倒在我身后,你们不会受到伤害的。"

于是除了稻草人,大家全都躺到了地上,他站起来伸了伸胳膊。当乌鸦看到他的时候都很害怕,因为这些乌鸦总是很害怕稻草人,所以不敢再靠近。不过乌鸦王说:

"这只是一个稻草填起来的人。我去把他的眼睛啄出来。"

乌鸦王向稻草人飞去,而稻草人捉住他的头扭断他的脖子直到它死掉。接着另外一只乌鸦向他飞来,稻草人也扭断了它的脖子。一共有40只乌鸦,稻草人每次扭断一只,一共扭了40次,直到所有的乌鸦全都被杀掉躺倒在他身边。接着他叫朋友们站起来,然后大家继续向前行进。

当恶女巫再次向外看的时候,她发现她所有的乌鸦全都倒下了,她变得异常愤怒起来,然后吹了三下她的银口哨。

立刻空中传来一阵嗡嗡的叫声,一大群黑蜜蜂向她飞过来。

"飞到那些陌生人那里去,蜇死他们!"女巫命令道。于是蜜蜂转头迅速地飞到多萝茜和她的朋友正在行走的地方。不过看到他们飞过来,稻草人已经决定好该做什么。

"取出我的稻草,把他们撒在小女孩、狗和狮子身上。"他对铁皮人说,"这样蜜蜂就蜇不了他们。"铁皮人照此就做,多萝茜紧紧挨着狮子躺下,怀里抱着托托,稻草把他们盖得严严实实。

蜜蜂飞过来发现除了铁皮人没有其他人可以蜇,于是他们飞向他,结果铁皮把他们的刺全都折断,而铁皮人丝毫未受到损害。蜜蜂的刺断掉,它们便不能生存下去,这些黑蜜蜂就此结束了生命,在铁皮人身边倒了下去,黑炭般在地上厚厚地盖了一层。

接着多萝茜和狮子站了起来,女孩帮铁皮人把那些稻草重新塞到稻单人身体里,他看起来又和从前一样了。于是大家又开始了旅程。

女巫看到她的黑蜜蜂像黑炭般堆在那里,感到非常生气。她用力地跺脚,扯她的头发,咬牙切齿。接着她叫来12个她的奴隶,全都是温基人,发给他们锋利的矛,让他们去陌生人那里杀掉他们。

这些温基人并不勇敢,但是因为他们接到命令所以不得不这么做。于是他们向前一直走近多萝茜。接着狮子发出一声怒吼,并向他们扑过来,可怜的温基人吓得飞快地往回跑去。

当他们返回城堡时,恶女巫用皮带狠狠地抽打他们,然后让他们回去干活,之后她坐下来考虑下一步该怎么做。她无法理解为什么自己杀掉这些陌生人的计划全都落空了,而她是一个有能量的女巫,并且是一个邪恶的女巫,很快她就做出决定该如何行动。

在她的衣橱里有一顶金色的帽子,周围镶了一圈钻石和红宝石。这顶金帽子有魔力。任何拥有它的人都可以请长着翅膀的猴子帮三次忙,猴子会服从它的任何命令。但是谁都不可以要求这些奇怪的动物超过三次。恶女巫已经用了金帽

附录A 《绿野仙踪》

子的法力两次。一次是她用法力让温基人成为她的奴隶,并让自己统治他们的国家。长着翅膀的猴子帮她做成了这件事。第二次是当她和了不起的奥兹战斗时,把他赶出了西方的领地。长着翅膀的猴子也帮助她完成了这件事。她还可以再用金帽子一次,正是因为这个原因,她一直等到她的其他法力全部用完后才会使用金帽子。不过现在她那些凶狠的野狼、野乌鸦以及蜇人的蜜蜂都不在了,而她的奴隶们也被胆小的狮子吓跑了,她发现只剩下一个办法去消灭多萝茜和她的朋友。

于是恶女巫从衣橱中拿出金帽子戴到了头上。接着她跷起左脚,缓慢地说道:

"哎——泼,攀——泼,卡——基!"

然后她跷起右脚说:

"唏——罗,呵——罗,哈——罗!"

这之后她双脚站立大声地叫道:

"西——楚,如——楚,西克!"

于是魔力开始奏效。天空变黑,并且传来一阵隆隆声。很多翅膀冲了出来,发出叫声和笑声,太阳从昏暗的空中钻了出来,恶女巫周围聚集了成群的猴子,每个都长着巨大有力的翅膀。

其中一只最大的猴子似乎是猴王。他飞近女巫说道:"你这是第三次也是最后一次叫我们。你想怎么样?"

"飞到那些在我领地上的陌生人那里,除了狮子,把其他人全都消灭掉,"恶女巫说,"把那头狮子带到我这里来,我有一个主意,把他像马一样套上马具,让他干活。"

"你的命令会得到执行。"猴王说。随后随着一阵阵叫声和吵闹声,长着翅膀的猴子向多萝茜和她的朋友正在行走的地方飞去。

其中一些猴子抓住铁皮人飞越上空直到来到一个密布锋利的岩石的地方。他们把可怜的铁皮人扔了下去,铁皮人从高空中跌了下来,被摔得凹凸不平,无法移动,也不能呻吟。

另一些猴子抓住稻草人,用他们长长的手指将所有稻草从稻草人衣服和头里拉了出来。他们把他的帽子、靴子和衣服扎成一个小包扔到了一棵大树的顶上。

剩下的猴子扔出粗绳子围着狮子的身体、头和腿缠了好几圈，直到狮子无法咬人抓人，或者以任何方式反抗。接着他们把他抬起来一起飞到女巫的城堡去，在那儿狮子被关到了一个围着高高铁丝网的小院子里，这样一来他就无法逃走了。

但是他们没有伤害多萝茜一根汗毛。她抱着托托站在那里目睹了她的朋友们的悲惨命运，以为很快就会轮到她。长着翅膀的猴王飞向她，张开长长的毛茸茸的手臂，丑陋的面孔狰狞地笑着。但是当他看到她额头上好女巫留下的印记时，就立刻停了下来，并且示意其他猴子不要碰她。

"我们不敢伤害这个小女孩，"他对其他猴子说，"因为她是受到善良的法力保护的，这种法力比邪恶的法力要更强大。我们所能做的就是把她带到恶女巫的城堡去，把她放在那里。"

于是他们小心翼翼地用胳膊轻轻托起多萝茜，带着她飞速地穿过云层，来到城堡，然后把她放在了前门的台阶上。接着猴王对女巫说：

"我们已经尽我们所能执行了你的命令。铁皮人和稻草人都被消灭了，狮子被捆在你的院子里。我们不敢伤害这个小女孩，以及她手中抱着的狗。你对我们群体的法力现在就结束了，你再也见不到我们。"

接着长着翅膀的猴子，又叫又笑地飞入空中，很快便消失在视线中。

当恶女巫看到多萝茜额头上的印记时，她既惊又怕，因为她非常清楚无论是长着翅膀的猴子还是她自己都无法伤害这个女孩。她低头望了望多萝茜的脚，看到了那双银鞋子，便害怕地开始颤抖起来，因为她知道这双银鞋具有强大的魔力。

最初女巫试图从多萝茜身旁逃走，不过她偶然看到了女孩的眼睛，发现它们背后的目光是如此的单纯，小女孩并不知道银鞋赋予她的神奇力量。于是恶女巫一边笑一边想："我还是可以把她弄做我的奴隶，因为她不知道如何使用她的魔力。"然后她严厉地粗声对多萝茜说：

"到我这里来，看你是不是可以按照我说的去做每件事，因为如果你不做，我就会结束你的生命，就像我对待铁皮人和稻草人那样。"

附录A 《绿野仙踪》

多萝茜跟着她穿过城堡中许多漂亮的房间来到厨房，恶女巫命令她洗干净罐子和壶，拖净地面，并用木材生火。

多萝茜顺从地开始工作，尽她所能地努力去干，因为她对恶女巫决定不杀掉自己感到高兴。

多萝茜努力地干着活，这时恶女巫觉得自己应该到院子里给狮子套上像马一样的马具。只要她想驾车，就让他拉她的两轮无篷车，这样一定会让自己很高兴。不过当她打开门时，狮子对她发出一阵巨大的吼声，吓得她害怕地跑出去重新锁上了门。

"如果我不能给你套上马具，"恶女巫透过门上的铁条对狮子说，"我可以饿死你。你什么都吃不到，直到你按照我的想法去做。"

于是在那之后，她再也没有给过被关起来的狮子任何食物，但是每天中午时分她都会来到门口问："你打算戴上马具吗？"

而狮子回答道："不。如果你到院子里来，我就咬你。"

狮子不必按照恶女巫的想法去做的原因是，每天晚上，当恶女巫熟睡后，多萝茜都会从碗橱里拿食物给他吃。他吃完以后会躺在稻草铺成的床上，而多萝茜则躺在他身边，把头倚在他柔软粗浓的鬃毛上，他们一起讨论遇到的困难，试图找到逃走的办法。但是他们无法逃出城堡，因为黄色温基人一直守卫在城堡周围，这些人都是恶女巫的奴隶，不敢违抗她的命令。

多萝茜白天必须辛苦地干活，恶女巫经常用那把总是拿在手中的旧雨伞威胁着要打她。但是实际上，由于额头上的印记，她不敢打多萝茜。多萝茜对此并不知情，很为自己和托托感到担心。有一回，恶女巫用她的雨伞对着托托挥了一下，勇敢的小狗扑向她，咬了她的腿。恶女巫被咬的地方没有流血，因为她实在太恶毒，她的血已经在很多年前就流干了。

多萝茜逐渐意识到重返堪萨斯和爱玛婶婶家变得越来越艰难，她的情绪也变得沮丧起来。有时她会伤心地哭上好几个钟头，托托站在她脚边，望着她的脸悲伤地呜呜叫，它也为自己的小主人感到难过。托托并不真正在乎自己是在堪萨斯还是奥兹，只要多萝茜和它在一起就行。不过它知道小女孩不开心，而这也让它不开心。

奥兹法则

现在恶女巫迫切地渴望得到女孩一直穿着的银鞋子。她的蜜蜂、乌鸦和狼成群地躺在地上,已被晒干,而她也使用完了金帽子的法力。但是只要她能拥有银鞋子,它们可以赋予她比所失去的其他东西更大的力量。她紧紧盯着多萝茜,看她是否会脱下鞋子,然后偷走它们。但是多萝茜对她漂亮的鞋子感到很自豪,除了晚上洗澡,其他时间从来不把它们脱下来。恶女巫非常害怕黑暗,晚上不敢到多萝茜的房间里去拿鞋子,而她对水的恐惧感更甚于黑暗,因此多萝茜洗澡时她从不敢靠近。事实上,恶女巫从来没碰过水,也从不让水碰到她。

但是这个邪恶的家伙非常狡猾,最终她想出了一个花招来拿到她想要的东西。她在厨房地面的中央摆了一根铁条,然后利用她的魔力让人的肉眼看不到这根铁条。这样一来,当多萝茜穿过厨房的时候,由于看不到铁条,被它绊倒,重重地摔倒在地上。她没有受很大伤,但是当她跌倒时,她的一只银鞋子脱落了。在她想去拿鞋子的时候,女巫一把抢走了它,并套在了她瘦削的脚上。

这个恶毒的女人对因自己的花招而取得的成功感到非常高兴,因为只要她拥有一只鞋子,那她就拥有了一半的法力,而就算多萝茜知道怎么去使用法力,也无法和她对抗。

多萝茜见到自己丢失了一只漂亮的鞋子,非常生气,对恶女巫说:"把我的鞋子还给我!"

"我不会还给你的,"恶女巫反驳道,"因为这是我的鞋子,不是你的。"

"你真是个恶毒的家伙!"多萝茜叫道,"你没有权利拿走我的鞋子。"

"我会保留它,"恶女巫笑着对她说,"而有一天我还会从你这儿拿走另一只。"

这让多萝茜非常气愤,她提起附近的水桶,掷到恶女巫身上,把她从头到脚都淋湿了。

恶女巫立刻发出一阵害怕的大叫声,接着,多萝茜好奇地望着她,女巫开始颤抖着倒了下去。

"看你做了什么!"她尖叫道,"我很快就会溶化了。"

"对不起。"多萝茜说,看到恶女巫像红糖般在她眼前溶化,她吓坏了。

"你难道不知道水对我就意味着结束吗？"恶女巫绝望地哀号道。

"当然不知道，"多萝茜回答说，"我怎么会知道？"

"哼，几分钟之内我便会全部溶化掉，到时候你就会拥有这座城堡。我有生之日一直很邪恶，但是我从来没有想到一个像你这样的小女孩可以把我溶化，结束我邪恶的行为。看好了——我走了！"

随着这些话语，恶女巫倒下溶化成一滩棕色的东西，铺在了厨房干净的木地板上。多萝茜看到她真的溶化不见了，拿起另一桶水浇在这摊肮脏的东西上，然后把它扫出门外。她拾起那个老女人留下的唯一东西——银鞋子，用布将它擦干净，重新穿到了脚上。然后，她终于可以随心所欲地做她想做的事了。她跑到院子里告诉狮子，恶女巫已经死了，他们不再是因犯。

第十三章　拯救

胆小的狮子听说恶女巫被一桶水溶化了，感到非常高兴。多萝茜立刻打开了牢房的门，把他放了出来。他们一同前往城堡，多萝茜做的第一件事便是召集所有的温基人，告诉大家他们不再是奴隶了。

黄色的温基人极其欣喜，他们被迫为恶女巫辛苦劳作已经许多年了，恶女巫总是非常残暴地对待他们。从那以后，他们把这一天定为节日，大吃大喝，欢歌起舞。

"如果我们的朋友，稻草人和铁皮人，还和我们在一起的话，"狮子说，"那我会非常开心。"

"你不觉得我们能够解救他们吗？"多萝茜急切地问。

"我们可以试试。"狮子回答说。

于是他们叫上黄色的温基人，问大家是否愿意帮助解救他们的朋友，温基人说他们非常乐意尽全力帮助多萝茜，因为是她将大家从奴役中解救出来的。于是她选了一批看上去懂得最多的温基人，接着大家就出发了。他们走了一整天，第二天到达遍布岩石的原野，发现铁皮人躺在那里，身体被弄得凹凹凸凸、弯弯曲曲了。斧头躺在他身边，但是斧刃已经锈迹斑斑，斧把也断成很短的一截。

温基人用手臂轻轻地将他抬起,然后再把他送回城堡。多萝茜见到老友的悲惨境遇不禁落下了眼泪,而狮子看上去也很伤心难过。当他们到达城堡时,多萝茜对温基人说:

"你们中有谁是铁匠?"

"哦,有的。我们有些人是非常棒的铁匠。"他们告诉她。

"那带他们到我这里来。"她说。当铁匠带着装满工具的篮子到来时,她要求道:"你们可以将铁皮人身上的那些凹痕拉直,恢复到原来的形状,然后把他身上破的地方焊接起来吗?"

铁匠们仔细打量了铁皮人一番,然后回答说他们可以把他修补得像以前一样完好。于是大家开始在城堡中一间大黄房子里工作,他们对着铁皮人的腿、身子、头又敲又折,然后焊接、抛光,一共干了三天四夜,直到最后他被拉直恢复到原先的形状,关节和过去一样灵活。当然,他身上留下了几块补丁,不过铁匠们的任务完成得已经很好了,因为铁皮人不是一个爱虚荣的人,所以他根本不在乎这些补丁。

最后当他走进多萝茜的房间,感谢她救了他的命时,他高兴地流下了眼泪,而多萝茜只好小心翼翼用她的围裙擦掉他脸上的每颗眼泪,这样他的关节才不会生锈。与此同时,因为与老友重逢,她自己也迅速地落下了大颗的眼泪,当然这些眼泪不需要擦。而狮子频繁地用尾巴尖去擦眼睛,弄得尾巴很湿,不得不走到院子里把它放在阳光下晒干。

"如果我们可以再和稻草人在一起,"当多萝茜将所发生的一切告诉铁皮人时,他说道,"我会非常开心。"

"我们得尽力去找他。"女孩说。

于是她请温基人帮忙,大家走了一天半后终于来到了那棵挂着稻草人衣服的大树下,长着翅膀的猴子就是在那儿把稻草人抛下去的。

那是一棵很高的大树,树干很光滑,没人能爬得上去。不过铁皮人立刻说道:"我把它砍倒,这样我们可以拿到稻草人的衣服。"

当铁匠们对铁皮人进行修补时,温基人中的另一个金匠给铁皮人的斧头重新做了一个纯金的把手并装了上去,以取代那个断掉的旧把手。还有一些人给斧刃上光，擦去了所有的锈迹，让它发亮得像抛了光的银器。

铁皮人说着便开始砍起来，很快树便哗啦倒了下来，而稻草人的衣服也从树干上滑下来，落到了地上。

多萝茜捡起衣服，温基人把它们带回了城堡，用干净的优质稻草重新填充。看！这就是稻草人，和从前一样完好，他一再感谢大家救了自己的命。

这下大家又重新团聚了，多萝茜和她的朋友在城堡内度过了几天快乐的日子，大家各取所需，一切是那么舒适。

然而有一天，女孩想起了爱玛婶婶："我们必须回去找奥兹，让他兑现承诺。"

"是的，"铁皮人说，"最终我要得到我的心。"

"我要得到智慧。"稻草人兴奋地说。

"我要得到勇气。"狮子若有所思地说。

"我要回到堪萨斯，"多萝茜拍着手叫道，"啊，我们明天就动身去翡翠城！"

大家决定就这么做。第二天他们把温基人召集到一起，和大家道别。温基人舍不得让他们走，大家非常喜欢铁皮人，请求他留下来管理他们及西部的黄色国度。得知他们已下定决心要走，温基人给了托托和狮子各一只金项圈；多萝茜得到了一条镶满钻石的漂亮手链作为礼物；他们送给稻草人一根金把的拐杖，以防他摔跤；至于铁皮人，他们给了他一瓶银油罐，上面镶嵌着黄金和稀有的珠宝。

大家对温基人说了很多感谢的话语，并一一握手道别，最后手都握痛了。

多萝茜到恶女巫的碗橱里拿了很多食物装满自己的篮子，为旅行做好准备，而她在那里发现了金帽子。她试着戴到自己头上，发现尺寸非常合适。她对金帽子的魔力一无所知，不过她看见帽子很漂亮，所以就决定戴上它，并把自己的太阳帽放进了篮子里。

接着，在所有准备工作都做好后，大家开始向翡翠城出发。温基人发出三声欢呼，祝大家好运。

第十四章　长着翅膀的猴子

他们还记得在恶女巫的城堡和翡翠城之间是没有路的，就连一条小路都没有。当这四个旅行者寻找女巫时，女巫发现他们走过来，所以就派长着翅膀的猴子们将他们带了过来。想要穿过那大片长着金凤花和黄雏菊的田野，找到回去的路，对他们来说比来的时候要难多了。当然，他们知道必须要一直向东走，向着太阳升起的地方，而他们出发的路线是对的。但是到了中午的时候，太阳升到了头顶上，他们不知道哪里是东，哪里是西，所以大家在宽广的田野里迷路了。然而他们还是不停地向前走，到了晚上，月亮照耀出皎洁的光芒。于是大家在香甜的黄花中躺了下来，一直熟睡到清晨，除了稻草人和铁皮人。

第二天早上，太阳还躲在云层后面，他们已经出发了，似乎大家很清楚路在哪里。

"只要我们走得够远，"多萝茜说，"总有一天我们会到达某个地方，我敢肯定。"

可是，一天又一天过去了，除了红色的田野，他们什么也没看到。稻草人开始有点抱怨了。

"我们一定迷路了，"他说，"如果我们不赶快找到去翡翠城的路，我就永远得不到智慧了。"

"我也得不到心了，"铁皮人大声说，"我似乎等不到找到奥兹的那一天了。你们必须承认这是一次长途跋涉。"

"你们看，"胆小的狮子呜咽着说，"我没有勇气再这么漫无目的地走下去了。"

然后，多萝茜也失去了信心。她在草地上坐了下来，看着她的朋友们。他们也坐下来看着她。托托第一次发现，它居然没有力气去追逐飞过头顶的蝴蝶了。它伸出舌头喘着气，望着多萝茜，好像在问他们下一步该怎么办。

"或许我们应该喊田鼠，"她建议道，"他们也许能告诉我们去翡翠城的路。"

"他们当然可以，"稻草人叫道，"我们为什么之前没有想到？"

附录A 《绿野仙踪》

多萝茜吹了吹她的小口哨,自从田鼠皇后送给她后,她就一直挂在脖子上。几分钟之后,他们听见了急速、轻快的脚步声,很多灰色的老鼠正向她跑来。田鼠皇后在他们中间用她那短促而尖锐的声音问:

"我能为我的朋友们做什么?"

"我们迷路了,"多萝茜说,"你能告诉我们哪里是翡翠城吗?"

"当然,"田鼠皇后回答说,"但是那条路很远,因为你们一直走反了。"接着她看到了多萝茜的金帽子,说道:"你为什么不利用金帽子的魔力,把长着翅膀的猴子召唤到你身边?他们可以在不到半小时内就把你们带回奥兹的城堡。"

"我不知道它有法力。"多萝茜惊讶地说,"它是什么?"

"金帽子的里面写着呢。"田鼠皇后回答说,"不过如果你要召唤猴子们的话,我们就必须逃走,因为他们很喜欢恶作剧,觉得逗我们很好玩。"

"他们会伤害我们吗?"多萝茜焦急地问。

"啊,不会。他们必须遵守戴着金帽子的人的命令。再见!"说着她便带领其他老鼠迅速地跑掉,消失在视线中。

多萝茜看了看金帽子里面,发现衬里上写着一些字。她想这些一定就是咒语了,于是仔细地看了看,然后把帽子戴到了头上。

"哎——泼,攀——泼,卡——基!"她踮起左脚说。

"你说什么?"稻草人问,他不知道她在干什么。

"唏——罗,呵——罗,哈——罗!"多萝茜踮起右脚继续说道。

"哈罗!"铁皮人平静地回答。

"西——楚,如——楚,西克!"多萝茜双脚站立说。咒语就这么结束了,接着他们听到一阵很响的翅膀扑打的声音,成群的双翼猴向他们飞了过来。

猴王向多萝茜深深鞠了一躬,问:"你有什么命令?"

"我们想去翡翠城,"多萝茜说,"我们迷路了。"

"我们带你去。"猴王答道,话音刚落,两只猴子便用臂膀夹起多萝茜飞了出去。其他的猴子抓住稻草人、铁皮人和狮子,另外一只小猴子抓住托托飞在他们后面,而小狗一直试图去咬他。

奥兹法则

最初稻草人和铁皮人非常害怕，因为他们还记得这些长着翅膀的猴子过去是怎样残酷对待自己的，但是他们发现猴子们并无恶意，于是便快乐地穿过天空，望着下面美丽的花园和树林。

多萝茜发现自己骑在两只最大的猴子中间，感到非常轻松，其中一只便是猴王。他们用手搭成了一把椅子，很小心地不伤害到她。

"你们为什么必须遵照金帽子的魔力？"她问。

"说来话长，"猴王挥动翅膀，笑着答道，"不过我们的旅途很长，所以如果你想听的话，我会在路上告诉你。"

"我很乐意听这个故事。"她说。

"从前，"猴王开始讲，"我们是自由的，幸福地生活在大森林里，从这棵树飞到那棵树，吃坚果和水果，做我们喜欢做的事，不用称呼任何人为主人。或许我们中有些弟兄有些时候过分顽皮了些，飞下去拉那些没有翅膀的动物的尾巴，追赶小鸟，对着树林里行走的人扔果子。但是我们都是无恶意的，而且很快乐开心，享受每天的每时每刻。这是很多年前的事了，发生在奥兹从云中出来统治这片土地之前。

"后来北方来了一位美丽的公主，她也是位能力很强的女巫。她用她的魔力帮助人们，从未伤害过任何善良的人。她的名字叫甘林达，住在一个由红宝石建成的美丽宫殿中。所有人都很喜欢她，但是她最大的悲伤就是找不到一个她可以喜欢的人，因为所有的男人都非常愚蠢、丑陋，配不上这个美丽聪慧的女子。不过，最终她找到了一个男孩，他的英俊、智慧和男子气概都超过了他的实际年龄。甘林达决定等他长大成人后，就让他成为自己的丈夫，所以她将他带到了自己的红宝石宫殿里，用尽自己的法力把他变得坚强、善良、可爱，就像所有女人都很喜欢的那样。当他长大成人后，奎拉拉——他的名字，据说变成了全国最优秀、最智慧的男人，而他的男子气概也令甘林达深深爱上了他。她急切地筹办婚礼。

"我的爷爷那个时候是飞猴们的国王，住在离甘林达宫殿不远处的森林里，这个老家伙喜欢开玩笑甚过享用丰盛的晚餐。有一天，就在婚礼前，当爷爷领着他的属下飞出去的时候，他看见奎拉拉正在河边散步。他穿着粉红色丝绸和紫色天鹅绒做成的华丽衣服，我爷爷想看看他究竟能做些什么。于是在他的命令下，属下们飞了下去捉住奎拉拉，用臂膀夹着他飞到了河中央，然后将他摔进了水里。

"'游上岸，我的朋友，'爷爷叫道，'看看河水是不是弄脏了你的衣服。'奎拉拉很聪明，当然会游泳，而且他的好运气一点也没受到影响。当他游到水面上后，笑着游到了岸上。但是当甘林达赶过来的时候，她发现他的丝绸和天鹅绒衣服被河水弄脏了。

"公主非常生气，她当然知道是谁干的。她将所有的飞猴召集到面前，刚开始时她说必须把他们的翅膀捆起来，然后像他们对待奎拉拉一样受惩罚，被摔进河里。但是我的爷爷苦苦哀求，因为他知道这些猴子如果翅膀被捆起来，就会被淹死在河里，而奎拉拉也为他们求情，所以最终甘林达原谅了他们，不过条件就是飞猴们必须服从金帽子主人的三个命令。这顶金帽子是给奎拉拉的结婚礼物，据说花了公主半个王国的财产。当然，我爷爷和其他猴子立刻就答应了这个条件，这就是我们为什么要三次成为金帽子主人的奴隶，不管这个主人是谁。"

"谁成了它的主人？"多萝茜问道，她对这个故事非常感兴趣。

"奎拉拉成了金帽子的第一个主人，"猴子回答说，"他是第一个给我们下命令的人。因为他的新娘不愿看到我们，于是在结婚后，他在森林里把我们召集到他面前，命令我们留在公主无法看到的地方，我们很高兴地按命令办了，因为我们都很害怕她。"

"这就是我们所做的一切，直到金帽子落到了西方女巫的手中，她让我们把温基人变成奴隶，后来又把奥兹赶出西部。现在金帽子是你的，你有权让我们服从你的三个命令。"

当猴王说完故事后，多萝茜向下望去，闪闪发光的翡翠城墙就在眼前。她对猴子们的快速飞行感到很好奇，不过很高兴旅行就这样结束了。这些奇怪的动物将旅行者小心地放在城门前，猴王对多萝茜深深地鞠了一躬，然后领着属下们轻快地飞走了。

"这种旅行真好。"小女孩说。

"是的。而且很快就走出了我们的困境，"狮子答道，"你得到了这顶神奇的金帽子，真是很幸运！"

第十五章 发现可怕的奥兹真相

四个旅行者走到翡翠城的大门前,按响了门铃。铃响了几声后,原先他们见过的那个护卫过来打开了门。

"啊!你们又回来了?"他吃惊地问。

"你不想见我们吗?"稻草人问。

"我以为你们去找西方的恶女巫了。"

"我们确实找过她了。"稻草人说。

"而她又让你们走了?"那个人好奇地问。

"她管不了了,因为她已经溶化了。"稻草人解释说。

"溶化!啊,这真是个好消息。"护卫说。

"是多萝茜干的。"狮子郑重地说。

"太棒了!"护卫叫道,接着他对多萝茜深深鞠了一躬。

然后他领大家走进他的小房间,从大盒子里拿出护目镜戴到他们眼睛上,并锁起来,就像他之前做的一样。之后,他们穿过大门走进翡翠城。当人们从护卫那里听说多萝茜把西方的恶女巫溶化掉时,都聚集在旅行者周围,一大群人跟着他们走进了奥兹的王宫。

绿胡子士兵仍旧守卫在门前,不过他立刻就让大家进去了,他们又见到了那位美丽的绿衣女孩,她随即将每人带入了各自原先的房间,这样他们可以一直休息到奥兹打算接见他们为止。

士兵直接把多萝茜和她的朋友干掉恶女巫、再次来访的消息带给了奥兹,不过奥兹没有做出回答。他们以为奥兹会立刻召见他们,但是他没有。第二天他们也没有接到任何来自奥兹的消息,第三天、第四天都没有。等待令人厌烦而疲倦,最后大家变得恼怒起来,他们被奥兹打发去受奴役,完成那样艰苦的任务,却受到如此的待遇。于是稻草人请绿衣女孩最后带给奥兹另一条口信,说如果他不立刻让大家见他的话,他们就会召唤飞猴请求帮助,看他是否实现自己的承诺。当魔法师接到口信后非常害怕,他立刻传话给大家,请他们第二天早上九点过四分后到觐见室去。

附录A 《绿野仙踪》

四名旅行者度过了一个难眠之夜，每个人都在想奥兹答应赠送的礼物。只有多萝茜立刻进入了梦乡，她梦见自己在堪萨斯，爱玛婶婶告诉她重新见到自己的小女孩是多么高兴。

第二天早上九点整，绿胡子士兵来到了他们身边，四分钟后大家一齐走进了了不起的奥兹的觐见室。

每个人当然都以为会见到上次见过的魔法师，但是令大家吃惊的是，环顾四周，房间里根本没有人。他们走进门，再走进另一扇门，空荡荡的房间寂静得比他们见到的奥兹的任何模样都可怕。

不久他们听见一个低沉的声音，似乎是从大大的圆屋顶上传来的：

"我是奥兹，神奇而可怕的奥兹。你们为什么找我？"

他们再次看了看房间的每个角落，还是没有发现任何人，多萝茜问："你在哪里？"

"到处都是我，"声音回答道，"但是对于普通肉眼来说，我是看不见的。现在我坐到我的宝座上，你们可以和我交谈。"确实，那一刻声音似乎是从宝座上发出的。于是他们走向宝座，站成一排，接着多萝茜说道：

"奥兹，我们来让你兑现对我的承诺。"

"什么承诺？"奥兹问。

"你曾答应当恶女巫被干掉后，就会送我回堪萨斯。"女孩说。

"你答应给我智慧。"稻草人说。

"你答应给我一颗心。"铁皮人说。

"你答应给我勇气。"胆小的狮子说。

"恶女巫真的被消灭了吗？"声音问，多萝茜觉得他有一点颤抖。

"是的，"她回答说，"我用一桶水溶化了她。"

"天哪，"声音说，"太突然了！好吧，明天来找我，我得有时间考虑一下。"

"你已经有充足的时间。"铁皮人生气地说。

"我们一天都不想再等。"稻草人说。

"你必须对我们实现你的承诺！"多萝茜叫道。

狮子觉得自己也应该吓一吓魔法师，于是发出一阵响亮的吼声，愤怒而恐怖。托托吓得从他身边跳开，撞倒了竖立在角落的一块屏风。当屏风倒下去时，大家往那个方向望去，接下来所有人都惊奇极了。因为他们看到一个秃头、满脸皱纹的小老头站在屏风的后面，他似乎和大家一样吃惊。铁皮人举起斧头，冲向小老头，叫道："你是谁？"

"我是奥兹，神奇而可怕的奥兹，"小老头用颤抖的声音说，"不过不要袭击我，请不要，我会按你们要求的去做任何事。"

多萝茜和她的朋友们吃惊而茫然地望着他。

"我以为奥兹是一个大头。"多萝茜说。

"我以为奥兹是一个可爱的女人。"稻草人说。

"我以为奥兹是一头恐怖的野兽。"铁皮人说。

"我以为奥兹是一团火球。"狮子说。

"不，你们全都错了，"小老头温和地说，"我一直在假扮。"

"假扮！"多萝茜叫道，"你不是了不起的魔法师吗？"

"安静，亲爱的，"他说，"别这么大声说话，否则你们的话会被别人偷听，而我也会被推翻。我应该成为一个了不起的魔法师。"

"而你不是？"她问。

"不是，亲爱的。我只是一个普通人。"

"你远不止这些，"稻草人伤心地说，"你是个骗子。"

"完全正确！"小老头搓了搓手说道，似乎这话让他很高兴，"我是个骗子。"

"但是这太糟了，"铁皮人说，"我怎样才能得到我的心？"

"我的勇气呢？"狮子问。

"我的智慧呢？"稻草人一边哀泣，一边用大衣袖子擦去眼中的泪水。

"我亲爱的朋友们，"奥兹说，"请你们不要说这些小事。想想我，想想我被发现后会遇到的可怕处境。"

"没有人知道你是个骗子吗？"多萝茜问。

"除了你们四个和我自己，没有人知道。"奥兹回答说，"我欺骗了大家很长时间，我以为自己不会被发现。让你们进入我的房间是个大错误。一般我都不会见我的臣民,所以他们认为我很可怕。"

"但是,我不明白,"多萝茜迷惑不解地问,"上次你怎么是一个大头出现在我面前?"

"那是我的一个魔术,"奥兹答道,"请往这边走,我告诉你它是怎么回事。"

他向觐见室后面的一个小房间走去,大家都跟着他。他指着一个角落,里面摆放着一只由很多张纸做成的画着精致面孔的大头。

"我用一根线把它从屋顶上悬挂下来,"奥兹说,"我站在屏风后面拉一根绳子使它的眼睛移动,嘴巴张开。"

"但是声音呢?"她问道。

"噢,我是一个很擅长腹语的人,"奥兹说,"我可以把声音传到任何我希望传到的地方,所以你以为声音是从大头中发出的。我还用这些东西骗过你们。"他给稻草人看了他用来扮作美丽女子的衣服和面具。铁皮人发现那个可怕的野兽只不过是些里面用长条板支持起来、缝在一起的皮毛。而至于火球,奥兹把它吊在天花板上。那只是个棉花球,不过当把油浇上去时,它就熊熊燃烧了。

"真的,"稻草人说,"你应该为你的骗子行为感到羞耻。"

"是的,我当然感到羞耻,"小老头悔恨地回答,"但是我也是没有办法。请坐,这里有很多椅子,我来告诉你们我的故事。"

于是,大家坐了下来听他叙述下面的故事。

"我出生在奥马哈——"

"什么,那个地方离堪萨斯不远!"多萝茜叫道。

"但是,那儿离这里很远,"他伤心地对她摇着头说道,"我长大后变成了一个腹语师,我从一位大师那里得到了很好的训练。我可以模仿任何鸟类或兽类的声音。"说着他像小猫一样喵喵地叫了起来,托托竖起耳朵往四处看,想知道声音是从哪里发出的。"过了一些时候,"奥兹继续说道,"我对这个厌倦了,我成为一个气球驾驶员。"

"那是什么?"多萝茜问。

"在演马戏的日子里,一个人坐在升起来的气球里,吸引一大群观众花钱看马戏。"他解释说。

奥兹法则

"噢,"她说,"我知道。"

"嗯,一天我登上气球,绳子缠到了一起,所以我下不来了。气球一直升到云层里,而一阵气流冲过来把它吹到了很多英里以外的地方。我在空中飞行了一天一夜,第二天早上醒来时,我发现气球飘在一个奇怪而美丽的国家上空。

"气球慢慢下降,我没有受一点伤。不过我却发现自己置身于一群奇怪的人中,他们望着来自云中的我,以为我是个了不起的魔法师。当然,我也让他们这么想,因为他们都很怕我,愿意为我做任何事。

"当时只是想让自己高兴,同时也让这些善良的人有事做,我命令他们建造这座城市和我的宫殿。他们都很心甘情愿地完成了这个任务。于是我想,既然这个国家这么翠绿而且美丽,那我就称它为翡翠城吧。为了让这个名字更名副其实,我又给所有人戴上绿色的护目镜,于是他们看任何东西都是绿色的。"

"难道这里的东西不是绿色的?"多萝茜问。

"其实和其他城市一样,"奥兹回答说,"只不过当你戴上绿色眼镜后,所有东西在你看来都变成了绿色。翡翠城是在很多年前修建的,因为当气球把我带来的时候我还是个年轻人,而现在我已经成了个老人。不过我的人民长期戴着绿色眼镜,所以大多数人都认为这真的是个翡翠城,当然它是个非常美丽的地方,到处镶嵌着珠宝和珍贵的金属,还有所有可以令人快乐的东西。我一直对民众很好,他们也很喜欢我,不过自从宫殿修好后,我就把自己关在里面,不见任何人。

"我最害怕的就是女巫,因为我根本就没有魔力,我很快发现女巫们可以做很多神奇的事情。在这个国家中有四个女巫,她们分别统治着东、西、南、北的人们。幸运的是,北方和南方的女巫是善良的,我知道他们不会伤害我;而东方和西方的女巫无比邪恶,她们从来都没想到我的法力不如她们,如果她们知道一定会灭掉我。正因为如此,很多年我都在恐惧中度过,所以你可以想象当我听说你的房子压死了东方的女巫时我有多么高兴。你们来找我,我承诺可以满足你们的要求,只要你们消灭另一个女巫,但是现在你们溶化了她,而我很惭愧地告诉大家我无法实现诺言。"

"我认为你是个非常糟糕的人。"多萝茜说。

"噢,不,亲爱的,我其实是个好人,不过我必须承认,我是个糟糕的魔法师。"

"你不能给我智慧?"稻草人说。

"你不需要它们。你每一天都在学习。婴儿有智慧,但是他懂得并不多。经验是知识的基础,你活得越长,你就一定可以获取越多的经验。"

"那也许是真的,"稻草人说,"不过只有你给我智慧,我才会快乐。"

奥兹认真地望了望他。

"嗯,"他叹了口气说,"正如我说的,我不是魔法师。不过如果你明天早上来找我,我会给你的头里放一些智慧进去。但是,我不会告诉你怎样去使用它们,你必须自己找到答案。"

"啊,谢谢,谢谢!"稻草人叫道,"我会找出使用它们的办法,不要担心!"

"我的勇气呢?"狮子迫切地问道。

"我相信,你有足够的勇气。"奥兹答道,"你所需要的是自信。任何人面对危险都会感到害怕。真正的勇气是直面你感到害怕的危险,而你已拥有足够的勇气。"

"或许我有,但是我同样会感到害怕。"狮子说,"只有你给我那种可以令人忘掉恐惧的勇气,我才会真正感到高兴。"

"好的,明天我给你那种勇气。"奥兹回答说。

"我的心呢?"铁皮人问。

"什么,你要那个?"奥兹说,"我认为你要一颗心是不对的。它令大多数人不开心。如果你知道这一点,你就该对自己没有心感到幸运。"

"那当然是一种观点,"铁皮人说,"从我的角度来说,如果你给我一颗心的话,我可以忍受所有的不快乐,没有一句怨言。"

"好的,"奥兹温顺地回答,"明天来找我,你会得到一颗心。我装成魔法师已经多年了,再装久一点我可以做到。"

"那么,"多萝茜说,"我怎样才可以回到堪萨斯?"

"这个问题我们需要好好考虑,"奥兹回答道,"给我两三天时间考虑一下,我会尽量找到带你越过森林的办法。同时你们会作为我的客人受到接待,你们住在宫里，我的人民会伺候你们、服从你们的命令。我只有一件事希望得到你们的帮助，就是这样：你们必须保守我的秘密，不可以告诉任何人我是骗子。"

他们答应保守秘密，然后高兴地返回房间。就连多萝茜都希望那个她称为"伟大而糟糕的骗子"能够找到送她回堪萨斯的办法，如果他办到的话，她愿意原谅他所做的所有事。

第十六章 超级骗子的魔术

第二天早上稻草人对他的朋友们说：

"祝贺我吧。我终于要去奥兹那里拿我的智慧了。等我回来时，我就会变得同其他人一样。"

"我一直喜欢原来的你。"多萝茜简短地说。

"你是善良的，能够喜欢一个稻草人，"他回答说，"但是当你听到那些从我的新大脑里产生的绝妙想法时，你就一定会更看重我的。"接着他语气轻快地和大家告别，前往觐见室，他敲了敲门。

"进来。"奥兹说。

稻草人走了进去，发现奥兹坐在窗户前，正陷入沉思。

"我来拿我的智慧。"稻草人略带不安地说。

"噢，是的。坐到那张椅子上吧，"奥兹回答道，"你必须原谅我得把你的头拿下来，我这么做是为了把智慧放入合适的地方。"

"没关系，"稻草人说，"你可以随意取下我的头，只要你把它放回去的时候，它可以变得更好。"

于是魔法师抓紧他的头，抽空里面的稻草。接着他走进后面的房间，拿出一些混合着很多大头针和缝衣针的麦麸。他把混合物充分摇晃后填进了稻草人的头，剩余的部分填上稻草，然后放回原处。

当他将稻草人的头与身体扭紧后，他对稻草人说："以后你就是真正的人了，因为我给了你新大脑。"

稻草人对自己最大的愿望能够实现既高兴又自豪，他好好谢了奥兹一番后返回到朋友们的身边。

多萝茜好奇地看着他。他的脑袋被胀得鼓鼓的。

"你感觉怎么样?"她问。

"我觉得很聪明,"他急切地回答道,"等我适应新大脑后,我将无所不知。"

"为什么那些缝衣针和大头针从你的头上伸出来?"铁皮人问。

"那证明他很敏锐。"狮子答道。

"嗯,我得去找奥兹拿我的心。"铁皮人说。于是他走到觐见室前,敲了敲门。

"进来。"奥兹叫道。于是铁皮人走进去说:"我来拿我的心。"

"好的,"奥兹回答道,"不过我得在你的胸前挖一个洞,这样我才可以把你的心放到正确的位置。我希望这不会伤害到你。"

"噢,不会的,"铁皮人回答说,"我根本不会感觉到。"

于是奥兹拿了一对铁匠用的大剪刀,在铁皮人左胸上切了一个小小的方形洞。然后他从衣柜中取出一颗填充着木屑、用丝绸做成的漂亮的心。

"漂亮吗?"他问。

"漂亮极了!"铁皮人回答道,他非常高兴,"但这是心吗?"

"当然是!"奥兹答道。他将心放进铁皮人的胸中,然后在切开的地方仔细地用一小块铁皮焊补起来。

"这样,"他说,"你就拥有了一颗任何人都会感到骄傲的心。非常抱歉,我不得不在你胸口留下一个补丁,不过只能这样。"

"别介意这个补丁,"兴高采烈的铁皮人说,"我非常感谢你,永远都不会忘记你的仁慈。"

"不足挂齿。"奥兹答道。

接着铁皮人回到了朋友们的身边,大家都祝福他的未来充满快乐。

然后狮子走到觐见室前,敲响了门。

"进来。"奥兹说。

"我来拿我的勇气。"狮子走进房间宣称道。

"好的,"小老头答道,"我这就给你。"

他走到碗橱边从很高的一层里拿下一个方形的绿瓶子,他把里面的东西倒进一个雕刻得很漂亮的金绿色的碗里。他将碗放到胆小的狮子面前,狮子冲它嗅了嗅,似乎不太喜欢,接着奥兹说道:

"喝下去。"

"这是什么?"狮子问。

"嗯,"奥兹回答道,"如果它到了你体内,它就会变成勇气。你当然知道勇气总是存在于人内心,所以你只有喝下它,它才能真正被称作勇气。所以我建议你尽快喝下它。"

狮子不再犹豫,一下喝光了碗里的东西。

"你现在感觉如何?"奥兹问。

"充满了勇气。"狮子回答说,接着高兴地回到朋友们的身边,把他的好运告诉了大家。

现在只剩下奥兹一个人了。他想到自己成功地给了稻草人、铁皮人和狮子想要得到的东西,得意地笑了。"叫我怎样不做骗子?"他说,"他们都让我做他们明知无法完成的事情。让稻草人、狮子和铁皮人高兴起来还算简单,因为他们都相信我是无所不能的。但是将多萝茜送回堪萨斯却不是想象就可以完成的,我完全不知道该怎么办。"

第十七章　气球是如何放飞的

三天过去了,多萝茜从奥兹那里没有听到一点消息。虽然她的朋友们都很快乐、满足,但这三天对于小女孩来说,却是悲伤的。稻草人告诉大家他脑子里有一些奇妙的想法,但是他不会说出来,因为他知道除了他自己没人会理解这些想法。当铁皮人走动时,他感到自己的心在胸中急速地跳动,他对多萝茜说,他发现这颗心比他是血肉之躯时拥有的心要更加善良、温柔。狮子宣称自己已无所畏惧,会非常高兴面对军队或者一群凶猛的开力大。

因此除了多萝茜,每个人都很满足,而多萝茜也更加盼望能重返堪萨斯。

第四天令她兴奋不已的是,奥兹派人来叫她。当她走进觐见室时,奥兹高兴

附录A 《绿野仙踪》

地向她问好：

"坐下，亲爱的。我觉得找到了带你离开这个国家的办法。"

"然后返回堪萨斯？"她迫切地问。

"嗯，我不太确定是否能返回堪萨斯，"奥兹说，"因为我一点都不清楚那条路在哪里。不过要做的第一件事就是穿过沙漠，然后找到回家的路会容易些。"

"我怎样才能穿过沙漠？"她询问道。

"嗯，让我来告诉你我的想法，"奥兹说，"你知道，我是乘气球来到这个国家的。你也是穿越天空，被旋风带到这里的。所以我认为从空中走穿过沙漠是最好的办法。现在，制造一阵旋风已经远远超出我的能力范围。不过我一直在思考这件事，我相信自己可以做一个气球出来。"

"怎么做？"多萝茜问。

"一个用丝绸做成的气球，"奥兹说，"外面涂上胶以保住里面的空气。我在王宫中有大量的丝绸，所以做一个气球应该没问题。但是整个国家却没有可以填充气球、让它飞的煤气。"

"如果它浮不上去的话，"多萝茜说，"那对我们来说一点用也没有。"

"是的，"奥兹回答道，"不过，还有另外一个办法可以让它浮起来，那就是给它充热空气。热空气没有普通的煤气好，因为如果空气变冷的话，气球就会落到森林中，那我们就迷路了。"

"我们！"女孩叫道，"你和我一起走吗？"

"是的，当然。"奥兹回答道，"我已经厌倦了做一个骗子。如果我走出王宫，我的人民很快就会发现我并不是魔法师，他们会对我欺骗他们感到愤怒。所以我只能整天把自己关在这些房间里，这令人很厌倦。我宁愿和你一道回堪萨斯，再到马戏团里去。"

"有你和我一起走，我太高兴了。"多萝茜说。

"谢谢，"他回答说，"现在，如果你帮我把这些丝绸缝到一起的话，我们很快就会做好气球。"

于是多萝茜拿起针和线，奥兹迅速地将绸缎剪成适合的形状，而女孩也快速

奥兹法则

灵巧地将它们缝起来。刚开始是一段淡绿色的绸子，接着是深绿色的，然后是翠绿色的。因为奥兹有个想法，希望把气球做成不同颜色的。他们花了三天时间才将绸缎缝好，而当最终完成时，他们有了一个超过20英尺（约6米）长的巨大的绿绸袋。

接着为了让它不透气，奥兹在里层涂上了一层薄薄的胶，然后他宣布气球做好了。

"不过，我们必须有个可以乘坐的篮子。"他说。于是他派绿胡子士兵送来一个很大的衣篮，他用很多条绳子将篮子紧紧地系到气球的底部。

当一切准备就绪后，奥兹派人传话给他的人民说他将去拜访他住在云彩里的魔法师哥哥。消息迅速地在城里传开，每个人都赶来观看这一精彩的景象。

奥兹下令将气球送到王宫的前面，人们都非常好奇地注视着它。铁皮人砍了一大堆木材，用它生起了火，接着奥兹将气球的底端放到火堆的上部，这样一来从火堆上升起的热空气就可以进入丝制的大袋子中。慢慢地，气球膨胀起来，升上天空，而最后篮子刚好碰到地面。

于是奥兹爬进篮子，声音洪亮地对所有人说：

"我现在就去探访他了。我不在的时候，由稻草人统治你们。我要求你们像服从我一样服从他。"

这时气球猛烈地拽动固定在地上的绳子，由于里面的空气非常热，这让气球的重量变得比外面的空气轻很多，要是没有绳子拉着，就要升上天空了。

"快来，多萝茜！"魔法师叫，"快，否则气球就要飞走了。"

"我找不到托托。"多萝茜说，她不想丢下她的小狗。托托正跑在人群里对着一只小猫大叫，最后多萝茜终于找到了它。她抱起它，向气球跑去。

在她离气球几步距离时，奥兹伸出双手试图帮她爬进篮子，就在这时，啪的一声，绳子断了，气球升上了天空。

"回来！"她尖叫道，"我也想去！"

"亲爱的，我回不来了，"奥兹从篮子中叫道，"再见！"

"再见！"大家叫着，所有的目光都向上注视着魔法师乘坐的篮子，它越升越高，越飘越远，飞进了空中。

而这就是所有人见的奥兹——了不起的魔法师的最后一面,我们都知道,或许他已经安全到达奥马哈,现在就住在那里。但是当人们快乐地回忆起他时,都互相说道:

"奥兹永远都是我们的朋友。他在这里时,为我们修建了这座美丽的翡翠城,现在他走了,留下智慧的稻草人管理我们。"

很长的日子以来,他们都为失去神奇的魔法师而感到难过,而这种悲伤是无法抚平的。

第十八章 前往南方

对于重返堪萨斯的希望再次溜走,多萝茜伤心地哭了,不过当她好好考虑了整件事后,她还是对自己没有乘上气球感到高兴。她对失去奥兹感到很难过,而她的朋友们也很伤心。

铁皮人走过来对她说:

"他给了我一颗可爱的心,如果我不为他悲叹的话,那我就真的太忘恩负义了。我很想哭,因为奥兹走了。如果你可以为我擦去眼泪的话,那我就不会生锈了。"

"我很乐意。"她一边回答,一边立刻拿出一块手帕。接着铁皮人哭了好几分钟,而多萝茜小心地注视着眼泪,用手帕将它们擦去。等他哭完了后,他诚心地向她道谢,然后用他那瓶镶着珠宝的油罐给自己上油,以防意外。

现在稻草人是翡翠城的统治者,尽管他不是魔法师,但是人们还是以他为荣。"因为,"他们说,"全世界没有第二座城市是由一个稻草填充起来的人来统治的。"而且据他们所知,这还挺正确的。

气球和奥兹飞走的第二天早上,这四个旅行者在觐见室内见面讨论事情。稻草人坐在大大的宝座上,而其他人恭敬地站在他的前面。

"我们不是那么不幸运,"新的统治者说,"因为这座王宫和翡翠城属于我们,而我们可以随心所欲。我还记得不久以前我竖立在农夫田地里的竿子上,而现在我是这座美丽城市的统治者,我对自己的命运感到非常满意。"

"我也是,"铁皮人说,"对自己新的心感到非常高兴。而且,真的,那是我在这世界上想要的唯一东西。"

"对于我来说，知道自己和其他任何野兽一样勇敢，我已经很满足，就算不比他们更勇敢些也没什么。"狮子谦虚地说。

"如果多萝茜能够对生活在翡翠城感到满意，"稻草人继续说道，"那我们在一起就会非常高兴了。"

"但是我不想住在这里，"多萝茜叫道，"我要回堪萨斯，和爱玛婶婶、亨利叔叔住在一起。"

"嗯，那么，该怎么办？"铁皮人问。

稻草人决定好好考虑一下，他非常努力地思考，那些大头针和缝衣针都从他脑袋上伸了出来。最后他说：

"为什么不召唤飞猴，让他们带你越过森林？"

"我从来没想到这个！"多萝茜愉快地说，"就是这样的。我现在就去取金帽子。"

当她把金帽子拿进王室后，她念了咒语，不久后一群飞猴就从敞开的窗户飞了进来，站到了她旁边。

"这是你第二次召唤我们，"猴王一边向她鞠躬，一边说，"你想要什么？"

"我想让你和我一起飞到堪萨斯。"多萝茜说。

但是，猴王摇了摇头。

"这无法做到。"他说，"我们仅仅属于这个国家，无法离开它。堪萨斯还没有任何飞猴，而我估计将来永远都不会有，因为他们不属于那里。我们很高兴以其他途径用我们的法力来为你服务，但是我们无法穿越森林。再见。"

接着，猴王又鞠了一躬，然后张开翅膀飞出了窗户，他的随从们也跟着飞走了。

多萝茜失望得好想哭。"我浪费了金帽子的法力，却什么也没办成，"她说，"因为飞猴帮不了我。"

"这实在太糟糕了！"软心肠的铁皮人说。

稻草人再次陷入了沉思，他的头鼓得很厉害，多萝茜担心它会爆炸。

"我们叫那个留着绿胡子的士兵来，"他说，"问问他的意见。"

于是士兵被叫了进来，他胆怯地走进觐见室，因为奥兹在的时候，他从未被允许进入这个门。

"这个小女孩，"稻草人对士兵说，"想穿越森林。她该怎么做？"

"我不知道，"士兵说，"因为无人曾穿穿越森林，除了奥兹本人。"

"没人可以帮得了我吗？"多萝茜急切地问。

"甘林达或许可以。"他建议道。

"谁是甘林达？"稻草人问。

"南方的女巫。她是所有女巫中最有本事的，她统治桂特林。另外，她的城堡坐落在森林的边缘，所以她也许知道穿越森林的途径。"

"甘林达是个好女巫，是吗？"女孩问。

"桂特林的人认为她是好的，"士兵说，"她对每个人都很友善。我听说甘林达是个美丽的女人，她知道如何保持青春，尽管她已经活了很多年。"

"我怎样才能找到她的城堡？"多萝茜问。

"那条路一直通向南方，"他回答道，"不过据说对旅行者来说，路上险象环生。森林里有野兽，还有一群奇怪的人，他们不喜欢陌生人经过他们的国土。因为这个原因，桂特林从没有人来过翡翠城。"

接着，士兵便走了。稻草人说：

"尽管有危险，但是看上去多萝茜能有的最好的办法就是去南方，请求甘林达的帮助。因为如果多萝茜留在这里，她永远都回不了堪萨斯。"

"你一定又考虑过了。"铁皮人提醒道。

"是的。"稻草人说。

"我会和多萝茜一起去，"狮子宣称道，"因为我对你的城市有些厌倦了，我还是向往森林和田野。你知道，我其实就是野兽。再说，多萝茜需要人保护她。"

"确实如此，"铁皮人表示同意，"我的斧头也许对她有用，所以我也会和她一起去南方的那个国家。"

"我们什么时候出发？"稻草人问。

"你也去吗？"大家吃惊地问。

"当然。如果没有多萝茜，我永远都不会得到智慧。她把我从田野的竿子上抱下来，带我来翡翠城。因此我的好运都是她给我的，我永远都不会离开她，直到她安然无恙地返回堪萨斯。"

"谢谢，"多萝茜感激地说，"你们大家对我真好。不过我想尽早出发。"

"明天早晨我们就走，"稻草人回答说，"所以我们大家需要准备一下，因为这将是一次长途旅行。"

第十九章　受到大树的袭击

第二天早上，多萝茜吻别了美丽的绿衣女孩，绿胡子士兵一直陪他们走到大门口，然后大家分别和他握手告别。当守着城门的护卫再次看到他们时，对他们离开美丽的城堡、又去挑战新的困境感到很好奇。不过他立刻就打开了他们的护目镜，然后放进绿盒子里，接着祝福大家一路好运。

"你现在是我们的统治者，"他对稻草人说，"所以你必须尽快回到我们这里。"

"我一定尽我所能，"稻草人答道，"不过我首先得帮助多萝茜回到家。"

多萝茜一边向好心的护卫道别，一边说：

"我在你们美丽的城市受到了非常好的礼遇，每个人对我都很好。我无法表达我的感激之情。"

"不用再提，亲爱的。"他回答说，"我们希望留住你，但是如果你的愿望是返回堪萨斯，我希望你能找到回去的路。"接着他打开外城墙门，大家穿过去，然后开始了旅程。

因为大家在向南方走去，所以明媚的阳光照在他们的脸上。他们情绪高昂，一路有说有笑。多萝茜再次充满了回家的希望，而稻草人和铁皮人对自己能够帮上她感到很高兴。而狮子因为重返村野，愉快地嗅着清新的空气，欢快地摆动着他的尾巴。托托则在他们周围跑来跑去，追逐蛾子和蝴蝶，一直开心地叫着。

"城市的生活根本不适合我，"当大家轻快地向前走时，狮子说道，"自从我住在那儿后，失去了很多力量，现在我迫切地想有一个机会向其他野兽显示我变得多么勇敢。"

附录A 《绿野仙踪》

这时大家转过头最后看了一眼翡翠城。他们能看到的只是绿色城墙后的一大片城堡和尖塔，而高高地盖过所有一切的是奥兹宫殿的尖顶和圆屋顶。

"不管怎么说，奥兹还不算一个恶魔法师。"铁皮人说道，他感到自己的心在胸中跳动。

"他知道如何给我智慧，而且是非常棒的智慧。"稻草人说。

"如果奥兹能服一剂他给我的勇气，"狮子补充说道，"那他就会是个勇敢的人了。"

多萝茜什么也没说。奥兹没有兑现他对她的承诺，不过他已经尽了全力，所以她也原谅了他。正如他说的，尽管他是个糟糕的魔法师，但是个好人。

第一天的旅程一直在穿越翡翠城周围的绿色田地和灿烂的鲜花。那天晚上大家睡在草地上，只有天上的星星陪着他们，他们睡得很香。

早晨他们开始出发，直到来到一片茂密的树林。周围没有路，树林似乎一直延伸至他们目光所能及的地方，而他们不敢改变行进的方向，担心这么做会迷路。所以大家设法找一条最容易进入森林的路。

一直走在前面的稻草人最终发现了一棵大树，它的树枝伸展得很远，这样一来大家就可以从它下面通过。于是他向大树走去，但当走到最前面的树枝下时，它们都弯了下来，缠卷着他，搂着他并把他从地面上高高举起，头向下抛回他的伙伴中间。

这没伤到稻草人，却把他吓了一跳。当多萝茜把他扶起来的时候，他觉得头晕目眩。

"树中间还有另外一个空间。"狮子叫道。

"让我先试试，"稻草人说，"因为被摔下来没伤到我。"他一边说，一边走向另一棵树，不过树枝立刻就抓住了他，将他再次扔了回去。

"这太奇怪了，"多萝茜说，"我们该怎么办？"

"这些树似乎下定决心要和我们斗，阻止我们前进。"狮子表示道。

"我想亲自试一试，"铁皮人说，接着他挥舞斧头向第一棵将稻草人摔得很厉害的大树砍去。当一根大树枝垂下来试图捉他的时候，铁皮人猛烈地挥动斧头将它砍成了两半。大树所有的枝干似乎很痛，立刻抖动起来，而铁皮人安全地从它下面走了过去。

"过来！"他向其他人叫道，"快点！"大家全都向前跑去，安全地从大树下通过，只有托托被一根小树枝捉住，号叫着。不过铁皮人迅速地砍断了那根树枝，解救了小狗。

树林里的其他树没有做出任何阻止他们前进的举动，所以他们确定只有第一排的大树才能够弯下它们的树枝，而它们可能就是这片森林的警察，拥有神奇的力量来阻挡陌生人靠近它。

四个旅行者轻松地从大树下走过，来到了树林的边缘。接着，让大家吃惊的是，他们发现在自己的面前矗立着一座似乎是由白色陶瓷做成的墙。墙面非常光滑，就好像碟子的表面，而且高度超过他们的头顶。

"现在我们该怎么办？"多萝茜问。

"我来做一个梯子，"铁皮人说，"因为我们一定得爬过这堵墙。"

第二十章　玲珑的陶瓷国

正当铁皮人用木头做梯子时，他发现多萝茜躺在树林里睡着了，因为长途跋涉让她非常累。狮子也蜷缩起来睡觉，托托就躺在他身边。

稻草人一边看着铁皮人干活，一边对他说："我想不出为什么这堵墙会在这里，也不知道它是什么做成的。"

"让你的大脑休息一下吧，别再为这堵墙烦恼。"铁皮人回答说，"当我们爬过去时，我们就会知道那一面是什么了。"

过了一会儿，梯子做好了。它看上去很笨重，但是铁皮人相信它很结实而且能派得上用场。稻草人叫醒多萝茜、狮子和托托，告诉他们梯子做好了。稻草人第一个爬上了梯子，不过他爬得非常不稳，所以多萝茜紧紧跟在他后面，以防他摔下来。当稻草人的头超出墙的顶端时，他叫道："啊，天啊！"

"继续。"多萝茜说。

于是稻草人继续向上爬，坐到了墙的顶部，而多萝茜伸出脑袋叫了一声：

附录A 《绿野仙踪》

"啊，天啊！"和稻草人发出的感慨一模一样。

于是托托爬了上去，紧接着它开始叫起来，不过多萝茜让它安静了下来。

狮子跟着爬上了梯子，而铁皮人尾随在最后。但是当他们向墙那边望过去时，两个都叫了起来："啊，天啊！"大家在墙的顶上坐成一排，望着下面奇怪的景象。

在他们面前是一大片绵延的乡村，路面犹如一个大盘子的底部般平缓、闪亮、雪白。四周是许多完全由陶瓷做成的颜色鲜艳的房子。这些房子都很小，最大的也不过到多萝茜的腰部那般高。这里还有很小的谷仓，四周围着瓷栅栏，很多牛、羊、马、猪和鸡一群群地站在那里，它们全都是由瓷做成的。

不过最奇怪的是，住在这个奇怪的国家里的人。挤奶女工和女牧羊人穿着鲜艳的上衣，袍子上下都是金点；公主们穿着金色、银色和紫色的漂亮裙子；牧羊人穿着粉色、黄色和蓝色条纹的短裤，和镶着金色搭袢的鞋；王子们头戴镶着宝石的王冠，穿着貂皮大衣和缎子上衣；而可笑的小丑们穿着皱巴巴的袍子，两颊上画着圆圆的红点，头戴高高的尖顶帽。而最奇怪的就是，这些人都是由陶瓷做成的，连他们的衣服都不例外，他们都很小，最高的不超过多萝茜的膝盖。

当他们最初看到这些旅行者时，没人做出什么举动，只有一只头特别大的紫色小瓷狗跑到墙这边对着他们小声地叫了叫，然后又跑走了。

"我们怎么下去？"多萝茜问。

大家发现梯子太重，无法把它拉上来，于是稻草人先跳下墙，而其他人都跳到他的身上，这样硬硬的地面就不会弄伤他们的脚。当然，大家都尽量不碰到他的头，以免踩到针。当所有人都安全下来时，稻草人的身体已经相当扁平了，大家扶起他，拍打稻草让他重新恢复原状。

"我们必须穿过这个奇怪的地方，以到达另一边，"多萝茜说，"因为除了南方，我们向其他地方走都是不明智的。"

大家开始走过这个瓷人的国度，而他们遇到的第一个人就是一个正在为一头瓷牛挤奶的女工。当大家靠近时，牛突然踢了一脚，踢翻了凳子、木桶，还有挤奶工，他们哗啦一声全都倒在了瓷地上。

多萝茜吃惊地看到牛踢断了腿，而木桶被摔成碎片落在地上，那个可怜的挤奶女工左肘上留下了一道伤痕。

"瞧！"挤奶女工生气地叫道，"你们做了些什么！我的牛摔断了腿，而我得带它去修补店去重新上胶。你们到这里来吓坏我的奶牛是什么意思？"

"对不起，"多萝茜回答说，"请原谅我们。"

但是漂亮的挤奶工异常恼怒，她没有回答。她闷闷不乐地捡起牛腿，领着奶牛走开，可怜的奶牛一跛一跛地用三条腿走着。当挤奶女工离开时，她一边托着自己受伤的胳膊肘，一边回过头来朝这群笨拙的陌生人责备地看了好几眼。

多萝茜对这起意外事件感到非常难过。

"我们在这里必须非常小心，"好心的铁皮人说，"否则我们会伤害这些娇小的人，而他们永远也无法痊愈。"

不远处，多萝茜遇到了一位穿着非常漂亮裙子的年轻公主，当她看到这些陌生人时，突然停了下来，然后开始逃走。

多萝茜想再多看几眼公主，因此跟在她后面跑。但是陶瓷女孩叫道："别追我！别追我！"

她的声音是那么恐惧，多萝茜停下来问："为什么？"

"因为，"公主停下来，站在一段安全的距离之外回答道，"如果我跑的话，我也许会跌倒，摔坏自己。"

"你不能被修好吗？"女孩问。

"啊，可以。不过你得知道被修过的人都不会再像从前那样漂亮。"公主回答说。

"我想是的。"多萝茜说。

"我们的扑克先生，一个小丑，"陶瓷女孩继续说道，"他总是想倒立，他经常把自己摔坏，已经被修补了一百多次，看上去一点儿都不好看了。他现在走过来了，你可以自己看看。"

确实，一个开心的小丑正向他们走来。多萝茜看见除了他身上穿着的漂亮的红色、黄色和绿色衣服，他浑身上下都是裂痕，一眼就能看出他身上很多地方都被修补过。

小丑把手从口袋里拿出来，然后鼓起双颊，调皮地对他们点点头，说道：

"我美丽的姑娘,你为什么盯着扑克先生看?你表情僵硬、拘谨,就好像刚刚吃了一张扑克牌似的!"

"安静,先生!"公主说,"你难道没看到这些生人,应该表示尊重吗?"

"好的,尊重,我知道。"小丑立刻倒立起来。

"别介意扑克先生,"公主对多萝茜说,"他的头已经被摔过了很多次,所以现在很愚蠢。"

"噢,我一点都不介意。"多萝茜说,"不过你非常美丽,"她继续说,"我相信我一定非常喜欢你。你能让我带你回堪萨斯,放在爱玛婶婶的壁炉台上吗?我可以把你装进我的篮子。"

"那会让我很不开心,"公主回答说,"你瞧,我们心满意足地生活在我们的国家里,可以随心所欲地说话,走来走去。我们中的任何一个人只要被带走,我们的关节立刻就会变得僵硬,从此以后也只能僵硬地站在那里,只是看上去好看。当然,大家都期望我们能够站在壁炉台、衣橱或客厅的桌子上,但是我们在自己国家里的生活要快乐很多。"

"我绝对不会让你不开心!"多萝茜解释道,"所以我只能和你说再见。"

"再见。"公主回答道。

他们小心翼翼地在这个陶瓷国中走着。小动物和所有人全都迅速地跑开,担心这些陌生人会弄坏他们。一小时后,他们到达了国家的另一边,那里有另外一堵墙。

不过这堵墙不如前面那堵墙高,所以大家站在狮子的背上全都爬到了墙顶。接着狮子收起双腿跳上了墙,但是当他跳的时候,他的尾巴打翻了一座陶瓷教堂,把它摔成了碎片。

"这太糟了,"多萝茜说,"不过我真的认为我们很幸运,只是弄断了一头奶牛的腿和摔碎了一座教堂,而没有伤害到这些小人。他们实在太容易碎了!"

"他们确实是的,"稻草人说,"我很欣慰自己是由稻草做成的,不会轻易被弄伤。这世界上还有比作一个稻草人更糟糕的事情。"

第二十一章 狮子成为百兽之王

从瓷墙上爬下来后，大家发现他们来到了一个令人不快的地方。这里到处都是沼泽、湿地，长满了茂密高大的草。如果想走出去而不陷进这些泥坑是非常困难的，因为草非常厚，盖住了泥坑，让人看不见它们。但是大家小心地选择着路，安全地向前走直到来到陆地上。但是这个地方似乎比从前见过的都要大，大家疲惫地走了很久很久，穿过下面的小矮林丛后进入了另一片森林，这里的树比他们以前见过的都更为巨大和古老。

"这片森林实在太奇妙了，"狮子高兴地向四处环视，说道，"我从没见过这么漂亮的地方。"

"这里看上去很幽暗。"稻草人说。

"一点儿都不，"狮子回答说，"我希望一辈子都生活在这里。看你们脚下的这些落叶是多么柔软，这些老树上的青苔是多么浓密和幽绿。没有野兽会期望比这更加舒适的家。"

"也许森林中现在有野兽。"多萝茜说。

"我想是的，"狮子说，"不过我没有看到他们。"

他们向森林里走去，直到天色变得很暗，他们才停下脚步。多萝茜、托托和狮子躺下来睡觉，而铁皮人和稻草人和往常一样为他们守卫。

清晨来临时，他们又出发了。还没走多远，他们听见一声低沉的吼声，似乎是很多野兽发出的咆哮声。托托惊恐地叫了一下，但是谁都不害怕，他们继续沿着常被践踏的小路向前走，直到来到森林里的一片空地上，成百只各种各样的野兽聚集在那里。有老虎、大象、熊、狼、狐狸，以及各种自然史上出现的动物，多萝茜开始有些害怕。但是狮子解释说这些动物正在开会，而他通过他们的叫声和吼声判定他们有大麻烦。

当他说话时，几只野兽看到了他，聚集着的动物们立刻不可思议地安静了下来。最大的一只老虎向狮子跑来，鞠了一躬后说道：

"欢迎，百兽之王！你来得正是时候，与我们的敌人战斗，为森林里所有的动物再次带来和平。"

"你们遇到了什么麻烦？"狮子平静地问。

附录A 《绿野仙踪》

"我们受到一个不久前刚来到这片森林的凶猛敌人的威胁。它是一头巨大的怪兽，像一只大蜘蛛，身体和大象一般大，腿和树干一样长。它有八条这样的长腿，当怪兽在树林里爬行时，它用脚捉住动物然后拖进它的嘴巴，然后就像蜘蛛吃掉飞虫一样吃掉他。只要这只凶猛的怪物活着，我们大家就都不安全，于是我们召开了一个会议，讨论决定怎么保护我们自己，而这时你就来到了我们中间。"

狮子沉思了片刻。

"森林中还有其他狮子吗？"他问。

"没有。过去曾有过一些，但是怪兽把他们全都吃光了。而且，他们没有一个像你这样高大、勇敢。"

"如果我杀掉你们的敌人，你们会不会俯首拜我为林中之王？"狮子问道。

"我们会很高兴那么做。"老虎回答道。而其他动物大声地吼叫道："我们会的！"

"你们的大蜘蛛现在在哪里？"狮子问。

"在远处，就在橡木林里。"老虎用他的前爪指着说道。

"照顾好我的这些朋友，"狮子说，"我现在就去和怪兽交战。"

他和朋友们告别，然后自豪地向前走去和敌人战斗。

当狮子发现它的时候，大蜘蛛正躺在那里睡觉，它长得很丑，狮子对它很厌恶，不屑一顾。它的腿正如老虎说的非常长，而它的身体上长满了粗糙的黑毛。它有一张大嘴，长着一排足有一英尺（约0.3米）长的锋利牙齿，但是它的头和短而粗的身体连在一起，脖子犹如蜂腰般细长。这就把攻击这个怪物的最好办法暗示给狮子，知道当它睡着时攻击它要比醒着时容易，于是狮子高高地跳了起来，然后直接落在怪物的背上。接着，他用长满锋利爪子的脚掌重重地一击，将蜘蛛的头从身上扭了下来。他从怪兽身上跳下来，望着怪兽的长腿停止扭动，这时他知道怪兽死了。

狮子返回原先的空地上，林中的动物都在那里等他，他骄傲地说："你们不需要再害怕你们的敌人了。"

接着动物们向狮子俯首称王，而他承诺等多萝茜安全回到堪萨斯后，他就会回来统治他们。

第二十二章　桂特林的国家

四位旅行者安全地通过了森林，当他们走出这片幽暗时，看到面前矗立着一座陡峭的山，而山上山下都布满了大块的岩石。

"这座山会很难爬，"稻草人说，"不过无论如何我们都必须翻过这座山。"

于是他走在前面，其他人跟在他后面。当他们快要到达第一块岩石时，听见一个沙哑的声音叫道："往后退！"

"你是谁？"稻草人问。

接着一个脑袋从岩石中伸出来，同一个声音说道："这座山属于我们，我们不允许任何人越过它。"

"但是我们必须越过它，"稻草人说，"我们要去桂特林的国家。"

"但是你们不可以！"声音答道，这时从岩石后走出来一个旅行者们见过的最奇怪的人。

他又矮又壮，长着一个大脑袋，头顶扁平，粗粗的脖子上布满皱纹。但是他根本没有胳膊，看到他，稻草人一点都不担心像这样一个无助的东西可以阻止他们翻过山。于是他说道："对不起，我们不能像你所希望的那样做，我们必须翻过你的山，不管你愿意还是不愿意。"说着他便勇敢地向前走去。

那个男人的头犹如闪电般迅速地射向前方，而他的脖子也飞快延伸，直到那个扁平的头顶将稻草人拦腰截住，把他撞倒，并让他滚到了山下。接着大头又同样迅速地缩进了身体，男人狞笑着说："这不像你想得那么容易！"

一阵喧嚣的大笑声从其他岩石中传出来，而多萝茜看到山坡上有好几百个没有胳膊的棒槌脑袋，每一座岩石后都有一个。

狮子对这些嘲笑稻草人不幸的笑声感到非常生气，他发出一声仿佛雷电般的怒吼，然后向山上冲去。

一个头又迅速地飞了出来，狮子就好像受到了大炮袭击般滚到了山下。

多萝茜跑下去协助稻草人站起来，而狮子忍着剧烈的伤痛向她走去，说："和这些飞射脑袋的人打仗毫无作用，没有人能够抵抗得住他们。"

"那我们怎么办？"她问。

"召唤飞猴，"铁皮人建议说，"你还可以再命令他们一次。"

"很好。"她答道，说着便戴上金帽子念起了咒语。猴子们像过去一样迅速地飞了过来，一会儿所有的队伍便站到了她面前。

"你的命令是什么？"猴王深深鞠着躬问道。

"带我们越过这座山，到桂特林的国家。"女孩回答说。

"这可以办到。"猴王说。于是飞猴立刻用翅膀夹住四个旅行者和托托飞了起来。当他们飞过山时，棒槌脑袋们愤怒地叫嚣着，将他们的头高高射向空中，但是他们无法追得到飞猴，猴子们带多萝茜和她的朋友安全地翻过了山，然后将他们放到了桂特林的美丽国家中。

"这是你最后一次召唤我们，"猴王对多萝茜说，"所以再见了，祝你们好运。"

"再见，非常感谢你们。"女孩回答道，猴子们飞上了天，眨眼间便消失在视线中。

桂特林的国家看上去富足而幸福。成熟的庄稼一片连着一片，中间是铺好的小路，荡着涟漪的河流上架着牢固的桥。围墙、房屋和小桥都被刷成明亮的红色，就好像温基人的国家里所有东西被刷成黄色，芒奇金人的国家里所有东西都被刷成蓝色。桂特林人都长得又矮又胖，看上去很丰满、善良，他们穿着红色的衣服，和绿草及金黄的庄稼形成鲜明的对比。

猴子们把他们放在了一个靠近农宅的地方，四个旅行者走过去敲了敲门。农夫的妻子打开了门，多萝茜请求她给一些吃的东西。这位妇女为他们提供了丰盛的晚餐，包括三种蛋糕、四种饼干，并给了托托一碗牛奶。

"这里离甘林达的城堡有多远？"女孩问。

"没多少路了，"农夫的妻子说，"沿着路向南边走，你们很快就会到了。"

大家谢了谢好心的妇女，重新又上路了。他们穿过大片的田野，越过漂亮的小桥，直到看见一座非常美丽的城堡。城门前有三位漂亮的姑娘，她们穿着装饰着金色穗带的漂亮红色制服。当多萝茜走近时，其中一个姑娘对她说："你们为什么来到南方之国？"

"来见统治这里的好女巫，"她答道，"你可以带我去见她吗？"

"告诉我你的名字，我会去问甘林达，看她是否愿意接见你。"他们说出自己的身份，然后女士兵走进了城堡。过了一会儿后，她回来告诉大家，多萝茜和其他人立刻就可以被接见。

第二十三章　善良的女巫甘林达满足了多萝茜的愿望

然而，在见甘林达之前，他们被带到了城堡中的一个房间里。多萝茜在里面洗脸梳头，狮子抖落了鬃毛上的灰尘，稻草人轻拍自己恢复到最佳状态，而铁皮人将铁皮擦亮，并给关节上了油。

大家整装待发后跟着女士兵进了一间大房间，女巫甘林达坐在一个红宝石的宝座上。

在他们眼中，她既漂亮又年轻。她的头发是深红色的，小发卷一直披落到肩头。她穿着纯白色的裙子，不过她的眼睛却是蓝色的，她友善地看着多萝茜。

"我能为你做什么，我的孩子？"她问。

多萝茜将自己的所有故事全都告诉了女巫：旋风如何把她吹到了奥兹的领地，她是如何发现自己的朋友的，以及他们所遇到的各种不平凡的冒险经历。

"我现在最大的愿望，"她补充说道，"就是回到堪萨斯，因为爱玛婶婶一定以为我发生了什么不祥的事情，那会让她很伤心。除非今年的收成能比去年好，否则我相信亨利叔叔一定支持不了。"

甘林达俯向前去，吻了一下这个可爱小女孩仰起的甜美面孔。

"保佑你，"她说，"我相信我可以告诉你一条回堪萨斯的路，"接着她补充说道，"不过，如果我告诉你的话，你必须把金帽子给我。"

"非常愿意！"多萝茜叫道，"事实上，它现在对我来说没有什么用。如果你拥有它，你就可以命令飞猴三次。"

"我想我正好需要他们过来三次。"甘林达微笑着回答道。

于是，多萝茜把金帽子递给她。甘林达问稻草人："多萝茜离开我们后，你打算做什么？"

"我将回到翡翠城，"他答道，"奥兹让我做那里的领导者，百姓们都喜欢我。唯一让我发愁的是，我怎样才能越过那座棒槌头人的山。"

"以这顶金帽子的魔力，我可以命令飞猴带你去翡翠城，"甘林达说，"如果让百姓失去像你这样出色的领导者实在太可惜。"

"我真的很出色吗？"稻草人问。

"你很不平凡。"甘林达回答。

附录A 《绿野仙踪》

她转向铁皮人问道："当多萝茜离开这里后，你会怎么办？"

铁皮人倚着斧头想了一会儿，说道："温基人对我很好，他们希望恶女巫死后我能做他们的领袖。我也很喜欢温基人，如果我能回到西方国去，我最想做的事就是永远做他们的领袖。"

"我给飞猴的第二个命令，"甘林达说，"就是让他们安全地将你送回温基国。你的脑袋也许没有稻草人的大，但是你真的比他亮多了（当你被擦得很亮的时候），我相信你会成为温基人的英明优秀的领导者。"

接着，女巫看着毛茸茸的大狮子问道："当多萝茜回家以后，你会怎么办？"

"越过棒槌头人的山，"狮子回答说，"有一片古老的大森林，那里的动物都让我做他们的国王。如果我能回到那里，我将快乐地度过我的一生。"

"我给飞猴的第三个命令，"甘林达说，"就是带你回森林。然后，用完了金帽子的所有魔力后，我会把它交给猴王，这样他和他的部下就可以永远自由了。"

稻草人、铁皮人和狮子都非常热情地感谢了女巫的好心，接着多萝茜叫道：

"你的心灵和你的容貌一样美丽！可是，你还没告诉我怎么回堪萨斯呢！"

"你的银鞋会带你越过沙漠，"甘林达说，"如果你早知道它们的魔力的话，在你来到这里的第一天就可以回到你的爱玛婶婶身边了。"

"但是那样的话，我就得不到我奇妙的大脑啦！"稻草人嚷道，"我也许将在农夫的稻田里度过一生。"

"而我也得不到我可爱的心了，"铁皮人说，"我也许会一直站在森林里，身上生满锈迹，直到世界末日。"

"而我会永远是个胆小鬼，"狮子说，"森林里的百兽一句好话也不会对我说。"

"你们说得很对，"多萝茜说，"我很高兴我能帮上这些好朋友的忙。现在，你们都得到了自己最想要的东西，还可以快乐地领导一个国度。我想，我也该回到堪萨斯去了。"

"这双银鞋，"善良的甘林达说，"有神奇的力量。最神奇的就是它们能够在三步内将你带到世界的任何一个地方，而每一步只需眨眼的工夫。你所要做的就是敲三下它的跟，然后命令鞋子带你到任何希望去的地方。"

"如果是这样，"多萝茜高兴地说，"我要立刻让它们送我回堪萨斯。"

她伸出双臂抱住狮子的脖子亲了亲他,又温柔地拍了拍他的头。接着她吻了哭泣中的铁皮人,流泪对他的关节来说实在太危险。她没有吻稻草人用颜料画的脸,而是用双臂抱住稻草人松软膨胀的身体,这时她发现自己因为要和亲爱的朋友们分别,已泣不成声。

善良的甘林达从她的红宝石宝座上走了下来,吻别了小女孩,多萝茜感谢她为自己和朋友们做了很多善事。

然后,多萝茜用双臂伤心地抱起托托,说了最后一遍再见后,她敲了三下她的鞋跟,说道:"带我回家,回到爱玛婶婶身边。"

她立刻在空中转了起来,转得那样迅速,她只能听到耳旁的风声。

银鞋只用了三步,然后在她还不知道身处何地时,她就突然停了下来,在草地上翻滚了几下。

最终,她站了起来,开始环顾四周。

"天啊!"她叫道。

她正坐在宽广的堪萨斯大草原上,在她面前的就是亨利叔叔在旋风吹走旧宅后重新修建的新农庄。亨利叔叔正在院子里挤牛奶,托托一下从她怀中跳下来,疯狂地叫着,向农场跑去。

多萝茜站在那里,发现自己只穿了袜子没穿鞋。原来银鞋在她飞入空中时已脱落,永远遗失在了沙漠里。

第二十四章 重归故里

爱玛婶婶正从房子里走出来要去给白菜浇水,这时她一抬头看到多萝茜正朝她跑来。

"我亲爱的孩子!"她一把将小女孩揽进怀里,一边亲着她,一边叫道,"你究竟从哪里来?"

"从奥兹的国家,"多萝茜严肃地说道,"托托也是。啊,爱玛婶婶,重新回到家里,我真的好高兴!"

Accountability Builder® 当责实践者

知名管理大师罗杰·康纳斯和汤姆·史密斯成立的公司Partners In Leadership（PIL），目前已成为美国声誉最高的提升领导力研修课程的公司之一，其课程的独特性和实用性得到了全世界的认可。

PIL"当责系列培训课程"诞生于1989年，是一套历经近30年雕琢、被翻译成23种语言文字、畅销110个国家和地区、被半数世界500强和《财富》50强企业认可、上百万学员研修的系列课程。

PIL所打造的独一无二的领导方法及旗下多门课程荣获全球领导力20强；提出的"当责"观念，通过重新定义当责，翻转对当责的负面理解，运用当责的工具，将当责的行为融入组织的各个层级，成功协助企业推动当责文化，激发员工的动力、担当和创新。

课程背景

当责是组织中每个管理层级最基本的愿望，也是每个成员都需要学习的技能。"负责"是为行动负责，尽心尽力；"当责"是为最终目标负责，要交出成果！

"Accountability Builder®当责实践者"帮助客户定义关键目标，塑造文化信念，解决当责差距。通过使用SOSD®当责步骤模型，识别和缩小组织绩效差距，使用正视问题、承当责任、解决方案、实施计划的流程，来实现组织的关键成果，改进工作场所中缺乏当责的行为。

课程将当责的行为融入组织的各个层级，通过强大的原则和模型，帮助企业提高员工的敬业度、参与度，同时激励创新、改进跨部门协作、培养具有当责意识的领导者等。数十年来，该课程帮助世界领先企业取得了巨大的成功。

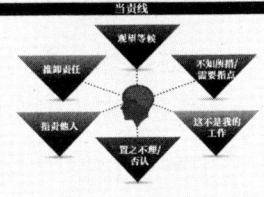

课程目标

- 将工作与关键成果联系起来
- 建立当责的共同语言
- 激发团队主动性，改进当责线下行为
- 领导者和团队积极寻求彼此反馈
- 遇到障碍时，主动寻找解决方案
- 做到言必信、行必果的当责文化

关于我们

现在，HPO是PIL当责系列课程在大中华地区的唯一合法的独家代理，您的企业若想培育员工的当责意识与技能、落实当责文化，欢迎与HPO联系。

HPO 大中华区 独家代理

上海：021-58362698
北京：010-84417105
天津：022-24308032
www.hpoglobal.com

反侵权盗版声明

电子工业出版社依法对本作品享有专有出版权。任何未经权利人书面许可，复制、销售或通过信息网络传播本作品的行为；歪曲、篡改、剽窃本作品的行为，均违反《中华人民共和国著作权法》，其行为人应承担相应的民事责任和行政责任，构成犯罪的，将被依法追究刑事责任。

为了维护市场秩序，保护权利人的合法权益，我社将依法查处和打击侵权盗版的单位和个人。欢迎社会各界人士积极举报侵权盗版行为，本社将奖励举报有功人员，并保证举报人的信息不被泄露。

举报电话：（010）88254396；（010）88258888
传　　真：（010）88254397
E-mail：　dbqq@phei.com.cn
通信地址：北京市万寿路173信箱
　　　　　电子工业出版社总编办公室
邮　　编：100036